Handbook for the
Commercial Litigation
Settlement

企業訴訟の和解ハンドブック

手続・条項作成の実務

森・濱田松本法律事務所
荒井正児・大室幸子
佐々木 奏・奥田隆文
著

中央経済社

はしがき

　本書は，企業訴訟，すなわち企業を当事者とする訴訟における和解について解説するハンドブックである。和解は，訴訟における紛争解決の手段として，実務上重要な役割を果たしている。特に企業訴訟では，早期に合理的解決を図ることができるのであれば，判決まで至ることを当事者が必ずしも望まず，和解によって解決を図るという傾向がみられ，裁判所も和解による解決を促すことが多い。もっとも，和解は当事者の互譲による紛争解決手段であり，その解決内容は事件の内容に応じた個別性が強く，その結果が公表されないことも多いことから，外部からはそのプロセスや結果がブラックボックスとなっていることが多いように思われる。本書は，そのような企業訴訟における和解の実務について，手続と条項作成の両方をカバーするものであり，企業担当者が和解の局面において，手元において参照できるものを目指して執筆された。

　本書の特徴は，次の点である。

　まず，和解の手続面に関しては，和解の基礎的な知識や手続上の留意点に加え，実際の訴訟における和解の流れを具体的にイメージできるように，設例をもとに和解の流れを再現している。和解の場面では，当事者のみならず裁判所の訴訟指揮が和解の成否を左右することも多い。そのため，訴訟の各局面で裁判所が和解についてどのように考え，どのような意図で訴訟指揮をしているのかなど，裁判所目線からの解説も盛り込んでいる。

　また，和解条項の作成に関しては，各種条項の解説に加え，企業訴訟の類型ごとに和解条項例を多く掲載している。和解条項例については，なるべく典型的な訴訟事件における典型的な和解条項例とするように工夫し，そうでないものについては実際の和解事例をベースに作成している。

　当職らの所属する森・濱田松本法律事務所は，企業法務を中心とする総合法

律事務所である。当職らは，同事務所において企業訴訟を主たる業務分野とする弁護士であり，多数の企業訴訟において訴訟代理人として関与している。また，執筆者のうち奥田は，長年にわたる裁判官としての幅広い事件処理の経験を踏まえ，本書執筆に参加している。本書は，そのような執筆者らの企業訴訟における経験の蓄積を踏まえ執筆されたものである。もとより，本書における意見等はすべて執筆者ら個人のものであり，執筆者らが現に所属し，また過去に所属した組織は何ら関係しないことを念のため付言する。

　本書は企業訴訟を前提とした和解のハンドブックであり，読者としては広く企業の法務担当者を想定している。本書が多くの読者にとって有益なものとなれば幸いである。また，本書の出版にあたり，中央経済社の川副美郷氏には多大なるご尽力を賜った。ここに記して感謝申し上げる次第である。

　2020年1月

弁護士　荒井 正児　大室 幸子　佐々木 奏　奥田 隆文

目　次

| 第1章 | 和解に関する基礎的解説 | ・1 |

第1節　和解の意義 ——————————————— 1

第2節　和解の種類 ——————————————— 1

　1　裁判外の和解／2

　⑴　第三者機関が関与せず当事者間で行う和解合意　2

　⑵　公証人作成の和解公正証書　3

　⑶　ADR機関を利用した和解　4

　2　裁判上の和解／7

　⑴　訴訟上の和解　8

　⑵　訴え提起前の和解　9

　⑶　民事調停　10

第3節　和解の要件 ——————————————— 12

　1　裁判外の和解の要件／12

　2　裁判上の和解の要件／13

第4節　和解の効力 ——————————————— 15

　1　和解の効果／15

　⑴　裁判外の和解の効果　15

　⑵　裁判上の和解の効果　15

　2　相手方が和解で定めた債務を履行しない場合／16

3 和解に瑕疵がある場合／17
　(1) 期日指定の申立てをする方法　17
　(2) 和解無効確認の別訴を提起する方法　18
　(3) 請求異議の訴えを提起する方法　18

第2章　企業訴訟における和解の留意点 ・21

第1節　和解の前提として検討すべき留意点 ―――――――― 21

1 はじめに／21
2 取締役の善管注意義務／22
3 利害関係人の参加の是非，要否／24
　(1) 利害関係人が参加するケース　24
　(2) 利害関係人の参加の手続　24
4 税務面での留意点／25
5 保険適用上の留意点／27
6 適時開示の要否／28

第2節　訴訟類型別の和解の留意点 ―――――――――――― 31

1 会社訴訟と和解／31
　(1) 会社訴訟と処分権主義　31
　(2) 確定認容判決に対世効がある訴訟　31
　(3) 株主代表訴訟　32
2 商事非訟と和解／34
3 取立訴訟，債権者代位訴訟と和解／34
　(1) 法定訴訟担当による訴訟追行　34
　(2) 差押債権の取立訴訟　35

⑶　債権者代位訴訟　36

⑷　株主代表訴訟　37

4　執行関係訴訟と和解／37

⑴　取立訴訟　37

⑵　請求異議訴訟　37

⑶　配当異議訴訟　38

⑷　第三者異議訴訟　39

5　民事保全手続と和解／40

6　消費者団体訴訟と和解／41

⑴　差止請求訴訟　41

⑵　消費者被害回復裁判手続（集合訴訟）　44

第3章　和解手続の流れ ・49

訴え提起前の当事者間交渉／50

訴え提起前の弁護士間交渉／51

第1回口頭弁論期日／52

第1回和解期日／57

第2回和解期日／64

第3回和解期日／72

第4回和解期日／79

第5回和解期日／84

第6回和解期日／86

和解成立後の手続／88

第4章	和解条項の作成ポイント	・89

第1節　和解条項の類型 ———————————————————— 89

第2節　給付条項 —————————————————————————— 90

　1　給付条項の意義／90
　　(1)　当事者の特定　91
　　(2)　対象物の特定　92
　　(3)　給付の意思の表現　92
　　(4)　給付の時期，条件の特定　93
　2　給付条項の類型ごとのポイント／93
　　(1)　金銭給付　93
　　(2)　不動産の明渡し　95
　　(3)　動産の引渡し　97
　　(4)　有価証券の引渡し　98
　　(5)　意思表示　99
　　(6)　その他作為債務　101
　　(7)　不作為債務　102

第3節　確認条項 —————————————————————————— 103

　1　確認条項の意義／103
　　(1)　確認の主体の特定　103
　　(2)　確認の対象の特定　104
　　(3)　確認意思の表現　105
　2　確認条項の類型ごとのポイント／105
　　(1)　物権に関する確認　105

(2)　担保物権に関する確認　106

(3)　債権債務に関する確認　106

(4)　事実の確認　107

(5)　過去の権利もしくは法律関係または事実の確認　107

第4節　形成条項 ——————————————————— 108

1　形成条項の意義／108

(1)　権利義務の主体の特定　108

(2)　形成される権利または法律関係の特定　108

(3)　形成意思の表現　109

2　形成条項の類型ごとのポイント／110

(1)　権利発生条項　110

(2)　権利変更条項　112

(3)　権利消滅条項　113

第5節　特約条項 ——————————————————— 115

1　付款条項／116

(1)　確定期限　116

(2)　不確定期限　117

(3)　停止条件　117

(4)　解除条件　118

(5)　過怠約款　118

(6)　失権約款　124

(7)　無催告解除特約　125

(8)　先給付条項　126

(9)　引換給付条項　127

(10)　代償請求　128

 ⑾　債権者の催告　128

 ⑿　選択権の行使　128

2　守秘義務条項／129

3　関連事件の処理条項／131

 ⑴　別件事件の取下げ　131

 ⑵　担保取消しの同意　133

第6節　清算条項 ———————————————————— 135

第7節　その他 ————————————————————— 138

1　権利放棄条項／138

2　訴訟費用負担条項／138

3　道義条項／140

4　現認証明条項／141

5　振込手数料の負担に関する条項／142

6　供託金に関する条項／143

7　当該事件の終了に関する条項／144

第5章　企業訴訟における紛争類型別和解条項・145

第1節　会社法に関する訴訟　145

1　会社・株主間の訴訟①—株主権確認訴訟／145

2　会社・株主間の訴訟②—株券発行・引渡請求訴訟／146

3　会社・株主間の訴訟③—株主名簿名義書換請求訴訟／148

4　会社・株主間の訴訟④—株主総会決議の不存在確認，無効確認および取消しの訴え／149

5 会社・取締役間の訴訟①—取締役の地位の確認または不存在確認訴訟／150

6 会社・取締役間の訴訟②—取締役解任の訴え／152

7 会社・取締役間の訴訟③—取締役に対する責任追及訴訟／153

8 株主代表訴訟 154

第2節 労働に関する訴訟 ———————————— 158

1 労働契約上の地位確認訴訟／158

2 賃金等請求訴訟／163

3 労働条件等に関する訴訟／166

4 ハラスメントに関する訴訟／168

5 労災に関する訴訟／170

6 労働保全事件 172

7 不当労働行為救済手続 173

第3節 売買契約に関する訴訟 ———————————— 176

1 売買代金請求訴訟／176

2 売買目的物の引渡し請求訴訟／178

3 売買契約上の契約不適合責任に基づく損害賠償請求訴訟／179

第4節 金融取引に関する訴訟 ———————————— 183

1 貸金返還請求訴訟／183

2 金融商品訴訟／186

第5節 不動産に関する訴訟 ———————————— 189

1　不動産明渡請求訴訟／189

2　不動産登記手続請求／198

3　賃料増減額請求／201

第6節　継続的取引をめぐる訴訟 ―――――――――――― 204

1　継続的供給契約の存続をめぐる訴訟／204

2　フランチャイズ契約をめぐる訴訟／206

第7節　知財に関する訴訟 ――――――――――――――― 208

1　特許権侵害訴訟／208

2　著作権侵害訴訟／215

3　商標権侵害訴訟／219

4　意匠権侵害訴訟／223

5　不正競争防止法に係る訴訟／225

第8節　インターネット，名誉毀損に関する訴訟 ――――― 230

1　インターネットに関する訴訟①―発信者情報開示請求／230

2　インターネットに関する訴訟②―投稿記事削除（侵害情報送信防止措置）請求／232

3　名誉毀損に関する訴訟／234

第9節　消費者契約関連訴訟 ―――――――――――――― 237

1　適格消費者団体による差止請求訴訟／237

2　消費者裁判手続特例法による集合訴訟／241

第10節　製品安全を巡る訴訟 ———————————— 246

1　製造物責任訴訟／246

2　製造業者間での責任分担をめぐる訴訟／247

第11節　建築に関する訴訟 ———————————————— 249

1　施工不良に関する訴訟／249

2　建築差止めに関する訴訟／252

第12節　公害などに関する訴訟 ——————————————— 255

1　騒音振動に関する訴訟／255

2　土壌汚染に関する訴訟／257

凡　例

【文献】

類型別Ⅰ・Ⅱ　　　東京地方裁判所商事研究会編『類型別会社訴訟Ⅰ・Ⅱ（第3版）』（判例タイムズ社，2011）

実証的研究　　　　裁判所職員総合研修所監修『書記官事務を中心とした和解条項に関する実証的研究（補訂版・和解条項記載例集）』（法曹会，2010）

【判例集・雑誌】

民集　　　　　　　大審院，最高裁判所民事判例集
下民集　　　　　　下級裁判所民事裁判例集
行集　　　　　　　行政事件裁判例集
訟月　　　　　　　訟務月報
判時　　　　　　　判例時報
判タ　　　　　　　判例タイムズ
税資　　　　　　　税務訴訟資料
金判　　　　　　　金融・商事判例
資料版商事　　　　資料版商事法務
ジュリ　　　　　　ジュリスト

第1章

和解に関する基礎的解説

第1節　和解の意義

　「和解」は，民法上，695条および696条に規定される典型契約の一種である。

　ただし，日常的には，必ずしも民法上の和解契約としての成立要件を満たすかどうかを検討することなく，紛争の当事者間の合意によって，紛争を解決するための手段を広く指すことが多いと考えられる。

　後述するとおり，いわゆる「和解」の中にも様々な態様のものがあり，それぞれで内容や程度の差はあるものの，いずれも，訴訟を起こし判決を得て強制執行をする，という紛争解決方法に比べると，柔軟な解決を図ることが可能となる点や，合意どおりの履行が期待しやすい点，解決までの時間と費用を比較的抑えやすい点などにメリットがある紛争解決方法ということができる。

第2節　和解の種類

　和解には，「裁判外の和解」と「裁判上の和解」とがあり，裁判手続の中で行われる「裁判上の和解」については，その要件や効果が民事訴訟法などの手続法によって定められている。

1　裁判外の和解

⑴　第三者機関が関与せず当事者間で行う和解合意

ⅰ　第三者機関が関与しない和解合意

　和解は，当事者間の合意により成立するものであるから，必ずしも第三者機関の関与を要するものではなく，当事者だけで，あるいは，一方または双方が代理人を付けて当事者間で和解を成立させるということも，広く行われている。

ⅱ　第三者機関が関与しない和解合意の方法

　民法上の和解契約は，諾成契約とされているため，必ずしも書面の作成が不可欠というわけではなく，口頭であっても有効に成立する。もっとも，他の契約と同様，口頭のみの契約では，往々にしてその成否や内容について疑義が生じることもあり得るため，和解契約を成立させるときは，書面を作成することが一般であり，かつ，そのほうが望ましいことはいうまでもない。

ⅲ　第三者機関が関与しない和解合意のメリット・デメリット

　裁判手続やADR機関を利用せずに，当事者間だけで和解合意をすることのメリットとしては，他の方法と比較して手続に要する時間を節約できるという点が挙げられる。第三者機関の関与の下で和解を目指す場合には，紛争の背景や当事者の主張について，もともとは紛争に関わりのなかった第三者機関の理解を得る必要が生じるから，当事者双方が第三者機関向けの説明書面を作成し，説明の機会を調整するための時間を要することになるが，当事者だけで話し合うのであれば，必ずしもそのような時間は要しない。また，当事者だけで和解合意をするのであれば，第三者機関に対する費用負担も不要となり，経費面での節約も期待できる。

　他方，和解契約を締結しただけでは，一方当事者が合意内容を遵守しなかった場合にも，当初の合意内容の履行を強制することが難しいというデメリットがある。後述のように，裁判上の和解であれば，合意する際に作られた「和解

調書」を，強制執行のために必要な「債務名義」として利用できるが，当事者間で作成した和解の契約書は「債務名義」とはならない。当事者の一方が和解契約の合意内容を任意に履行しない場合には，改めて，当該契約に基づいて訴訟を提起し，債務名義となる判決などを取得した上でなければ，履行を強制することができない。

　そのため，紛争解決手段として当事者だけで行う和解契約が選択されるのは，第三者的な仲介者の必要性が乏しく，費用や時間を節約して早期解決を図りたい場合のほか，和解契約が成立しさえすれば強制執行の場面を想定しなくて済む場合，すなわち，和解する内容が双方で事実を確定し謝罪することなど強制執行を想定しないものである場合や，和解契約の成立によって直ちに目的を達することのできる場合などということになる。

⑵　公証人作成の和解公正証書

(ⅰ)　公正証書とは

　公正証書とは，当事者からの嘱託により，公証人がその権限に基づいて作成する文書のことをいう。このうち，金銭の一定の額の支払などの給付を目的とする請求についての公正証書で，債務者が直ちに強制執行に服する旨の陳述（強制執行受諾文言）が記載されているものを，特に執行証書と呼ぶことがある（民事執行法22条5号）。

(ⅱ)　公正証書を作成する方法

　和解の目的で公正証書を作成するには，原則として，当事者または代理人が公証人と和解契約の内容やその具体的文面を事前に打ち合わせた上で，本人または代理人が公証役場に出頭して，公証人の面前で本人確認や内容確認を受ける必要がある。

　また，書面の内容に応じた所定の手数料も必要になる。

(ⅲ) **公正証書による和解のメリット・デメリット**

　公正証書を作成して和解する場合は，公証人との打合せを含めた事前準備や出頭などに時間を要し，書面の作成費用も要するとはいえ，当事者間で合意しただけの場合に比べると，契約書の証拠としての価値を高め，ひいては合意後の紛争の発生を未然に予防することが期待できる。

　特に，「〇〇は，本契約上の金銭債務〇〇を履行しないときは，直ちに強制執行に服する旨認諾した。」という，いわゆる強制執行受諾文言付きの公正証書が作成された場合には，当該公正証書を債務名義として利用することができるという点が最大のメリットとして挙げられる。すなわち，強制執行受諾文言付きの公正証書により和解をした場合には，前記(1)のように当事者だけで和解の合意をした場合とは異なり，改めて訴訟を提起しなくても強制執行が可能となるのである。

　ただし，強制執行が可能となるのは，金銭の一定の額の支払などを目的とする請求の場合に限られており，和解の内容が，それ以外のたとえば不動産の明渡し義務などを定める場合には，前述のメリットは享受できないことになるから，留意が必要である。

(3) ADR機関を利用した和解

(ⅰ) **ADRとは**

　裁判外紛争解決手続（ADR，Alternatibe Dispute Resolution）とは，紛争当事者の間を仲介斡旋する第三者機関を利用して，裁判手続によらないで話合いにより紛争の解決を図る手続を指す。

　ADRについては，平成16年に裁判外紛争解決手続の利用の促進に関する法律（ADR法）が成立し，平成19年4月1日から施行されている。ADR法は，法務大臣の認証を受けた民間事業者が業務として行う民間紛争解決手続として「認証紛争解決手続」を規定しており，この手続を利用した場合には，結果的に紛争の解決に至らなかったときであっても，その後の1カ月以内に訴えを提起すれば，当初の認証紛争解決手続における請求の時に時効中断の効力が生じ

ることになる（ADR法25条）。

(ⅱ)　ADR機関

　ADR機関としては，前述の法務大臣の認証を受けているか否かを問わず，行政に近い組織が運営するもの，業界団体が運営するもの，その他の民間団体が運営するものなど，多種多様なものが存する。

　民事一般に関するADRとしては，全国の各単位弁護士会が設置している紛争解決センター（名称は弁護士会により様々である）が存する。

　また，特定分野に関するADRとしては，

・建設業法に基づき，建設工事の請負契約に関する紛争の解決を図るために国土交通省および各都道府県に設置されている「建設工事紛争審査会」，

・公害紛争処理法に基づき，公害に係る紛争の迅速かつ適正な解決を図るために総務省の外局として設置されている「公害等調整委員会」および各都道府県に設置された「公害審査会」，

・労働組合法および労働関係調整法などに基づき，個別労働関係紛争処理のために各都道府県に設置されている「労働局紛争調整委員会」や，一部の県を除く各道府県の労働委員会が設置している「労働委員会」

・金融商品取引法，銀行法，保険業法その他法令に基づき，金融商品・サービスの利用者と金融機関間の紛争について解決するための指定紛争解決機関（いわゆる金融ADR制度）

・知的財産に関する紛争について解決するために日本弁護士連合会と日本弁理士会が共同で設立した「日本知的財産仲裁センター」

・自動車事故に伴う損害賠償の紛争を取り扱う公益財団法人交通事故紛争処理センター

・国内・国際間の商取引上の紛争を取り扱う一般社団法人日本商事仲裁協会（JCAA）

などがある。

(ⅲ)　ADRの紛争解決方法

　ADR機関により異なるが，ADRの方法としては「あっせん」，「調停」，「仲裁」などがある。

　「あっせん」とは，当事者同士の交渉による紛争解決を目的として，あっせん人が間に入り，当事者同士の話合いを進めて和解による紛争の解決を図るものである。あっせん人が関与するとはいっても，基本的に当事者間の話合いを促すものであるため，必ずしもあっせん人があっせん案を提示することにはならない。

　「調停」とは，当事者同士の交渉に，第三者機関である調停人が関与して，当事者間の話合いを促し，調停人が適切と考える解決案である調停案を当事者に提示して受諾を促すことなどによって，和解による紛争の解決を図るものである。

　「仲裁」とは，当事者双方が第三者機関（仲裁委員会）の判断に従うことを約して紛争の解決を第三者機関に委ね，その判断に従うことによって紛争を解決するものである。あっせんや調停と異なり，最終的には，和解による解決ではなく，仲裁委員会による仲裁判断が下されることを想定した手続である。

　あっせんや調停によって合意が成立した場合は，あっせん人や調停人の関与のもとで，当事者間に和解契約が締結されることになる。また，仲裁手続による場合であっても，仲裁判断が示される前に，仲裁人の仲介で，和解による解決が図られることもある。

(ⅳ)　ADRのメリット，デメリット

　以上の各種ADRは，利用する制度によって，関与する専門家の専門分野も人数も様々であり，他の手続と比較した場合のメリットやデメリットはそれぞれの制度によって異なる側面も大きい。

　もっとも，これらのADR機関を利用して和解をすることに共通して認められるメリットとしては，和解に至る過程において紛争類型に応じた専門家などの関与が期待できるため，結論について当事者も納得感を得やすい点，訴訟に

おける判決に比べれば法律解釈だけに拘束されない柔軟な解決を図ることができる可能性がある点，ADR機関に手続が係属していることおよび和解の内容について非公開とできる点などが挙げられる。

　他方，デメリットとしては，ADR手続の中で和解が成立し，和解契約書などの書面が作成されても，当該書面は，当事者間で成立した和解契約の証拠書面という以上の意義を有するものではないため，強制執行の際に債務名義として利用できるわけではない，という点がある。そのため，一方当事者が合意内容を任意に履行しなかった場合にも，直ちに強制執行に着手することはできず，別途改めて訴訟を提起する必要がある（ADRの手続によっては，「履行勧告制度」という履行を促す制度を設けている場合がある）。

　また，和解の合意ができなければ自動的に審理が進行して，最終的には判決という強制的な紛争解決手段が予定されている訴訟上の和解とは異なり，あっせんや調停では，時間をかけて和解交渉を重ねていても，最終的に協議が決裂した場合には，紛争解決のために改めて訴訟などを申し立て直す必要がある。その意味では，わざわざADR機関を利用しても，時間的にも費用的にも「二度手間」になってしまうリスクが存する。

　以上から，ADRは，当面訴訟の提起を回避したい案件で，特定分野の専門家の関与があれば当事者が納得しやすく和解が成立する可能性が高いと見込まれる案件などでは，積極的に選択されるべき紛争解決手段の一つということができる。

2　裁判上の和解

　裁判上の和解は，裁判手続の中で行われる和解を指し，訴えの提起によって開始される訴訟手続において行われる「訴訟上の和解」と，訴えが提起される前に裁判手続として行われる「訴えの提起前の和解」とがある。

　また，一般には裁判外紛争解決手続（ADR）の一つとして分類されるが，調停の申立てによって開始する調停手続で行われる「民事調停」も，裁判所で行われる話合いの手続であり，後述のとおり訴訟の提起後に裁判官の職権で調

停に付されるケースも少なくないこと，調停は，訴訟上の和解と同様に確定判決と同一の効力を有するという特徴があることから，本稿においては，便宜上，「裁判上の和解」の一類型として説明することとする。

(1)　訴訟上の和解

(i)　訴訟上の和解とは

裁判上の和解の中で，中心的に位置付けられるのは「訴訟上の和解」である。

訴訟上の和解とは，「訴訟係属中において，当事者双方が，権利または法律関係についての互いの主張を譲歩（互譲）し，それに関する一定内容の実体法上の合意と，訴訟終了についての訴訟上の合意を行うこと」とされている（実証的研究1頁）。

(ii)　訴訟上の和解の手続

訴訟上の和解は，訴訟が係属している場合に，当該訴訟手続の中で行われるものであり，訴訟提起とは別の特別な申立てが必要となるわけではない。裁判所は，訴訟がいかなる程度にあるかを問わず，和解を試みることができる（民事訴訟法89条）。

(iii)　訴訟上の和解のメリット・デメリット

裁判外の和解では，合意内容を相手方が任意に履行しない場合にこれを強制することが容易ではない場合があるという問題点がある。これに対して，訴訟上の和解が成立した場合には，合意内容を記載した和解調書は確定判決と同一の効力を有するから，改めて訴訟を提起しなくても，直ちに強制執行を申し立てることができるというメリットがある。

また，訴訟上の和解を試みることのメリットとして，和解による解決を目指して訴訟を提起したものの相手方が協議に応じなかった場合や，協議したものの結局は合意に至らなかった場合にも，改めて訴訟を提起する手間が不要になり，そのまま審理が進行して判決による解決が図られるという点も挙げられる。

　他方，訴訟を提起した場合のデメリットとしては，時間的費用的なコストの面が挙げられる。また，当事者間における訴訟係属の事実は公開されることとなるため，紛争の存在自体も秘匿したいという場合には，デメリットが大きい。もちろん，主張書面や証拠について閲覧制限の申立てをすることも可能であるし，また，訴訟上の和解について交渉が行われる手続自体は非公開で行われることになり，さらに，和解合意の際に守秘条項を定めることも可能であるが，それでも和解調書の閲覧申立が行われることを完全に回避できるとは限らないため，留意が必要である。

(2)　訴え提起前の和解

(i)　訴え提起前の和解とは

　訴え提起前の和解（即決和解，起訴前の和解，民事訴訟法275条）とは，民事上の争いのある当事者が，判決を求める訴訟を提起する前に，簡易裁判所に和解を申し立て，当事者間に合意ができ，かつ，裁判所がその合意を相当と認めた場合に和解により紛争を解決する手続である。訴え提起前の和解は，裁判所に「訴訟」の係属がないことから，訴訟上の和解と区別されているものの，合意内容が和解調書に記載されることにより確定判決と同一の効力を有することになるものであり，裁判上の和解の一種であると理解されている。

(ii)　訴え提起前の和解の申立て

　訴え提起前の和解は，相手方の住所または主たる営業所の所在地を管轄する簡易裁判所に申し立てる。

　訴え提起前の和解は，当事者間に「民事上の争い」があるものの，当事者間に合意がある場合に限り利用できる制度であることから，申立書には，この民事上の争いについての記載を要する。また，当事者間に合意が成立していない場合には，調停の申立てを行うよう裁判所から指導されるのが通常である。

　訴え提起前の和解の申立てを受理すると，裁判所は，当事者（または代理人）双方が裁判所に出頭可能な日を調整して和解期日を指定し，当該期日に和

解が成立すると和解調書を作成することになる。申立てから和解期日の指定まで，通常約1カ月程度を要する。

(iii)　訴え提起前の和解のメリット・デメリット

訴え提起前の和解は，訴訟上の和解と同様，金銭債権に限定されない債務名義の取得が可能になるという点と，訴訟上の和解と比較すれば，審理を重ねずとも指定された期日に和解が成立する点や手数料が比較的少額で足りるという点においてメリットがある。

他方，訴え提起前の和解は，調停や訴訟のように審理を重ねることが予定されていない制度であることから，予め和解をすることやその内容について当事者間の合意ができていないと利用することができない。また，「即決」和解とはいえ，申立てをしてから実際に和解期日が開かれるまでに約1カ月程度はかかることから，公正証書を作成する場合と比較すると時間を要するというデメリットがある。

そのため，金銭債務の履行のみが中心的な内容となる和解の執行力を確保するためであれば，迅速性を優先して公正証書による和解を選択することが多いものの，金銭債権以外の不動産明渡しや登記手続に関する合意などを含む内容の和解については，公正証書では不可能な執行力を確保するため，訴え提起前の和解を選択することのほうが多い。

(3)　民事調停

(i)　民事調停とは

裁判所における話合いの手続としては，協議が成立しない場合には裁判官の終局判決により紛争を解決することを予定した民事訴訟手続の中で実施される訴訟上の和解のほかに，裁判官と調停委員とで構成する調停委員会の関与の下で，話合いにより紛争の解決を図る民事調停手続も存する。

調停は，原則として簡易裁判所が管轄し，裁判官1名と一般市民から選ばれた調停委員2名（以上）とで構成する調停委員会が手続を主宰する。調停委員

については，建築や医学などの専門分野に関する紛争であれば，当該分野の専門家を選任することが多い。

　また，当事者が既に訴訟を提起している場合でも，医療関係，建築関係，賃料額の増減など，解決のために専門的な知識経験を要する事件については，医師，建築士，不動産鑑定士などの専門的知識を有する調停委員の知見を活用するために，裁判所が職権で事件を調停に付すこともある（「付調停」，民事調停法20条）。

(ⅱ)　民事調停の申立て

　調停は，当事者および法定代理人，申立ての趣旨および紛争の要点などを記載した申立書を管轄の裁判所に提出する方法により，申し立てる（民事調停法4条の2第1項）。

　調停事件の管轄は，原則として，相手方の住所，居所，営業所もしくは事務所の所在地を管轄する簡易裁判所または当事者が合意で定める地方裁判所もしくは簡易裁判所である（同法3条1項）。なお，金銭債務の履行を求める訴訟においては，財産上の訴えにおける義務履行地の定め（民事訴訟法5条1号）を根拠にして，債権者側が自らの事業所所在地の管轄裁判所に訴えを提起することも少なくないが，調停においては，同様の定めがなく留意を要する。

(ⅲ)　民事調停のメリット・デメリット

　訴訟手続と比較した場合の調停手続のメリットとしては，まずは，裁判所に納付する手数料が訴訟より低額であること，解決までの期間が比較的短く済む場合が多いこと，申立書に記載すべき申立ての趣旨は判決主文となりうるものに限定されず，申立段階から，真に求める解決方策を前提とした幅広い事項を対象として柔軟な協議が可能となることなどが挙げられる。

　また，原則として公開法廷で行われる訴訟手続とは異なり，調停手続は，最初から非公開の席で進められ，当事者または利害関係人以外の者は，記録の閲覧謄写ができない（民事調停法12条の6第1項）。かかる点は，対外的に可能

な限り紛争の存在を秘匿したい企業にとっては重要なメリットである。

　さらに，裁判官に加え，紛争となっている分野の専門家が調停委員として関与することが期待できるため，機械や建設の分野などの専門家でないと理解が困難な争点を含む紛争については，専門家の視点を踏まえた柔軟な解決が期待できるというメリットもある。

　加えて，当事者間に成立した合意を記載した調停調書は，裁判上の和解調書と同一の効力を有し（同法16条），金銭の支払いや不動産の明渡しなどの給付条項が定められているときは，合意内容が任意に履行されない場合に強制執行をすることが可能である。また，調停調書がこのような効力を有することによって，調停条項の任意の履行を期待しやすくなるという側面もある。

　他方，相手方が調停期日に出頭しない場合や（同法34条に不出頭に対する制裁規定が設けられているものの，実効的なものではない），調停期日での話合いを重ねたものの結局は合意に至らなかった場合には，調停は不成立（「不調」）となるため，改めて訴訟などを起こし直す必要がある（付調停の場合は既に係属している訴訟に手続が戻されることになる）。そのため，紛争の相手方の出頭が期待できない場合や，双方の主張がかけ離れているため合意が成立することはおよそ困難と予想されるような場合には，初めから訴訟を提起したほうが，かえって最終解決までの期間が短く済むこともある。

第3節　和解の要件

1　裁判外の和解の要件

　裁判外の和解も，実体法的に見ると民法に定められた典型契約である和解契約の一種であり，民事訴訟法上の制約を受けないものであるから，その要件は，民法上の和解契約の要件に従って検討することになる。

　和解契約の成立には，民法695条の文言から，当事者間に「争い」が存する

こと，および当事者双方が互いに譲歩すること（「互譲」）の2つの要件が必要と理解されている（二要件論，星野英一『民法概論Ⅳ』（良書普及会，1984）335頁等）。

　ただし，現在においては，「争い」や「互譲」の程度に関しては柔軟に解釈されているのが実情である。なお，和解に近い日常用語としては「示談」という表現も用いられるが，「示談」には，一方当事者が全面的に譲歩する場合も含まれており，このような「互譲」のない紛争解決合意については，民法上の和解契約類似の無名契約（民法に規定されていない契約）として，和解契約に関する規定が類推適用されると理解されている。このような現状に鑑み，民法（債権法分野）改正の過程においては，典型契約としての和解契約における「互譲」要件の必要性につき疑義が呈されたものの，紛争当事者による自律的な合意形成を促す際の当事者の説得材料として，互譲ということが少なからず機能していることなどの観点から，最終的には「互譲」の要件も維持することにされている。

　また，和解契約も法律行為であるから，法律行為の一般的有効要件を充足すること，すなわち，当事者に当該「争い」にかかる処分をなす能力・権限があることや，合意内容が公序良俗に反しないことなども当然に必要とされる。

2　裁判上の和解の要件

　和解の中でも，裁判上の和解については，訴訟手続においてなされる一方で，実体法上の効果を伴うところ，その法的性質の理解について学説が分かれている。そして，この学説によって，裁判上の和解の要件をどのように捉えるかも一様ではないが，「争い」について訴訟が係属していること，当事者が訴訟を終了させる目的で「互譲」により争いを解決する合意をすることの2点のほか，合意が期日において裁判所（裁判官）の面前でなされること，という要式行為を要すると整理する有力な考え方がある（実証的研究4頁）。

　このうち1点目については，訴えの提起前の和解であれば，「争い」が存在していればよいから訴訟係属は必要とされず，また，民事調停であれば，調停

が係属していれば良いということになる。

　また，裁判上の和解であっても，裁判外の和解と同様に，当事者が当該「争い」にかかる処分をなす能力・権限を有していること，および，和解内容が公序良俗に反しないことなど，法律行為の一般的有効要件を充足することも必要となる。

　当事者の「争い」にかかる権利を処分する権限の有無という点については，特に，判決によって特定の権利または法律関係の変動（発生・変更・消滅）を宣言することを求める訴訟（形成訴訟）の場面で問題となる。例えば，境界確定訴訟や株主総会決議取消訴訟などは，判決によってのみ，公法上の境界位置を創設したり，株主総会決議を取り消したりという，権利や法律関係を変動させる効果が生じることを認めたものであるため，判決によらずに当事者が和解によって解決すること自体が許されないのではないか，という問題である。この点については，判決によらないと変動できないはずの権利や法律関係について，和解によって同様の法的効果を生じさせることは許されないとしても，それ以外の内容で和解をすることも可能であるから，和解による解決自体がすべて許されないということになるわけではない。例えば，境界確定訴訟において，公法上の境界位置を当事者間で新たに創設することはできないものの，当事者双方の所有権の範囲を確認することにより，境界を巡る紛争を解決する趣旨の和解をすることは可能であるし，株主総会決議取消訴訟において，決議の取消しを和解で合意することはできないものの，取消しを求める請求自体の取下げの条件を合意する趣旨の和解をすることは可能である。これらの方法を採ることにより，判決で権利や法律関係を変動させずとも，紛争を実質的に解決することは可能であることから，一般的にもこれらの方法による和解は広く行われている（会社関係訴訟の和解に関しては，後記第5章1節参照）。

　また，行政訴訟についても，争いの対象が当事者の自由処分を許す権利関係の範囲を超える場合が多いことから，裁判上の和解によって解決すること自体が許容されるか否かも問題となりうる。例えば，建築確認処分を取り消すなどの特定の行政処分の効力を否定するような和解は，行政庁の自由裁量の認めら

れる範囲を超えるものであるから許されないが，訴訟物自体について，請求の放棄や訴えの取下げを合意することが可能であることには疑義がない。そのため，行政訴訟においても，原告が訴えを取り下げるとともに，被告となった行政庁が裁判外で行政処分をし直したり，あるいは，和解条項として公害防止対策を講じることを約したりするなどのいわゆる取下げ的な和解が行われる例も多い。

第4節　和解の効力

1　和解の効果

(1)　裁判外の和解の効果

和解契約が成立すると，当該和解契約によってやめようとした「争い」をやめるという効力が生じ（紛争終了効），当該「争い」の範囲に属する事柄については蒸し返しが封じられる。仮に契約締結後，和解当時には不明確だった事項が明らかとなり，一方当事者の主張に強い合理性が認められる新たな証拠が現れたとしても，和解は不確実な点についての後日の紛争の蒸し返しを封じる目的も有する契約であるから，和解により既に紛争が解決したことを争うことはできない。このように，和解契約の締結により法律関係が確定し，その後の蒸し返しが許されなくなることを，一般に「和解の確定効」と呼ぶ。ただし，「和解の確定効」という概念の意義や範囲については論者によって異なり，その内容は必ずしも一様ではないが，和解契約締結後は当該争いにつき蒸し返しを禁止するという効力（不可争効）や，和解契約締結後，和解契約により実体法上の権利変動が生じるという効力（権利変動効）と分類するものが多い。

(2)　裁判上の和解の効果

裁判上の和解が成立し，調書に記載されると，確定判決と同一の効力がある

から（民事訴訟法267条，民事調停法16条），和解が無効とされない限り，和解の内容いかんにかかわらず，当該訴訟手続・調停手続は当然に終了する（訴訟終了効）。

　また，裁判上の和解の特徴として，具体的な給付義務を定めた場合には，債務名義となり執行力を生ずる（民事執行法22条7号）。その給付義務の内容は，公正証書と異なり，金銭，有価証券その他代替物の給付に限定されないが，執行力を生ずるためには，給付義務の内容が執行機関により明確に判定できる程度に特定されていなければならない（この点については第4章第2節において詳論する）。

　さらに，裁判上の和解についても，後の裁判への拘束力を認めるのが，最高裁判例の考え方の前提となっている（最判昭33・3・5民集12巻3号381頁等）。一般には，当該拘束力のことを，民事訴訟の判決に認められる拘束力と同様の「既判力」ということもあるが，後記3のとおり，裁判上の和解においても無効や取消の主張が許される場合があり得ることとの関係で，学説によっては，裁判上の和解に認められるのは「既判力」とは異なる拘束力であるとの見解や，「既判力」とはいっても実体法上の要件を完全に備えた場合にのみ認められる制限的なものであるとの見解がある。

2　相手方が和解で定めた債務を履行しない場合

　裁判上の和解が成立した場合には，和解調書に記載された給付義務について，金銭給付などに限らず不動産の明渡しや動産の明渡しなどであっても，和解調書を債務名義として強制執行を申し立てることができる（民事執行法22条7号）。

　また，裁判外の和解が成立した場合でも，相手方が和解で定めた債務を履行しないときは，強制執行受諾文言（前記第1章1(2)参照）が記載された和解公正証書が作成されていれば，金銭の一定額の支払いや代替物の一定数量の給付については，当該和解公正証書を債務名義として強制執行の申立てを行うことができる（同法22条5号）。

　公正証書や和解調書に記載された債務がこれら以外の内容のものであったり，和解の方法が公正証書や裁判上の和解によらない場合には，直ちに強制執行を申し立てることができず，相手方に対して履行を求めたり，あるいは，履行されなかったことを理由とする損害賠償を求めるためには，任意の交渉で解決が図れなければ，和解契約上の債務の不履行を理由とする新たな訴えを提起する必要が生じる。

　また，相手方の和解契約上の債務の不履行を理由として，当該和解契約の解除を主張することもできる。なお，裁判上の和解が成立して裁判が終了した場合，その後に和解契約の内容である私法上の和解契約が相手方の債務不履行により解除された場合であっても，単に当該和解契約に基づく実体法上の権利関係が消滅するに止まり，和解によって一旦終了した裁判が復活するものではない（最判昭43・2・15民集22巻2号184頁）。

3　和解に瑕疵がある場合

　一旦和解が成立すれば，当該和解の効果として，和解の対象となった事項については，後日の蒸し返しが封じられることになる。しかし，和解も法律行為である以上，理論的には，代理権に欠缺があったり，和解の意思表示に瑕疵がある場合には，契約の一般原則に従って，錯誤その他の法律行為の規定が適用され，その効力が否定されることになる。このことは，裁判官の面前でなされていることから効力が否定される現実的な可能性は一層低いとはいえ，裁判上の和解であっても同様である。

　裁判上の和解について，意思表示の瑕疵を主張して和解の無効を主張する方法としては，①期日指定を申し立てて訴訟を続行する方法，②和解無効確認の別訴を提起する方法，③和解に基づく強制執行の不許を求めて請求異議の訴えを提起する方法がある。

(1)　期日指定の申立てをする方法

訴訟上の和解が成立すると，その訴訟終了効により，当該訴訟は終了するこ

とになる。しかし，訴訟上の和解に関与した代理人の代理権が無効なもので
あった場合や，意思表示に瑕疵があった場合などは，当該和解も無効であるか
ら，訴訟終了効は発生せず，訴訟はなお係属中であるとして，期日指定の申立
てをすることができる（大決昭6・4・23民集10巻7号380頁，最判昭33・6・
14民集12巻9号1492頁等）。

　期日指定の申立てがされると，まず和解無効の点に限定して審理が行われ，
その結果，和解が有効と判断される場合には，裁判所は訴訟の終了を宣言し，
逆に，和解が無効と判断される場合には，本案についてさらに期日を指定して，
審理を続行し，当初の請求の当否についてさらに審理判断することになる（藤
原弘道「訴訟上の和解の既判力と和解の効力を争う方法」後藤勇＝藤田耕三編
『訴訟上の和解の理論と実務』（西神田編集室，1987）492頁）。

(2)　和解無効確認の別訴を提起する方法

　旧訴の係属を前提としない起訴前の和解や調停については，期日指定の申立
てをする余地がないから，独立の訴えである和解無効確認の訴えを提起して争
うことになる。

　また，期日指定の申立てが可能な訴訟上の和解についても，和解無効確認の
訴えを提起することについては，即時確定の利益を欠くものではないとされて
いる（大判大14・4・24民集4巻195頁，最判昭38・2・21民集17巻1号182頁
等）。

(3)　請求異議の訴えを提起する方法

　訴訟上の和解の内容として一定の給付義務が含まれているときには，その和
解調書に執行力が生じることになり，当該和解の意思表示に瑕疵がある場合に
は，和解調書上の債務者は，和解の無効・取消しを主張して，執行力を排除す
るため請求異議の訴えを提起することができる（大判昭14・4・24民集18巻14
号903頁）。

　同一の和解調書について，和解無効確認の訴えの別訴を提起している場合に，

それとは別に請求異議の訴えを提起することができるかについては，争いがあるものの，それぞれで目的が異なるから，いずれの訴えについても訴えの利益は否定されないというのが多数説の考え方である。

第2章

企業訴訟における
和解の留意点

第1節　和解の前提として検討すべき留意点

1　はじめに

　訴訟上の和解を成立させるに当たっては，当事者間で和解により合意する内容について十分に検討するのは当然のことであるが，その前提として検討を要する事項がいくつかある。

　和解の内容自体に関するものとしては，例えば，(i)会社などの法人の場合には，和解によって譲歩した解決をすることが，取締役や役員の法人に対する善管注意義務に違反しないかを検討する必要がある。また，(ii)和解に参加させるべき利害関係人の有無も検討しておく必要がある。訴訟当事者間だけの合意によって和解の合意として有効なものとなりうるのか，さらに法的には有効な合意となりえても，それが実効性のある紛争解決となりうるのか，という観点からの検討である。

　また，和解は当事者間の互譲による紛争解決の手段であるところから，紛争を解決して，訴訟を終了させるということを優先する結果，その実体法上の効果をあいまいにして，あえて明確にしない文言で解決を図ることがある。紛争の解決を主目的とする裁判所も，訴訟の終了ということを優先し，その実体的

な法律関係にあえて踏み込まないことも少なくない。そのため，当事者の側でも，和解後に訴訟外で当事者間に生じうる和解の波及的効果や影響を幅広く想定して，問題点の有無を検討しておく必要がある。

　例えば，和解調書に基づく登記手続が予定される事案においては，当該和解条項が登記申請の際に有効な執行文言となっているか否かを確認しておく必要がある。もっともこのことは裁判所のほうでも通常意識されており，一般的な事例については問題が発生しないような実務を確立しているが，疑義が生じそうな特殊な事例の場合には，司法書士などと協議し，必要に応じて法務局で登記申請の受理の可否などを事前に確認し調整しておく必要がある。

　また，税務手続との関係でも検討を要する場合がある。例えば，和解の合意によって当事者間に一定の経済的価値の移転が生じるときは，当該和解により税務上どのような効果が生じるかを検討し，想定外のリスク発生の有無を検討する必要がある。

　保険適用との関係でも和解条項の文言などの内容の検討が必要である。すなわち，和解によって負担する金銭債務について，損害賠償責任保険の適用を想定している場合には，予定している和解条項に基づく債務負担行為が，保険適用の前提となる賠償責任に基づくものであることを要するところ，その旨の和解条項案への反映の要否を検討しておくべきである。

　その他，上場会社の場合には，和解の成立について適時開示を求められることがあり，その要件の該当性についての検討も必要となる。

2　取締役の善管注意義務

　訴訟上の和解は，双方の互譲による訴訟の終了であり，合理的理由のない譲歩をすると，訴訟当事者が会社の場合には，取締役の善管注意義務違反の問題が生じうる。

　もっとも，訴訟上の和解も，それが具体的な法令に違反しなければ，基本的には，取締役の経営判断の問題である。すなわち，善管注意義務が尽くされたか否かの判断は，行為当時の状況に照らして，合理的な情報収集・調査・検討

などが行われたか否か，および，その状況と取締役に要求される能力水準に照らし不合理な判断がされなかったか否かということが基準になるべきで，事後的・結果論的な評価によるものではないとされており，このような考え方を一般に「経営判断の原則」と呼んでいる。裁判例も，経営判断の適否の審理にあたっては，この経営判断の原則に従っているものと考えられる。経営判断の原則とは何かについて，判例法理は必ずしも一致しているわけではないが，現在の判例では，意思決定の過程と内容を共に審査するのが主流であるとされている。また，取締役の中でも，金融機関の取締役と一般事業会社の取締役の善管注意義務とではその内容程度が異なり，金融機関の取締役のほうが一般事業会社の取締役よりも高度で，裁量の幅を制限されているという見解が学説上は有力である。

　和解内容に関する検討においても，このような経営判断の観点から，取締役としては，和解協議を決裂させた場合の結果と，和解に応じた場合の結果とを比較衡量して，会社にとってより有利な選択肢を模索することが必要となる。

　会社が訴訟上の和解をしたことについて，株主からその責任が追及された訴訟において，「訴訟において判決がされた場合に，原告が主張した法人格否認の法理が受訴裁判所により肯認されたか否かは，事柄の性質上，明らかでないというほかないが，別件訴訟の判決においてA社の責任が認められる可能性が全くなかったと断定することはできず，少なくとも各担当裁判官により和解金を支払う方向での和解を勧められたA社がその危険があると考えたとしても不合理とはいえないから，裁判所の説得に従い訴訟代理人の意見を尊重して，別件訴訟を訴訟上の和解により早期に解決したことは，一つの合理的な選択というべきであり，取締役としての忠実義務に違反すると断ずることはできない」旨を判示した裁判例がある（東京地判平7・10・26判時1549号125頁，東京高判平8・12・11資料版商事161号161頁。東京都観光汽船事件）。

　訴訟上の和解においては，裁判所が当事者双方に対して裁判所案を提示して，これに基づき当事者間に合意が成立することも多い。この不合理とはいえない裁判所案の内容に則った和解が成立したという場合には，裁判所案に対する訴

訟当事者としての信頼と尊重が，取締役の善管注意義務違反の有無の判断に際し，義務違反を否定する要素として考慮され，多くの場合には，取締役の善管注意義務違反が認められることはないものと考えられる。

3　利害関係人の参加の是非，要否

(1)　利害関係人が参加するケース

　訴訟当事者とはなっていないものの，その紛争に利害関係を有する者がいて，その関係者を参加させたほうが，当該紛争を根本的・全体的・一回的に解決できる場合がある。そのような場合には，実務上，利害関係人を参加させた上で，訴訟上の和解を成立させるという取扱いが認められている。

　利害関係人の例としては，消費貸借契約の貸主・借主間の訴訟における連帯保証人，債権者代位訴訟における債務者本人，株主代表訴訟における株式会社などがある。

　連帯保証人を追加するケースでは，利害関係人の参加により，債務者の信用を補完し，これによって当事者間の互譲だけでは解決できない事案を和解による解決に導くことができるという利点がある。

　債権者代位訴訟のケースでは，そもそも原告である債権者は，他人の権利に係る訴訟を当事者として担当しているに過ぎない（「法定訴訟担当」という）ため，その権利を実現する行為を超えて，当該権利の放棄，譲渡などの処分行為を内容とする訴訟上の和解をすることができない。したがって，この訴訟において，原告である債権者が債権の一部免除などの処分行為を内容とする和解を成立させる場合には，利害関係人（債務者）を訴訟に参加させて，その同意を得る必要がある。このケースは利害関係人が参加しなければ，そもそも和解自体が成り立たないケースということになる。

(2)　利害関係人の参加の手続

　利害関係人の参加の手続として，口頭で参加を申し立てる取扱いもあるが，利害関係人の住所・氏名などを特定し，利害関係人として和解に参加する意思

を明確にするために，利害関係人の参加申出書（参加申立書）を提出させるのが一般的である。

平成○年（ワ）第○号損害賠償等請求事件
原告　　○
被告　　○

利害関係人参加申立書

○年○月○日

東京地方裁判所　民事第○部○係　御中

〒○○○-○○○○　　東京都千代田区丸の内○丁目○番○号
　　　　　　　　　　○ビル
　　　　　　　　　　○法律事務所（送達場所）
　　　　　　　　　　　電　話　　○○-○○○○-○○○○
　　　　　　　　　　　FAX　　○○-○○○○-○○○○
　　　　　　　　　　利害関係人株式会社○
　　　　　　　　　　訴訟代理人弁護士　　　　　　○○○○

　頭書事件について，和解手続に利害関係を有する下記の者を利害関係人として参加させていただきたく，申し立てる。

記

〒○○○-○○○○　　東京都千代田区丸の内○丁目○番○号
　　　　　　　　　　利害関係人　株式会社○
　　　　　　　　　　代表者代表取締役　　○

以上

4　税務面での留意点

　和解では，金銭債務の支払いにあたり，その名目を「解決金」「和解金」な

どとすることが一般的に行われる。

　しかし，「解決金」「和解金」などの名目は，当該金銭支払い債務の内容，法的性質を明確にしておらず，それゆえに，税務上の取扱いに関して，和解当事者間あるいは，和解当事者と税務当局の間で理解に齟齬が生じることがありうる。

　例えば，訴訟上の和解に基づいて支払われた解決金について，法人税法上，その額が所得の金額の計算において，益金の額に算入されるか否かが問題となることがある。一例として，株式売買後に株式取得者から売主に対する表明保証違反による補償請求が行われた事案において，売主から株式取得者に対して一定の「解決金」の支払いを内容とする訴訟上の和解が成立したケースがある。このケースにおいて，株式取得者は，当該訴訟上の和解の対象が，株式取得者から売主に対する表明保証違反による補償請求であり，その補償請求は過大となった対価の減額調整を行うものであるから，当該解決金の法的性質は売買代金の減額調整金であることや，和解条項にも，株式の取得価額が過大であったことを理由とするものである旨の記載があることなどを挙げて，当該解決金の額は，株式の売買代金の返還である旨主張することが考えられる。これに対し，税務当局は，当該訴訟における和解の経緯等に照らし，当該解決金の額は，損害賠償金としての性質を有するものであり，所得の金額の計算上，益金の額に算入されると主張することが考えられる。このように「解決金」の法的性質が後に税務当局との間で問題となるケースがありえ，その場合には，和解調書に記載された条項の文言解釈に加え，その解釈に資する他の事情や，特に訴訟上の和解であることから，同訴訟の経過等も参酌して，当事者の真意が判断されることになる。

　また，労働訴訟において，被告会社が原告労働者に対して，一定の「解決金」を支払う旨の和解が成立することがある。この場合，和解条項においては，「解決金」の趣旨を損害賠償金と整理したうえで，仮にその支払いに関して公租公課の負担が生じる場合には，当該支払い分から労働者がこれを負担することを前提としつつ，その旨の特段の留保を付すことなく，「解決金」の名目で

支払うことがよく行われる。しかし，その事案の内容に照らし，税務当局により当該金銭の法的性質は給与や退職金であると判断されると，被告会社側に別途源泉徴収義務が生じることがあり，被告会社の負担が「解決金」の限度にとどまらないことも起こりうる。したがって，その訴訟および和解の内容に照らし，「解決金」の法的性質が給与や退職金であると判断される可能性がある場合には，その可能性を考慮したうえで当該「解決金」の金額を確定させることも検討する必要がある。このように，和解において支払金額を確定させるにあたっては，税務上の観点からの検討も欠かせない。

5　保険適用上の留意点

　会社が金銭の支払い義務を認めて和解に応じる場合に，その債務の法的性質によっては，その会社が加入する賠償責任保険の対象となることがある。もっとも，訴訟上の和解が互譲による訴訟の終了であり，紛争の解決を優先して，その債務の法的性質を明確にしないままであったり，和解条項の文言上も，その債務の法的性質が明確でなかったり，損害賠償義務であってもその発生原因が明確でなかったりすることがある。このような曖昧な文言を使用するのは当事者間では解決のための一つの知恵ということができるものの，和解に基づく支払債務について保険の適用を考える場合には，第三者である保険会社の判断が関係するため，和解条項案の文言による保険金支払いの可否についてあらかじめ保険会社と調整する必要があり，場合によっては，賠償責任保険の対象となることについての弁護士の見解書が求められることもある。また，賠償責任保険の対象になる事案であっても，和解条項案が確定した段階で，文言上も支障がないことの確認を保険会社から受けておくなどの対応が必要となる。

　なお，株主代表訴訟においては，役員賠償責任保険（D＆O保険）の適用が検討されるが，同保険の約款では，被保険者である取締役は，あらかじめ保険会社の書面による同意がない限り，損害賠償責任の全部もしくは一部を承認し，または争訟費用の支払いを行ってはならず，保険会社が同意した法律上の損害賠償金および争訟費用だけが保険金によるてん補の対象となるとされている。

そのため，被告となっている取締役が会社に対して一定額の金銭を支払うことを内容とする和解に応じる場合には，和解条項の内容についての裁判所での協議と並行して，役員賠償責任保険（D＆O保険）の保険会社とも和解の内容について協議を行い，和解条項の記載内容も含めて保険会社の同意を得ておく必要がある。

6　適時開示の要否

　上場会社については，「財産権上の請求に係る訴えが提起された」場合，または「訴えについて判決があった」場合，もしくは「訴えに係る訴訟の全部もしくは一部が裁判によらずに完結した」場合は，【図表2-1】に掲げる基準（軽微基準）のいずれかに該当するものを除き，直ちにその内容を開示することが義務付けられている（有価証券上場規程402条(2)d，同施行規則402条(2)）。なお，上記の「裁判によらずに完結した」場合とは，訴訟上の和解などをいう。

【図表2-1　軽微基準】

| a　訴えが提起された場合 | 次の(a)及び(b)に掲げるもののいずれにも該当すること。
(a)　訴訟の目的の価額が直前連結会計年度の末日における連結純資産額の100分の15に相当する額未満であり，かつ，当該請求が当該訴えの提起後直ちに訴えのとおり認められて敗訴したとした場合，当該訴えの提起された日の属する連結会計年度開始の日から3年以内に開始する各連結会計年度においていずれも当該敗訴による連結会社の売上高の減少額が直前連結会計年度の売上高の100分の10に相当する額未満であると見込まれること。
(b)　取引規制府令第50条第3号イに掲げる事項 |

b　訴えについて判決があった場合又は訴えに係る訴訟の全部若しくは一部が裁判によらずに完結した場合	aの(a)に掲げる基準に該当する訴えの提起に係る判決など（訴えについて判決があったこと又は訴えに係る訴訟の全部若しくは一部が裁判によらずに完結したことをいう。以下この条及び第404条において同じ。）の場合又は前aの(a)に掲げる基準に該当しない訴えの提起に係る訴訟の一部が裁判によらずに完結した場合であって，次の(a)から(e)までに掲げるもののいずれにも該当すること。 (a)　判決等により上場会社の給付する財産の額が直前連結会計年度の末日における連結純資産額の100分の3に相当する額未満であると見込まれること。 (b)　判決等の日の属する連結会計年度開始の日から3年以内に開始する各連結会計年度においていずれも当該判決等による連結会社の売上高の減少額が直前連結会計年度の売上高の100分の10に相当する額未満であると見込まれること。 (c)　判決等の日の属する連結会計年度開始の日から3年以内に開始する各連結会計年度においていずれも当該判決等による連結経常利益の減少額が直前連結会計年度の連結経常利益金額の100分の30に相当する額未満であると見込まれること。 (d)　判決等の日の属する連結会計年度開始の日から3年以内に開始する各連結会計年度においていずれも当該判決等による親会社株主に帰属する当期純利益の減少額が直前連結会計年度の親会社株主に帰属する当期純利益金額の100分の30に相当する額未満であると見込まれること。 (e)　取引規制府令第50条第3号ロに掲げる事項

上記の軽微基準に該当しない場合，開示すべき事項は以下のとおりである。

a　訴訟が提起された（判決などの）日 b　訴訟の原因および提起される（判決など）に至った経緯 c　訴訟を提起した者の概要

名称，所在地，代表者の役職・氏名を記載する。
d　訴訟内容
　　訴えまたは判決などの概要，訴訟の目的の価額，判決などの給付する財産の額などを記載する。
e　その他投資家が会社情報を適切に理解・判断するために必要な事項
f　今後の見通し（訴訟が完結した場合のみ記載する）
・当期以降の業績に与える影響の見込みを記載する。
・今後の方針などがある場合は，その内容を記載する。

第2節　訴訟類型別の和解の留意点

1　会社訴訟と和解

(1)　会社訴訟と処分権主義

会社訴訟とは，会社法に規定された訴訟およびこれに準ずる訴訟である。会社訴訟も民事訴訟の一類型であるが，会社法において訴訟手続や判決の効力に関して特別な規定が置かれており，和解にあたっても特有の留意点がある。

民事訴訟においては，原則として私的自治が認められており，その一環として処分権主義が適用される。処分権主義とは，訴訟の開始，審判の対象・範囲，訴訟の終了などについての処分の自由を当事者に認める原則をいう。

訴訟上の和解も，一旦開始された訴訟を判決によらずに終了させる事由の一つであり，処分権主義の一つの現れである。

(2)　確定認容判決に対世効がある訴訟

会社法では，法律関係の画一的処理の観点から，株主総会決議取消し・不存在確認・無効確認の訴えなど，会社の組織に関する訴え（会社法834条）にかかる請求を認容する確定判決は，第三者に対する関係でも効力を肯定する，いわゆる対世効を定めている（同法838条）。

また，明文の規定はないものの，法律関係の画一的処理の観点から，解釈上，確定した認容判決について対世効を認めるのが相当な訴訟類型として，取締役の地位確認，取締役の地位不存在確認，取締役会決議無効・不存在確認の各訴訟が挙げられている（垣内正編『会社訴訟の基礎』（商事法務，2013）26頁）。

これらの確定した認容判決に対世効を認める訴訟類型においては，当事者にその処分を委ねることになる訴訟上の和解の可否が問題となる。

この点については，請求の放棄・認諾についての解釈と同様に，訴訟物を処分する内容の和解は，対世効によって利益を侵害される第三者保護の観点から

許されないが，訴えの取下げや請求の放棄を内容とする和解は可能であると解されている（類型別Ⅰ58頁）。

(3)　株主代表訴訟

(i)　和解の可否

株主代表訴訟における和解の可否については従前争いがあったところ，会社法850条は，株主代表訴訟においても和解が可能であることを前提として，その手続などを規定しており，この問題は解決されている。

(ii)　会社の承認手続

会社が和解の当事者（利害関係人を含む）ではない場合において，原告たる株主が被告たる取締役との間で和解をしたときは，会社の承認がない限り，民事訴訟法267条の適用はなく（会社法850条1項），裁判所は，会社に対し，和解内容を通知し，かつ，会社に異議があれば2週間以内に異議を述べるべき旨を催告することが必要である（同条2項）。

会社が期間内に異議を述べなかったときは，裁判所が通知した内容による和解を承認したものとみなされる（同条3項）。この場合を含め，会社の承認などを得て株主代表訴訟における和解をするときは，取締役の責任免除規定（同法424条）の適用はなく（同法850条4項），取締役の責任を免除する内容の和解をすることも許されることになる。

これに対し，会社が異議を述べたときは，仮に原告たる株主と被告たる取締役とが有効に和解をしても，会社および他の株主との関係においては，裁判上の和解の効力が及ばないことになる。

なお，訴訟の当事者ではない会社に対し，和解の通知および催告がされたときは，監査役設置会社では監査役が（会社法386条2項2号），監査等委員会設置会社では監査等委員が（同法399条の7第5項2号），指名委員会等設置会社では監査委員会が選定する監査委員が（同法408条5項2号），会社を代表して通知・催告を受けることとされている。したがって，この通知・催告に対して

異議を述べる場合も，監査役設置会社における取締役に対する責任追及などの訴えについては監査役が，監査等委員会設置会社では監査等委員が，指名委員会等設置会社における執行役または取締役に対する責任追及の訴えでは監査委員が，会社を代表するものと解される。

(ⅲ)　会社が訴訟手続または和解に参加する場合

　会社が，取締役，執行役または清算人もしくはこれらの者であった者を補助するために訴訟に参加する場合は，監査役設置会社では監査役の，監査等委員会設置会社では各監査等委員の，指名委員会等設置会社では各監査委員の同意が必要とされている（会社法849条3項1～3号）。この場合，同意を得た上で参加する会社を代表すべき者は本来の会社代表者と解される。したがって，訴訟行為について代表権を有する者が，訴訟上の和解においても会社を代表することになる。

　会社が利害関係人として和解に参加する場合に，会社を代表すべき者についての特段の定めはない。この点は，原則的な会社代表者であるとの見解（田中亘「取締役の責任軽減・代表訴訟」ジュリ1220号36頁）と，会社法386条の趣旨は和解の場合にもあてはまるとして，監査役設置会社では監査役が，監査等委員会設置会社では各監査等委員が，指名委員会等設置会社では監査委員が，会社を代表するという見解とがある。なお，会社が役員側に補助参加している場合に，会社の代表者は代表取締役となるが，会社が共同訴訟参加した場合や利害関係人として参加する場合とのバランスから，取締役の責任を追及する訴えにおいて会社が和解を承認する場合には，監査役または監査委員の同意を要するとの見解がある（江頭憲治郎＝門口正人編集代表『会社法大系(4)』（青林書院，2008）450頁〔松山昇平＝門口正人〕）。

(ⅳ)　原告の弁護士費用の負担

　株主代表訴訟で原告となって勝訴した株主は，支払った弁護士報酬の範囲内で相当な額を会社に対して請求することができる（会社法852条1項）。

これに対して，訴訟上の和解の場合については明文の規定はないが，東京地判平11・11・26金判1095号26頁〔野村證券事件〕および同事件の控訴審である東京高判平12・4・27金判1095号21頁は，旧商法268条の2の「株主が勝訴したる場合」には，訴訟上の和解により取締役らが会社に対して損害賠償金を支払う約束をした場合も含まれると判示した。

このような理解を前提に，株主代表訴訟における訴訟上の和解において，利害関係人（あるいは補助参加人）である会社と原告である株主との間で，弁護士費用の負担について定めることもある。

2　商事非訟と和解

非訟事件については，かつては，職権探知主義を採用していること（非訟事件手続法49条1項），和解に関する民事訴訟法の規定を準用していないこと（同法10条参照）などから，裁判上の和解は許されないとの見解が通説であったところ，2011年に成立した非訟事件手続法は，和解の可能性を明文で認め（同法65条），この問題について立法的な解決を図っている。

3　取立訴訟，債権者代位訴訟と和解

(1)　法定訴訟担当による訴訟追行

訴訟物たる権利義務の主体に代わり，第三者が当事者適格を持ち，この当事者が受けた判決の効力が権利義務の主体にも及ぶことがある。このような訴訟当事者を第三者の訴訟担当という。第三者の訴訟担当のうち，法律上当然に行われるものを法定訴訟担当といい，この中には，第三者の利益または第三者が代表する者の利益のために訴訟物たる権利義務について第三者に管理処分権を認めて，それに基づいて訴訟担当を許す場合がある。その例として，差押債権者の取立訴訟（民事執行法157条），債権者の代位訴訟（民法423条），株主代表訴訟（会社法847条）などがある。

(2) 差押債権の取立訴訟

取立訴訟とは，差押債権者が取立権に基づいて，第三債務者に対し，自己への支払いまたは供託を求める訴訟である。

【図表2-2　取立訴訟】

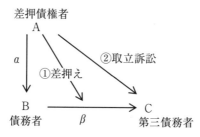

取立訴訟は，差押債権者Aが，債務者Bの第三者Cに対する債権を訴求するものであることから，取立訴訟において差押債権者Aが自由に和解を行うことができるかは議論がある。

この点について，取立権は，被差押債権（β）の換価を許容するにすぎず，被差押債権（β）自体を譲渡し，免除し，またはその弁済を猶予するといった処分権を含まないのであるから，原告たる差押債権者Aとの間の訴訟上の和解において，免除，弁済の猶予などの被差押債権（β）の処分を内容とする和解は許されないと解されている。すなわち，被差押債権（β）の免除や期限の猶予などを内容とする合意をしても，債務者Bが利害関係人として和解に関与していない限りは，これを債務者Bに主張することはできないことになる。

このように考えた場合，実務上行われている取立訴訟における訴訟上の和解の効力が問題となるところ，差押債権者Aが処分権を有するのは取立権の範囲に限定されるから，取立権の一部放棄，取立の期限猶予の効力しか認められないと考えることになる。

そのため，仮に和解に基づいて債権の一部を支払う内容の合意が成立し，支払いがされたとしても，残りの被差押債権（β）は，債務者Bの第三債務者Cに対する債権として残ることになる。第三債務者Cとしては，残りの被差押債

権（β）についても和解によって債務免除などの利益を得るためには，債務者Bを利害関係人として和解に関与させることが必要となる。すなわち，仮に，和解に債務者Bも関与していた場合には，その和解内容が当然に債務者Bに対しても効力を有することになり，その内容によっては，被差押債権（β）の債権者が，債務者Bから差押債権者Aに変更されたと認められる場合もあると考えられる（平成18年度主要判例解説・判タ1245号205頁）。

　この取立訴訟における和解の効力に関連する裁判例として，取立訴訟において，債権者・第三債務者間で被差押債権について訴訟上の和解が成立し，和解金を受領する前に，債務者について再生手続開始決定がされた場合に，債権者の和解金受領権限の有無が争点となったものがある（大阪地判平17・11・29判タ1203号291頁）。同事件について，裁判所は，取立訴訟において，債権者と第三債務者との間で被差押債権について訴訟上の和解が成立したとしても，取立訴訟の趣旨（取立訴訟は，取立権に基づいて被差押債権の換価を許容する範囲で被差押債権を訴訟物とする手続に過ぎないこと）に鑑みると，取立債権についての和解は，解決金の支払義務の確認，支払および残額の免除という形で，取立権の行使方法（被差押債権の換価方法）を定めたものに過ぎないと判示した上で，再生債務者（債務者）に対して再生手続開始決定がされたことによって，係属中の強制執行手続は中止し，その後は債権者も取立権を失うことになるので，和解に基づく解決金の受領権限も有しないことになると判断した。

(3)　債権者代位訴訟

　債権者代位訴訟の訴訟物は，債務者Bの第三債務者Cに対する権利（β）であり，この権利についての管理権を与えられて債権者が提起するのが債権者代位訴訟である。債権者代位訴訟では，代位債権者が得た判決の効力は債務者に有利にも不利にも及ぶ（民事訴訟法115条1項2号）。

【図表2-3　債権者代位訴訟】

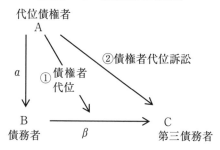

　ただし，代位債権者Aは処分権を有してはおらず，権利（β）を処分することになる請求の放棄や和解などはできないと解される。すなわち，訴訟を提起した以上，訴えの取下げを除き，必ず判決まで行かなければならないことになる。

　しかし，このような結論は不都合であるから，実務上は，訴訟上の和解を成立させる必要がある場合には，処分権者である債務者Bを利害関係人として参加させた上で，和解を成立させている。

(4)　株主代表訴訟

　会社法850条は，株主代表訴訟においても和解ができることを前提に，その手続などを規定している（その詳細は第2章第2節1(3)参照）。

4　執行関係訴訟と和解

(1)　取立訴訟

　取立訴訟における和解についての詳細は，第2章第2節3(2)参照。

(2)　請求異議訴訟

　債務者が債務名義に記載された請求権の存在や内容について異議がある場合に，その債務名義による強制執行を許さないものとするために，請求異議の訴えを起こすことができる（民事執行法35条1項前段）。

【図表2-4　請求異議訴訟】

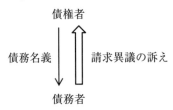

請求異議訴訟の法的性質は形成訴訟であり，債務名義に表示された請求権に関する実体上の異議事由が存在する場合に，形成権である執行法上の異議権が生じ，この異議権に基づいて債務名義の執行力の排除を求める訴えと解されている（原田和徳＝富越和厚『執行関係等訴訟に関する実務上の諸問題』（司法研修所，1989）21頁）。

かかる理解に基づき，請求異議訴訟においては，判決主文により形成されるのと同一内容の創設的効果を直接宣言するような内容の和解（「……の強制執行を許さない」「……の強制執行は排除する」旨の条項の和解）は効力がないと解されている。

これに対し，形成的効果を含まない訴訟上の和解（「被告は……強制執行はしない」「被告は強制競売申立てを取り下げる」旨の和解条項）は可能である。例えば，被告が原告に対する債務名義に基づき不動産の強制競売申立てを行ったことに対し，原告が請求異議の訴えを提起した事案において，原告が債務名義の給付請求権の存在を確認し，これを分割弁済することを約するとともに，被告が強制競売の申立てを取り下げることを約する内容の和解などが考えられる。強制競売の申立てを取り下げる旨の和解調書正本などを執行機関に提出すると，強制執行は停止され（民事執行法39条1項4号），かつ，すでにされた執行処分は取り消される（同法40条1項）。

(3)　配当異議訴訟

配当異議訴訟とは，配当表に記載された債権者の債権額や配当の額について

不服のある債権者や債務者が，配当期日で，配当異議の申出をした上で，配当表の記載の変更などを求めて提起するものである（民事執行法89条1項・90条1項）。

　配当異議訴訟（同法90条・188条）の法的性質は，形成訴訟であり，配当表の変更または取消しを内容とする和解をすることはできないと解されている。しかし，配当異議訴訟で実質的に問題となるのは，異議ある配当額の分配の問題であり，実体法上の権利の有無およびその金額が問題となっているとみることができるから，それを処分する内容の和解は一概に否定されるものではないと考えられている。したがって，配当異議訴訟の和解においては，「配当表を変更する」とするのではなく，個々の債権者の配当受領権について合意をすることが行われる（前掲・原田＝富越）。例えば，債権者が提起した配当異議訴訟において，「当事者双方は，○○地方裁判所○年（ケ）第○号担保不動産競売事件について，同裁判所の裁判所書記官が同年○月○日に作成した配当表中，被告に対する配当額○円のうち○円を原告が取得するものとする」など，配当受領額について合意する和解が考えられる。

(4)　第三者異議訴訟

　強制執行の目的物について所有権その他目的物の譲渡または引渡しを妨げる権利を有する第三者は，債権者に対し，その強制執行の不許を求めるために，第三者異議の訴えを提起することができる（民事執行法38条1項）。

【図表2-5　第三者異議訴訟】

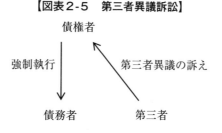

この第三者異議訴訟は，強制執行の目的物について所有権その他の目的物の

譲渡または引渡しを妨げる権利を主張し，執行機関が執行の要件に従ってした執行処分を，判決によって不適法として排除することを目的とする形成の訴えであり，訴訟物は執行法上の異議権であると解されている（通説・判例）。かかる理解に基づき，第三者異議訴訟においては，判決主文により形成されるのと同一内容の創設的効果を生じさせる和解（「強制執行を許さない」旨の条項の和解）は効力がないと解されている。これに対し，形成的効果を含まない訴訟上の和解は可能である。例えば，「強制執行はしない」旨の和解強制執行の目的物について，強制執行の第三者たる原告の所有権を確認し，被告が動産執行事件を取り下げる内容の和解などが考えられる。

5　民事保全手続と和解

　そもそも民事保全手続における裁判上の和解の可否については争いがあったところ，今日においては和解ができることについて争いはない。

　もっとも，無審尋で発令される仮差押えや係争物に関する仮処分については，発令段階では債務者から事情を聴く機会がなく，和解を試みる余地がない。そのため，このような事件については，和解を試みるとしても双方審尋が行われる保全異議の段階になってからということになる。

　これに対し，仮の地位を定める仮処分については，発令段階で原則として双方審尋の手続を経ることが必要であり，その段階で和解が試みられることがある。

　仮処分の段階における和解は，①本案訴訟におけるのと同様に紛争の抜本的な解決をする和解と，②紛争の抜本的な解決は本案訴訟の決着に委ねることとして，それまでの間の暫定的な取決めを合意する和解の2通りが考えられる。

　暫定的な和解をする場合において，給付条項を設けるときは，その給付が実体上の権利関係に対してもたらす効果を明確にしておく必要がある。例えば，損害の一部についての金員の仮払いを合意する場合は，債務者の仮払いと弁済との関係を条項上明確にしておく必要がある。満足的仮処分と本案訴訟の関係について，判例（最判昭35・2・4民集14巻1号56頁）は，仮処分の執行によ

り仮の履行状態が作出されたとしても，裁判所はかかる事項を斟酌しないで本案の請求の当否を判断すべきものとしており，本案訴訟で被保全権利の存在が否定されることもありうる。この場合には，本来であれば不当利得返還または損害賠償請求で原状回復を図ることになるが，このようなときも原状回復をしないという合意が成立していれば，和解条項において「債務者は，債権者に対し，本案判決により債務者の本件損害賠償債務の不存在が確定した場合においても，第1項の金員の既払い分に関して，一切の返還請求をしない」などの不訴求（不起訴）の合意条項を設けることが必要である。

　また，本案訴訟における訴訟上の和解では，和解調書に請求の趣旨および原因を記載して，その特定された訴訟物についての帰趨を和解条項において明らかにすることになるが，保全手続では，このような請求の趣旨および原因の記載がないので，終局的和解をする場合には，和解条項中で，いかなる請求権に関するものかを明確にしておく必要がある。

6　消費者団体訴訟と和解

⑴　差止請求訴訟

（i）　適格消費者団体による差止請求制度

　消費者契約法は，消費者が一定の要件のもとで消費者契約の効力を否定しうるものとする実体法のルールを定めている（消費者契約法4条・8条〜10条）。

　このルールの実効性を確保するための手段として，消費者契約法は，適格消費者団体による差止請求と，差止請求権の実現のための訴訟制度（差止請求訴訟制度）を設けている（同法12条）。

　消費者紛争は同種大量性，集団性という特徴を有するところ，そのような紛争を個々の消費者の提訴に委ねていては，消費者に対して集団的な被害を発生させている行為を効果的に停止させることは難しい。そこで，個々の消費者にとどまらず，消費者全体の利益の確保を目的として，消費者団体が独自に提訴することを可能とする制度として適格消費者団体による差止請求制度が設けられた。

(ii)　差止請求訴訟と訴訟上の和解

当事者は，和解によって訴訟を終了させることもでき，事業者側が不当条項であることを認める内容の和解が成立した場合には，当該条項の是正が約束されることになる。

差止請求訴訟においては，当該条項の差止めを請求するにとどまり，「解約金額を契約金額の○%に改めよ」というような積極的な内容の条項改訂を請求することはできないと解されているものの，和解の場合には，このような具体的条項改訂を合意することも可能である。

適格消費者団体側が和解をしようとする場合には，その旨を他の適格消費者団体に通知するとともに，その旨およびその内容を内閣総理大臣に報告しなければならない（消費者契約法23条4項10号）。この通知および報告は，和解をする日の2週間前までに書面で行う必要がある（同法施行規則13条3項）など，手続上の制約があるため，和解をする場合には事前に一定の時間と手間を要することになる。

また，和解により終了した場合にも，適格消費者団体は，その旨を他の適格消費者団体に通知するとともに，その旨およびその内容を内閣総理大臣に報告しなければならない（同法23条4項7号）。内閣総理大臣は，適格消費者団体から確定判決や和解による訴訟の終了の報告を受けたときは，インターネットの利用その他適切な方法により，速やかに，和解の概要，当該適格消費者団体の名称，当該差止請求にかかる相手方の氏名などを公表することとされている（同法39条）。そのため，事業者名は一般に公表されることになる。

(iii)　訴訟外での和解

訴訟外での差止請求に対して，訴訟外での示談・和解が成立することもある。和解の場合には，当該条項が不当条項か否かはさておき，双方が合意できるレベルで問題の条項を改訂する旨の事業者の約束が盛り込まれることになる。

なお，適格消費者団体は，差止請求に係る判決に基づいて財産上の利益を受ける場合などを除き，差止請求の相手方から，その差止請求権の行使に関し，

寄附金，賛助金その他名目のいかんを問わず，金銭その他の財産上の利益を受けてはならないこととされている（消費者契約法28条1項）。したがって，訴訟外の和解においても適格消費者団体が自ら和解金を得ることはできない。この規定との関係では，例えば，和解の内容として，今後は問題となった勧誘行為を行わないことを合意するほかに，これまでに消費者から得た代金相当額を個別の消費者に返還することなどを合意に盛り込むことの可否が問題となる。この点については，勧誘行為をしていた差止請求に係る相手方事業者が，消費者側の要求を受け入れ，勧誘行為の差止めを応諾するとともに，それによって得た利得を被害者である個別の消費者に返還する合意をするというのであるから，当該合意は，差止請求権の行使の適正化および制度の信頼性を損なうものではなく，また，差止請求権の行使または不行使の対価として金銭が授受されたものではない以上，「差止請求権の行使に関し」てされた場合には該当せず，同条によって禁止されるものではないと解されている。

　また，訴訟外での和解が成立した場合，適格消費者団体は，その旨を他の適格消費者団体に通知するとともに，その旨およびその内容を内閣総理大臣に報告する義務がある（同法23条4項9号）。内閣総理大臣は，その報告を受けたときは，インターネットの利用その他適切な方法により，速やかに，和解の概要，当該適格消費者団体の名称，当該差止請求に係る相手方の氏名などを公表することとしている（同法39条1項）。そのため，適格消費者団体との和解にあたっては，このような公表がされることに留意する必要がある。

　なお，同法23条4項9号は，報告を要する場合として，「差止請求に係る裁判外の和解が成立したときその他差止請求に関する相手方との協議が調ったとき，又はこれが調わなかったとき」としており，例えば，適格消費者団体が改善の申入れをしたところ，事業者などが何ら回答などをせず，自主的に改善をするなどの対応をした場合は，これに該当しないと解されている。したがって，公表を回避するという観点からすると，事業者として自主的に改善することに一定のインセンティブが働きうる仕組みになっているといえる。

(2) 消費者被害回復裁判手続（集合訴訟）

(i) 消費者被害回復裁判手続（集合訴訟）

平成25年12月に成立した「消費者の財産的被害の集団的な回復のための民事の裁判手続の特例に関する法律」（いわゆる消費者裁判手続特例法）によって，新たな消費者訴訟の類型として，消費者被害回復裁判手続が導入されることになり，平成28年10月1日に施行された。

この手続は，消費者と事業者との間の契約（消費者契約）に関して生じた財産的損害のうち，同種事案が多数起きているものを対象として，集団的な裁判手続によって被害回復を促進する制度である。

消費者被害は，多数の消費者が同種の被害を受けるという特徴を有するところ，被害が少額であり，かつ，消費者と事業者との間には情報の質，量および交渉力において格差があるため，個々の消費者が自ら訴えを提起して被害の回復を図ることは事実上困難であり，泣き寝入りするケースも少なくなかった。

この手続は，このような消費者被害の特徴を踏まえ，消費者の財産的被害を効率的に回復し，その利益の擁護を図ることを目的として創設されたものである。

(ii) 二段階の手続

消費者被害回復裁判手続は，手続の流れが二段階に分けられている点が大きな特徴である。

(a) 一段階目の手続

一段階目の手続は，共通義務確認訴訟と呼ばれる。共通義務確認訴訟は，内閣総理大臣による認定（特定認定）を受けた適格消費者団体（「特定適格消費者団体」と呼ばれる）が原告となって提訴することによって開始する。この一段階目の手続では，対象消費者の全体に共通する法律関係，すなわち共通義務（事業者の消費者に対する金銭支払義務）を負うべきことの確認が求められる。

共通義務確認の対象となるのは，a）多数性（相当多数の消費者に生じた財産的損害であること），b）共通性（事実上および法律上の原因が共通してい

ること），c）支配性（個別争点に対して共通争点が支配的であること）の3つの要件を満たした義務に限られる。例えば，ある事業者の約款が消費者契約法9条1号に違反し無効であることを理由とする不当利得返還義務の確認を求める事案であれば，通常，約款は多数の消費者に適用されるから，a）の要件を満たし，また，同法9条1号違反という法律上の原因が共通しているから，b）の要件を満たし，かつ，基本的な争点は当該約款が同法9条1号に違反するか否かであることから，c）の要件を満たすことになる。この一段階目の手続では，多数の消費者に共通する部分のみが審理されることになり，一段階目の提訴にあたっては，個々の消費者からの授権は不要である。

⒝　二段階目の手続

　共通義務確認訴訟の判決において，原告が勝訴（あるいは和解）した場合に，手続は次の二段階目に進むことになる。このように二段階目の手続は，共通義務を負うことが確認された場合に初めて開始される。

　この二段階目の手続は，「簡易確定手続」と呼ばれる。簡易確定手続では，個々の消費者の個別請求権について，決定による簡易な確定手続が行われる（この決定を「簡易確定決定」と呼ぶ）。簡易確定手続では，個々の消費者が，特定適格消費者団体に授権することによって手続に参加する。このため，消費者を募る手続および多数の消費者の請求権を簡易かつ迅速に確定させるための手続（簡易確定手続）が設けられている。この二段階目の簡易確定手続では，個々の消費者の個別の事情（損害額や因果関係など）が審理される。なお，簡易確定決定に対して不服のある当事者は，異議を申し立てることができ，異議が申し立てられると通常訴訟に移行する。

ⅲ　訴訟前の和解

　特定適格消費者団体との訴訟前の和解には，制度上難しい問題がある。すなわち，特定適格消費者団体は，共通義務確認訴訟を提起することなく，事業者との間で和解契約を締結することは許されない。特定適格消費者団体としての資格ではなく，消費者の権利について一般の消費者団体として裁判外の和解を

することまで許されないわけではないが，消費者からの授権を受ける必要があり，和解が成立したことは，共通義務確認訴訟の当事者としての特定適格消費者団体の訴訟追行に直接の影響を与えるものではないと解されている。したがって，事業者としては，訴訟前の和解をしたとしても，授権を受けた消費者との関係においてのみ和解による解決を図ることができ，当該特定適格消費者団体による提訴などを完全に回避できるわけではないことに留意が必要である。

(iv)　共通義務確認訴訟における和解

(a)　訴訟上の和解

　共通義務確認訴訟において，当該訴訟の当事者である特定適格消費者団体と事業者とは，共通義務（消費者の財産的被害の集団的な回復のための民事の裁判手続の特例に関する法律（以下「特例法」という）2条4号に規定する義務）の存否，すなわち，共通義務の全部または一部が存在することまたは存在しないことについて，訴訟上の和解をすることができる（同法10条）。

　これに対し，共通義務確認訴訟の段階では対象消費者が特定されておらず，特定適格消費者団体は，対象消費者の権利についての管理処分権がない以上，事業者が対象消費者に支払うべき損害額などの金額を定めることや，共通義務の存否について合意をせずに，対象消費者が「解決金」などの名目で一定の金員を受領するといった，対象消費者の事業者に対する実体法上の権利を処分する内容の訴訟上の和解をすることはできない（加納克利＝松田知丈「消費者の財産的被害の集団的な回復のための民事裁判手続の特例に関する法律の概要」NBL1019号65頁）。

　また，金銭の支払いその他の財産的利益の付与と引き換えに，一部または全部の共通義務を否定する内容の和解をすることは許されない。特定適格消費者団体は，本手続の追行に関し，相手方から金銭その他の財産上の利益を受けてはならないし（同法83条1項），第三者に同様の利益を受けさせることも許されない（同条3項）。

　さらに，共通義務の存否の確認とともに，併せてそれ以外の事項についても

合意する内容の和解については，合意しようとしている事項が，共通義務の存否に付随するものであり，対象消費者の権利義務に直接かかわらない事項であれば，併せて合意することができる。ただし，共通義務確認訴訟における和解は，確定判決と同一の効力を有するものとして，和解の概要，特定適格消費者団体の名称および共通義務確認訴訟の相手方の氏名または名称その他の内閣府令で定める事項が公表される（同法90条1項）ことから，口外禁止条項，秘匿条項を付す和解はすべきではないとされている（後藤健ほか「消費者裁判手続特例法の運用について」「共通義務確認訴訟と異議後の訴訟について」判タ1429号27頁）。

(b)　訴訟外の和解

特定適格消費者団体と事業者との間における訴訟外の和解の可否は議論がある。例えば，共通義務確認訴訟の係属中に，訴訟外で被告の事業者と対象消費者の間の権利を全部または一部認めて，権利行使の方法について合意するとともに，訴えの取下げに合意するといった場合が考えられる。このような合意は，それが特定適格消費者団体の権能に属するかどうかを留保しながらも，一般の民法の原則に従い，特定適格消費者団体と事業者とが和解契約を締結したものとして可能と解される（消費者庁消費者制度課『一問一答　消費者裁判手続特例法』（商事法務，2014）56頁。これに対し，特例法10条は，訴訟上の和解に限って特定適格消費者団体の処分権限を認めており，訴訟外の和解は許されないとする見解もある）。もっとも，この場合も，対象消費者からの授権がない限り，対象消費者に裁判外の和解の効力が及ぶことはない。また，特定適格消費者団体が事業者との間で共通義務の存在を確認する旨の訴訟外の和解をしたとしても，これが簡易確定手続の開始原因となることはない（同法12条）。

(c)　訴訟上の和解の内容

訴訟上の和解の内容については，それが簡易確定手続の開始原因とされていることから（特例法12条かっこ書き），対象債権および対象消費者の範囲と事実上および法律上の原因を明らかにしなければならない（消費者の財産的被害の集団的な回復のための民事の裁判手続の特例に関する規則5条）。その内容

が，簡易確定手続開始申立書および簡易確定手続開始決定書の必要的記載事項となる（同法16条・20条，同法規則11条1項5号）。

(d) 訴訟上の和解の効力

共通義務確認訴訟における訴訟上の和解は，その内容が共通義務の存在を認めるものであるか否かにかかわらず，確定判決と同一の効力を有する（民事訴訟法267条）。

そして，共通義務確認訴訟の確定判決は，当事者以外の特定適格消費者団体や対象債権者の範囲に属する届出消費者に対してもその効力を有することになる（特例法9条）。そのため，確定判決と同一の効力を有する訴訟上の和解についても，他の特定適格消費者団体や届出消費者に対しても効力を有することになる。また，共通義務が存することを認める内容の和解については，簡易確定手続の開始原因（同法12条）となる。

(v) 簡易確定手続における和解

審理の過程を通じて，事業者と申立団体とは和解によって簡易確定手続を終了させることもできる（特例法37条）。ここでいう和解には，簡易確定手続上の和解と手続外の和解の両方を含む。

和解の内容には特段の制限はない。申立団体は，個々の消費者から授権契約によって授権されており，仮に授権契約上に和解の権限が明示されていなくとも，個々の消費者に支払われるべき金額についての和解も可能である（中山孝雄ほか「簡易確定手続」判タ1430号42頁）。また，一部の届出債権者についてのみまたは届出消費者の届出債権の一部についてのみの和解をすることも可能である。

=== 第**3**章 ===

和解手続の流れ

　以下では，企業間でもよく見られる賃貸借を巡る紛争を例にとって，実際の和解手続の一般的な流れを概観しながら，説明することとする。和解手続は，事案の内容や当事者の意向に左右される面が大きく，また，訴訟の審理以上に，裁判官の個性も発揮される手続であるから，その態様は様々であり，固定したものとして捉えるとむしろ誤解を招くおそれもあるが，本節は，一つのモデルケースに基づき，和解手続のイメージを作り，ともするとブラックボックスとの印象を与え，外部から見えにくい和解手続の流れを少しでも可視化することにより，本書の他の部分の記述の理解に資することを目的とするものである。

（前提事実）
〈原告会社（Ｘ）関係〉
　本件建物　５階建てビル
　　昭和51・4建築
　　延べ床面積　250坪（１階〜５階　各50坪）
　Ｘ　本件建物およびその敷地（本件不動産）の所有者。（敷地面積　500坪）
　　本業はメーカーであり，副業として貸しビル業を営む。
　　本件敷地の隣接地にも不動産を保有しており，一体的な開発を計画している。
　　本件建物の４階，５階は，Ｘの会社事務所として自己使用している。

〈被告会社（Ｙ）関係〉
　Ｙ　飲食店経営

本件建物の1階，2階を店舗，3階を事務所として使用している。

（賃貸借契約の内容）

貸主・X　借主・Y

契約日　平成10・1

賃料　　月額150万円

敷金・権利金　1,000万円

期間　　20年間（平成30・12　期間満了）

訴え提起前の当事者間交渉

（Xの主張）

　平成30年7月，XはYに対し，賃貸借契約の更新を拒絶して，本件建物の明渡しを求める事前申入れを行い（期間満了による賃貸借契約の終了），その旨の通告書を送付した。

賃貸借の終了を必要とする事由は，

　・自己使用（Xの経営改善資産の効率的な有効活用のため）

　・建物の老朽化による建替え

　・建物の耐震基準のクリアー

である。

（Yの主張）

　Yは，賃貸借契約の更新・継続を希望する。本件建物の賃貸借契約が終了した場合には，長年の顧客を喪失し，また近隣で同様の物件を調達することも困難であることから，飲食店事業の継続自体が困難になってしまう。

　本件では，当事者間の協議では解決せず，XY双方とも弁護士に委任して，協

【事前交渉時の留意事項など】

　事前交渉時における双方の主張内容は，その後の交渉のベースとなるものであり，訴訟提起後にも様々な形で，その経緯や内容について取り上げられる可能性があり，裁判官も少なからず関心を有するものである。他方，その際の交渉内容については，しっかりとした資料や記録が作成されておらず，その言い分が水掛け論に終わってしまうことも少なくないので，交渉の経緯や内容をきちんと記録化しておくことは，その後の展開に極めて有効・有益な資料となる。

　また，この段階から，企業の担当者としては，将来，手続が訴訟などに移行することになった場合に備えて，関係の書類を収集し，また，精査して整理，記録することを意識しておくことが有効である。特に近時は，メールを利用したやり取りが多くなっており，その文面などには十分な注意と配慮を要する。メールに使用した文言が，後に決定的な意味を有することになるケースも稀ではないことに留意すべきである。

議を続行することになった。

訴え提起前の弁護士間交渉

（Xの主張）

XはYに対し，自己使用の必要を理由に，平成30年12月限りの解約を申し入れるとともに，立退料の支払いと代替物件の提供，紹介を申し出た。

（Yの主張）

賃貸条件の改定による賃貸借の継続を希望する。賃料や敷金等の増額，定期借家契約への切替えについては柔軟に対応すると提案した。

代理人間の協議では，さらにYが一旦明け渡した後，Xが新築する建物にYが再入居する案も検討されたが，建設計画が具体化しておらず，また再入居の条件面でも折り合わず，結局，Xが訴訟を提起した上で，裁判所の手続の中で解決を図ることになった。

令和元年5月

XはYに対し，期間満了による賃貸借契約の終了を理由として，本件建物の明渡しを求める訴訟を○○地裁に提起するとともに，相当額の立退料の提供を申し出た。

当事者間ないし担当者間での交渉が進捗しない場合にも，直ちに訴訟を提起するのではなく，当事者の一方または双方が弁護士を代理人として選任して，さらに交渉が進められることも少なくない。

本件のような類型の事件は，話合いによる解決になじみやすいので，弁護士も，判例学説を調査し，証拠関係を分析検討して，訴訟になった場合の結論の見通し，メリット・デメリットを踏まえて，話合いによる解決を模索することになる。

訴え提起に際しては，前述した裁判外の和解（第1章第2節1参照）などの他の紛争解決手段の利用も合わせて検討してみることが有益である。

なお，当事者間または代理人間での協議が合意に至らない場合であっても，話合いによる解決が妥当と考えられる事案では，決定的な対立関係を生じさせないようにして，将来的に和解による解決の余地を残す配慮が望ましい。その意味で，当事者間，担当者間に一定の信頼関係を醸成しておくのは，紛争の円満な解決という観点から極めて有益なことである。

【企業担当者としての関わり方と留意事項】

弁護士を選任して，訴訟を提起したときは，企業の担当者はそのサポート役を務めることになり，代理人との緊密な連携協働のもとに，その職務を遂行することになる。訴訟の準備行為，訴訟活動自体は弁護士が担うことになるから，企業の担当者は，弁護士に相談し，その指示

を受けながら作業を進めることになる（訴訟委任状の作成，資格証明書の取得など）。通常存在が想定できる証拠書類（契約書など）は弁護士から提出を求められるので，その指示に従っておけば問題は生じないが，それ以外の通常は想定できない文書などが作成され，保存されている場合には，当事者ないし担当者も注意して，自主的に弁護士に申し出ておくことが重要になる。

　担当者の裁判所への出頭の要否・当否について和解の関係で概説すると，訴訟の進行状況を日常的に直接自ら把握しておき，必要に応じて社内で情報を共有しておくとともに，適切な準備・方針決定のための会社内部と代理人弁護士とのパイプ役を果たすという点では，弁護士任せにせず，共に裁判所に出頭して，進行状況をしっかりと把握しておくほうが望ましいことは当然である。

第1回口頭弁論期日　その1

▶▶パターン1：裁判官主導型の和解勧告

（○○地裁民事○○部法廷）

J（裁判官）　それでは開廷します。

　　Xの主張は訴状記載のとおりですか？

X　訴状を陳述します。

J　Yの答弁はいかがですか？

Y　答弁書記載のとおり陳述します。

J（裁判官）→X（釈明）

　答弁書についてご意見がありますか？

【和解勧告の時期・タイミング】

　裁判官は，訴訟のあらゆる段階において，和解の勧試をすることができる（民事訴訟法89条）。具体的には，審理開始当初ないし早い段階，争点整理の途中，争点整理の完了時，人証の尋問終了時など，審理の節目節目に勧告され，その内容や程度も審理の進行状況に応じて様々である。

（審理の開始当初の段階）

　審理の開始当初の早い段階では，紛争

X　次回までに書面で反論を準備します。

J　それでは，双方とも，本件建物の自己使用の必要性についてさらに主張立証して下さい。次回期日の1週間前までに，答弁書に対する反論をまずXが整理した上で，次回期日には，その再反論をYにお聴きすることにします。

　　訴訟の進行方法について，Xは，何かご意見がありますか？

X　然るべく。

J　Yはいかがでしょうか？

Y　然るべく。

J　それでは本件は弁論準備手続に付して，争点整理を進めることにします。

J　本件は話合いによる解決が適当な事案のようにも思われますが，その余地はありませんか？

X　訴訟提起前にも当事者間で協議を行ったものの解決ができなかった経緯があります。裁判所での話合いにより是非解決したいと考えています。

Y　条件次第で話合いによる解決の余地もないわけではないと思いますが，双方の要望が全く異なっていますので，合意の形成はかなり難しい感じがしています。

J　それでは，本件は弁論準備手続で争点を整理しながら，並行して話合いによる解決も検討することにします。

　　次回期日は，令和元・○・○午後2時に指定します。当日は，この法廷ではなく，○○階にある民事○○部の書

の実情や訴訟の見通しについて裁判官が判断するに足りる資料は十分に提出されていないことから，交渉も当事者主導で進めざるを得ない面が強い。しかし，当事者の一方ないし双方が紛争の早期解決に向けて協議に強い意欲や希望を有する場合などには，裁判官が積極的に斡旋の労を取るよう当事者からも要望し，裁判官に対して働きかけることは，紛争の適正迅速な解決という観点からも有益である。

（争点整理の中途の段階）

　争点整理の中途の段階においては，裁判官としても，ある程度，紛争の実情が把握できて，訴訟の見通しが立てられる段階になっており，同種・類似事案などとの比較から，第一段階よりは主導的な役割を果たすことも可能となっているものの，他方，まだ完全に訴訟資料が出尽くしていない段階であるから，裁判官としてもあまり断定的な対応は控えることになる。したがって，この段階では，裁判官も慎重さと柔軟さをもって対応しているので，当事者としては，裁判官に対して，背景事情を含めた事実関係を適切に説明して，裁判官と意見を交換しながら，協働して解決策を模索する姿勢が求められる。

（争点整理の完了時）

　争点整理の完了時であるが，この段階になると，それまでの手続において，双方の主張はもちろん，書証などの証拠関係も明らかになっており，また，弁論準

記官室に出頭して下さい。

XY　了解しました。

J　それでは，本日の審理は以上で終了します。

第1回口頭弁論期日　その2

▶▶パターン2：当事者主導型の和解勧告

（○○地裁民事○○部法廷）

J（裁判官）　それでは開廷します。

　　Xの主張は訴状記載のとおりですか？

X　訴状を陳述します。

J　Yの答弁はいかがですか？

Y　答弁書記載のとおり陳述します。

J（裁判官）→X　釈明

　　答弁書についてご意見がありますか？

備手続期日などで当事者と裁判官との意見交換もある程度積み重ねられていることになるから，その段階で裁判官が形成している心証を踏まえた和解の交渉が可能になっている。当事者としては，裁判官の意見，示唆には十分に耳を傾けるとともに，裁判官に認識の相違や誤解などが窺われる場合には，率直に指摘して，問題を解消するように努めることが肝要である。

（人証の取調べ終了時）

　人証の取調べが終了した時点においては，最終準備書面の提出と判決の言渡手続を残すだけというのが通常であるから，訴訟の結論を見通した裁判官の心証に基づいた最終的な和解の勧告がされることになり，当事者としては，判決の言渡しと和解の応諾とのいずれを選択するかが求められることになる。

【当事者が和解勧告を希望しているにもかかわらず，裁判官から和解の勧告がされない場合の対応】

　和解手続は，審理の進め方以上に裁判官の個性や考え方による差異が出やすい面がある。和解による紛争の解決に積極的で，自ら話合いに主導的に関与する裁判官もいる一方で，第一次的には当事者間による協議にまず委ねて，自らはそのサポートに回るタイプの見守り型の裁判官まで和解に対する姿勢は濃淡様々である。

X　次回までに反論を準備します。

J　それでは，双方とも，本件建物の使用の必要性についてさらに主張立証を準備して下さい。次回期日の1週間前までに，答弁書に対する反論をまず原告が準備し，次回期日には，その反論を被告にお聴きすることにします。

　　本日の審理は以上ですが，ほかに何かご意見がありますか？

X　Xとしては，本件は話合いで解決をするのが相当な事案であると考えています。そこで，裁判所に是非その仲介の労を取って頂ければと思います。

J　事前に当事者間で協議はされたのでしょうか？

X　訴訟提起前にも話合いによる解決を申し入れましたが，結局，折り合うことができませんでした。Xとしては，早期に円満な形で解決を図りたいと考えていますので，裁判所での話合いの機会を是非設けて欲しいと考えています。

J　Yのほうはいかがでしょうか？

Y　これまでの交渉の経緯を踏まえると，合意に至るのはなかなか厳しいものがあると予想されますが，結局，条件次第ということにはなりますので，話合いのテーブルに着くこと自体は異存がありません。

J　それでは，本件は，弁論準備手続で争点整理を進めますが，話合いで解決するのが相当な事案のように思われますので，この段階で和解も勧告する

　和解は，裁判官の側から勧告されるのが通常である。しかし，和解による解決を不当とするような事情が見当たらず，また，当事者が和解による解決を希望しているにもかかわらず，裁判官から和解が勧告されないという状況も見られる。この場合については，まず裁判官が和解を勧告しない原因の分析が必要である。例えば，裁判官が，当事者に和解による解決の意思がない（または乏しい）と考えている場合，和解による解決が極めて困難と考えている場合には，そうではないことを裁判官に伝える手立てを講じることが必要となる。また，裁判官が，和解勧告は不相当であると考えている場合，和解による解決に難色を示している場合などは，当事者双方で可能な限り事前に調整して，裁判官に和解を勧告するよう要請し，また働きかけることが考えられる。なお，裁判官が和解勧告のタイミングを見計らっている場合もあるので，そのときには，当事者の側から和解の意思があることを伝えて，和解の勧告を求める必要があることは当然である。

　いずれにしても，事案に応じて，また，裁判官の個性に応じた当事者の対応が求められることになる。

【裁判官の勧告を待たずに，当事者の側から和解の勧告を求めることの当否】

　当事者の一方から和解勧告を求めるのは，事件の見通しについて自ら不利という心証を抱いていると，裁判官や相手方

こととして，争点整理と並行して話合いの協議も進めることにします。

　次回期日は，令和元・○・○午後2時に指定します。当日は，この法廷ではなく，○○階にある民事○○部の書記官室に出頭して下さい。

XY　了解しました。

J　それでは，本日の審理は以上で終了します。

に取られる心配はないかとの懸念を示されることがある。結論から言うと，そのような懸念は無用である。当事者が和解による解決を希望する原因は，「早期の解決を希望する」，「判決で白黒つけるだけでは紛争の本質的な解決につながらない」，「訴訟物以外の問題も解決したい」「相手方とは今後も円満な関係を継続したい」など様々のケースが考えられるのであるから，和解勧告を申し出たというだけで，申し出た側は不利との見通しを持っているという捉え方を裁判官がすることは通常ないと考えてよい。裁判官のほうも審理の途中で折に触れて和解の意向の有無を当事者に対して打診するものと思われるが，当事者の側からこれを申し出ること自体は歓迎されこそすれ，否定的な事情として取られるリスクはなく，躊躇は不要である。

【争点整理と和解協議を並行して実施することの意義は何か？】

　裁判官の和解勧試は，上記のような明確な節目で行われるだけではなく，争点整理手続と並行して進められることも少なくない。和解の協議には，交渉のための一定の時間を要することが通常である。特に，事案が複雑な場合，折衝すべき事項が多数ある場合，当事者に決断力がない場合，弁護士からの調整・説得に時間を要する場合などには，当事者としても「持ち帰って検討」が必要となることも少なくない。そこで，結果的に和解に

よる解決が実現しない場合も想定して，審理の遅延を招かないために，本来の争点整理を進めながら，和解の協議を並行して実施するという方法が取られるのである。そして，争点整理と和解交渉が内容的に極めて密接な関係にあることも踏まえて，時間を有効に活用するという観点から，争点整理と和解交渉を並行して実施するということになるのである。

【和解による解決が不相当な場合とは?】

訴訟によっては，いわば言いがかりとでも評すべきものがある。そのような訴訟において和解による解決を図ることは，一定の限度で言いがかりの主張を認めることにもなりかねず，これはむしろ社会正義に反するということになるから，裁判官も積極的に和解を勧告することはない。しかし，正義に反するというような事情は，裁判官には見えにくい場合もあるので，必要に応じて当事者のほうから，その背景事情などをきちんと説明することが肝要である。

第1回和解期日　その1

（○○地裁民事○○部の和解室）

Ｊ（XY同席の上で）

　まず，Ｘの側から，これまでの当事者間での協議の経緯，状況について，簡単にご説明下さい。

Ｘ　昨年末に20年間の賃貸期間が満了するので，これを機に本件建物を改築するという計画がＸの内部で持ち上が

【和解手続の方式】

和解の交渉のやり方としては，「同席方式」と「交互面接方式」が代表的なものである。同席方式とは，当事者双方が同席して，裁判官も含めた三者で一緒に協議を進める方式である。三者が同席しているので，適宜迅速に協議を進めることができ（新しい提案についても，直ち

りました。これは，Ｘの業界が厳しい過当競争状態にあって，競争力を向上させるためには，まず経営資源の有効活用を考える必要があったからです。

　そこで，Ｘとしては，期間完了が近づいていた本件賃貸借契約の解約を申し入れました。当初は，それぞれの担当者間で協議が行われていたのですが，はかばかしい進展が見られなかったので，それぞれ代理人を選任して，話合いを進めようということになりました。

　Ｘとしては，本件建物の明渡しを受けて，取り壊し，新しいビルを建設する予定にしています。出来るだけ早期に明渡しを実現したいのですが，明渡しの方向で話が進むのであれば，立退料やその他の条件は最大限譲歩する予定です。当事者間の交渉でもその旨は折に触れて，Ｙのほうには伝えていますが，明渡しの方向で検討するという基本方針の部分についての合意ができず，結局訴訟の提起に至ったという次第です。

Ｊ　ただ今のＸの側の説明について，Ｙとしての認識はいかがでしょうか？

Ｙ　Ｘの内部的な事情については，十分把握しておりませんが，明渡しの方向で協議をするかどうかという基本方針について折り合いがつかなかったというのは，ただ今，説明があったとおりと認識しています。Ｙとしては，本件建物の店舗での営業活動が唯一の収入源となっており，本件建物での営業が

に双方の意向が確認できる），相手方の回答や反応を瞬時に認識することができるという長所がある一方で，紛争中の対立関係にある当事者が同席していることから，その場の自由な発言が抑制され，場合によっては，相手方の発言や要求に対する感情的な反発から，逆に対立関係を増幅させかねないという短所もある。交互面接方式は，双方が同席せず，裁判官が両者の間を取り持つ形で進行させるものであり，上記の説明と長短を逆にすることになるが，手続の進行に対する裁判所の公平さについての信頼を損なうことがないように配慮することが重要になる。

　通常は両方式のどちらかだけというのではなく，協議の内容，段階などを踏まえて，両方式を適宜組み合わせるというのが一般的である。特に，交互面接方式では，当事者双方が同席していないことから，相手方と裁判官との協議の内容について無用な誤解や懸念を生じさせないように丁寧な説明をするなどの配慮がされている（裁判官が，当事者双方に対して，それぞれ違う内容を話しているのではないかという指摘は，古くから存在し，なかなか解消しないことの一つである）。その一環として，両方式の長所を生かしながら，上記の懸念を払しょくするために，各和解期日の最終段階では，三者が一堂に会して，当日の協議の内容と次回に向けた検討事項を確認するという手続きを行うなどの工夫も有益である。

できなくなれば企業としての存立すら
期待できないという状況ですので，本
件建物の使用が継続できるかどうかは，
まさに死活問題です。Yとしては，本
件建物の使用が可能になる案であれば，
その他の条件は極めて柔軟に考えたい
という意向です。

J　今後の和解の進め方について，何か
ご意見がありますか？同席のほうが良
いですか，それとも個別のほうが良い
でしょうか？

XY　然るべく。

J　それでは，個別にお話をお聴きする
ことにしましょう。

第1回和解期日　その2

J　それでは，XYの順に，お話をお聴
きしますので，Yは別室で待機してく
ださい。

（Y退室）

J　Xとしては，明渡しの方向での協議
を希望していることは理解しましたが，
具体的に，どのような条件で話合いを
進めることを希望しますか？

X　条件はとにかく柔軟に考えますの
で，是非，賃貸借契約を終了させて，
明渡しを実現する方向で話を進めて欲
しいと考えています。

J　特に明渡しに固執する理由，必要性
は何でしょうか？

X　訴状にも記載したとおり，Xの経営
状態を抜本的に改善させるためには，
本件土地と隣接地とを一体的に開発す

本件でも，上記のような点を配慮して，
当事者の意向も確認しながら，「同席方
式」と「交互面接方式」とを適宜組み合
わせて手続きが進められている。

本件でも交互面接方式で進めることに
なったので，裁判官はX，Yの順に検討
の結果を聴取することにしている。どち
らの当事者から事情を聴取するかは，裁
判官が，事件の内容や検討課題などによ
り適宜決定するのが通例である。

【第1回期日に臨むに当たって準備して
おくべき事項は何か？】

（原告側として必要な準備）

和解は，双方の互譲により紛争を解決
するものである。したがって，自らの要
望だけを押し通そうとしても紛争の解決
につながらないことは当然のことである。
本件において，Xは明渡しの方向での解
決を第一次的に希望するのであるから，
その方向性について，裁判官と相手方の
納得を得られる自己使用の必要性につい

ることが必要不可欠と考えています。これが最優先事項であり，この必要性については，次回以降，さらに必要に応じて準備書面で詳細に説明したいと考えています。

J 訴え提起前の交渉では，具体的に，そのようなやり取りがされたのでしょうか？

X Xからは様々な条件を提示して，明渡しの方向での協議を持ちかけてみましたが，結局，進展しませんでした。

J 具体的に，どのような提案をしたのですか？

X 相手方に相当有利と思われる立退料の額を提示しましたし，転居先についても，然るべき物件を数件紹介もしました。また，場合によっては，新築した物件に再入居する案も検討すると伝えてあります。

J 具体的な立退料の金額は，どの程度でしたか？

X 2,000万円程度でした。

J どのような根拠で算定した金額ですか？

X 近隣の不動産業者の意見を参考にして，1年間の賃料総額，権利金・敷金の2倍相当額というようなことで，示させて頂きました。

J Yの反応はどうでしたか？

X Yが相当高額を主張して，折り合いがつきませんでしたので，この訴訟を提起することになりました。

J Yは，具体的にどの程度の金額を主

ての説明を準備しておく必要がある。また，予想される相手方の要望（賃貸借の継続の方向）に関するXとしての意向を確認されることになるから，それが困難な理由，応じられない理由を裁判官に説得的に説明できるように準備するのが肝要である。さらに，当事者間でのそれ以前の話合いの経緯や背景事情についてもこの段階で確認されることが少なくないから，その説明を準備しておくことが望ましい。

また，明渡しの方向で検討が進められる場合の条件を明示する必要がある。明渡しの方向で検討が進むとすれば，Xにとっては大いに歓迎すべき状況であり，それ自体が大きな成果ということになるから，そのために他方で何を譲歩すべきかが問われることになる。そこで，Xとしての譲歩案を考えておく必要がある。その具体的な事項としては，通常，明渡しの猶予期間の設定，立退料の提供，代替物件の紹介・提供などが考えられるところである。

さらに，他の解決案の可能性についても確認されることがある。

和解協議の当初の段階では，かなり幅広く検討を進めるのが一般的であるから，それに向けての準備も，内容をあまり限定しないで検討しておくことにより柔軟で迅速な対応が可能となり，早期の解決に結び付きやすい。したがって，大きな方向性（明渡し方向，賃貸借継続の方向その他）についての意見を整理するとと

張していましたか？

X　Xの提示額の5倍以上を主張していました。

J　1億円を超える金額ということですか？

X　そうですが，具体的な数字までは示してもらえませんでした。

J　敷地の評価はいかがですか？

X　坪100万円から200万円程度と思われます。

J　Xとしては，立退料の増額以外の条件としては，具体的には，どのようなものを考えているのですか？

X　明渡しに伴う条件は，相手方の希望を踏まえて最大限柔軟に考えたいというのがXの意向です。

J　それでは，Yの意見も聴いてみますので，ここで一度，交代して，別室でお待ち下さい。

（X退室，Y入室）

第1回和解期日　その3

J　話合いについてどのように考えていますか？

Y　Yの事業にとって，本件建物の使用継続は不可欠の大前提となっています。したがいまして，使用が継続できるのであれば，その条件には柔軟に応じるつもりです。しかし，明渡しとなると，相当困難なものと思われます。

J　事前の話合いでは，どのような条件が提示されましたか？

Y　Xから明渡しを前提とする協議を申

もに，それぞれの方向で協議を進めることになった場合の具体的な方針について，さらに考慮すべき事情があれば，当初の段階で弁護士と問題点を共有しておくほうが望ましい。問題の提起が最終盤の段階になってしまったがゆえに，場合によっては，和解協議が膠着状態になったり，決裂したりすることもあるから，注意を要する。

交互面接方式におけるYからの事情聴取の場面である。

（被告側として必要な準備）

　Yとしては，賃貸借の継続を第一次的な希望として，和解の交渉を進めることになるから，その前提での準備をすることになる。

　Xの場合と同様に，それまでの交渉の経緯や背景事情の確認などがあり，さらに賃貸借の継続を希望する理由や他の解決案に対する意向を確認されることが多

し入れられましたが，立退料の提示も低額で，Yとしては到底受け入れられるようなものではありませんでした。双方の主張の開きが大変大きく，代理人間の交渉でも合意が成立する可能性は全くありませんでした。

J　Xからは，具体的にどのような条件が提示されたのですか？

Y　総額2,000万円で立ち退くことを求められました。

J　それについては，どのように回答したのですか？

Y　到底承諾できる余地はなかったので，直ちにお断りしました。

J　Yとしては，どのような条件なら明渡しの方向で検討する余地がありますか？

Y　本日時点で具体的な提案は準備していませんが，裁判官のお話もあったので，当方としても，明渡しの方向での条件を具体的に検討してみたいと思います。しかし，Xにも，是非使用継続の方向での条件を検討するよう指示して頂きたいと思います。

J　了解しました。

（X入室）

第1回和解期日　その4

J→XY

それぞれ，明渡し方向，使用継続方向での従前から提案されている条件のさらなる見直しを具体的に検討するとともに，

いので，その準備をしておく。

また，賃貸借の継続の方向で協議されることになった場合の，Yの譲歩案についてはその準備が必要になる。具体的には，賃貸借の条件の改定（賃料額，敷金額などについてXに有利な改定など）が考えられ，また，一部の明渡し（例えば，飲食店として利用している部分以外の明渡しなど）を提案することも考えられる。

（和解の資料の作成，準備，提出）

和解の協議にあっても，重要なのは主張の信憑性である。本件で言うならば，対象となる物件の客観的な価値，相場がどの程度のものかは信頼できる評価書を提出したほうが，自らの要望をより説得的に裁判官に訴えかけることが可能となる。当事者双方の本件物件の使用の必要性，Xの会社の経営状況についても同様である。裁判官は，審理の開始当初から既に心証形成の作業を開始しており，より早い段階で，自らに有利な心証を裁判官に形成させることに成功した当事者が，裁判官の目線を引き寄せて，和解協議の場面でも有利に交渉を運ぶことができるのは当然のことである。

同席方式で，当日の進行状況と次回期日までの検討課題を確認する手続が行われている。

【期日終了時の留意事項】

和解交渉が漂流，遷延しないようにす

それぞれ逆方向での条件も具体案を検討して下さい。

XY 了解しました。

J それでは，和解期日を続行することにしますが，Xは，検討のために，どの程度の期間が必要でしょうか？

X 2週間程度あれば十分です。

J Yのほうはどうでしょうか？

Y 少なくとも3週間程度は空けて頂きたい。

J それでは，次回期日は，〇月〇〇日午後2時からということにします。

るためには，期日が続行となる場合に，その都度，裁判官と当事者との間で，それぞれの次回期日までの検討課題を明確に確認することが肝要である。

本件では，第1回目の和解期日では，大きな方向性の決定も保留されたので，それぞれの案について，双方が具体的な条件を次回期日までに検討してくることになった。

続行期日は，裁判官が，当事者双方の意見を踏まえて指定することになる。したがって，裁判官の予定，都合のほか，当事者および代理人の都合や希望を確認して，指定するのが一般である。その場合，次回の期日までの課題の検討にどの程度の時間を要するかが最も重要な考慮事情となることは当然である。

期日間準備・交渉

第1回和解期日での協議を踏まえて，当事者双方がそれぞれ自らの提案内容を再検討し，次回の和解期日に向けた準備作業を進めることになる。

和解の協議に入った早い段階では，通常は，それぞれが個別に作業を進めて，次回期日に裁判官の仲介のもとでその調整をするというケースが多い。しかし，事案の内容，早期解決の必要性，検討事項の内容などから，早い段階で当事者間の直接交渉が実施される場合もある。

【期日間の準備・交渉の留意事項】

（当事者間の直接交渉の可否，当否，留意事項）

期日間の準備作業とともに，交渉の進展の具合によっては，効率的に協議を進めるという観点から，裁判所で行う協議の期日間を利用して，当事者間で直接の協議が行われることもある。

双方または一方が，次回期日までの検討課題について，早期に一定の結論を出して，事前に相手方に通知・連絡し，それを踏まえて，相手方が，再提案の内容を検討して，次回期日に臨むというのが典型的な例である。しかし，事情を十分に認識・把握している当事者間だけで直

接交渉をするほうが効率よく協議が進むというケースがあり，裁判所としても，その結果報告だけを受ければ足りるというときもあるので，場合によっては，期日間に，当事者間で数往復の通知，連絡が重ねられることがあり，和解交渉のスピードアップにつなげることができる。また，賃貸借を巡る紛争では，賃借人の転居先の確保が必要となり，これを賃貸人が提供，紹介するという事案もあり，これは専ら期日間における交渉に委ねられることが少なくない。

　この場合，留意する必要があるのは，裁判所における和解交渉と異なり，行司役が不在の場面での対立当事者間の直接交渉とならざるを得ないので，不測の事態でこじれた状況が発生するリスクがあることである。そのようなリスクを回避するためには，和解期日で事前にそれなりのルール設定をしておくか，双方代理人の緊密な連携と信頼関係が必要になろう。

第2回和解期日　その1

（○○地裁民事○○部の和解室）

J　それでは，前回期日で宿題とした事項について，それぞれの検討結果をお聴きしたいと思いますが，進行は同席のままで良いでしょうか，それとも個別にお聴きするほうが良いでしょうか？

XY　意見は個別に聴いて頂きたい。

J　それでは，X，Yの順に各別にお聴

　当事者双方の意向を確認した上で，今回も交互面接方式を採用することになった。長所と短所の両面があることは前述したとおりである。同席方式のほうが，効率的な話合いの進行に資するのであるが，ここでは，当事者の意向も踏まえて，忌憚のない検討結果とその説明を聴取するという観点から，裁判官も交互面接方式を採用したものと思われる。

きすることにしますので，Yは別室で
お待ち下さい。

（Y退室）

第2回和解期日　その2

J　Xの検討結果はどうでしたか？

X　会社内部で協議をしてもらいました
　が，やはり明渡しの方向で是非和解を
　進めて欲しいということになりました。

J　明渡しの方向以外の解決案について
　も検討してくるという約束でしたが，
　その余地はないということになります
　か？

X　そうです。

J　その理由はどういうことでしょう
　か？

X　本件不動産の活用を考えなければ，
　Xとしては経営の改善が期待できない
　財務状況にあり，使用継続となれば，
　それが全く解決しないからということ
　でした。

J　仮に使用継続の方向での検討が無理
　であったとしても，明渡し以外の解決
　案も検討してみるというのが，前回期
　日での約束と考えていたのですが，そ
　うではありませんか？

　　Xから明渡しの方向以外に何も提案
　がないということであれば，Yも硬化
　して，使用継続案だけに固執するとい
　うことになりかねず，話合いは膠着状
　態になってしまう可能性もありますが，
　それでもやむを得ないということで
　しょうか？

　　まず，Xの検討の結果を聴取すること
になるが，交渉である以上，当事者双方
ともすべての内容を必ずしもすべて正直
に説明することになるわけではない。そ
こで，Jとしては，検討結果を聴取する
過程で，一定の質問をしたり，意見を述
べたりして，当事者との間で意見交換を
しながら，Xの真意を把握することにな
る。この手続が駆け引きだけに終始する
のは決して好ましいこととではないが，
最終的には双方がそれぞれ一定の譲歩を
して初めて解決に至るのであるから，そ
の過程で，当事者の希望，要求や意向の
強弱を量ることは不可欠の作業であり，
当事者双方とも一定の満足感を得るとい
う観点からも重要な過程といえよう。

　本件では，まず協議の大きな方向性を
確定するために，JとXとの間でやり取
りがされている。具体的には，協議を明
渡しの方向で進めるか，それとも賃貸借
の継続の方向で進めるかということであ
るが，合わせて，それ以外の解決案の有
無も確認している。そこで，Xは，対象
不動産の売渡しという形での賃貸借の解
消案を提案している。当事者双方が自分
の要望に固執してしまうと，感情的にも
協議が膠着状態に陥りかねず，このよう
な第三の道を双方が考案し，裁判官が提

X　使用継続の方向での提案はあり得な
いと思います。それ以外の案の検討は
進んでいないというのが正直なところ
ですが，もしYが本件建物を敷地とと
もに一括して買い取るというのであれ
ば，価格次第では解決案としては考え
られないわけではないと思いますが…

J　その場合の売却代金額はどの程度と
考えることになりますか？

X　不動産鑑定士によると本件建物とそ
の敷地の時価は10億円程度というこ
とでしたから，それが交渉のスタート
ラインということになります。Xとし
ては，必ずしもこの金額自体に固執す
るものではありませんが，いずれにし
てもYのほうはこれを買い取るまでの
資力は到底ないように思われます。

J　一応，Xの提案として，Yの買取り
案も含まれると考えて良いでしょう
か？

X　売買の金額は確定的なものではな
いので，この段階では留保しておきた
いと思いますが，売り渡す方向での解
決案があることをXの提案として選択
肢に入れること自体は異存はありませ
ん。

J　本論に戻って，明渡しの方向での話
合いを進めるとした場合に，Xとして
は，立退料の金額の上限はどの程度と
考えているのでしょうか？

X　当事者間の交渉の際には，最終的に
2,000万円までの数字を提示していま
した。

案することは事態の打開のために有効な
場合も少なくないのである。その意味で，
和解は，話し合いによる紛争の解決に向
けてのアイディアの勝負でもある。

【和解の手続において示される裁判官の
心証とはどのようなものか？】

　裁判官は，訴訟の様々な段階で，それ
までに提出された様々な資料を基に，心
証を形成する作業を積み重ねて，最終的
な結論を決定するに至る。したがって，
示される裁判官の心証も，それがどのよ
うな段階における，どのような審理，手
続を踏まえたものであるかによって異
なってくることになる。そして，いずれ
にしても審理の中途において示される裁
判官の心証は，あくまでも暫定的なその
段階におけるものに過ぎず，その後に変
更がありうるものであることを当事者も
認識しておく必要がある。

【裁判官の説得には従わなければならな
いか？】

　裁判官は，第三者として中立的な立場
で訴訟に関与しており，その帰趨に利害
関係を有するわけではないから，和解交
渉においては，まず判断権者の立場にあ
る裁判官の話には十分耳を傾け，率直に
意見を交換するべきである。上述したと
おり，和解は様々な段階で勧告されるか
ら，裁判官の説得の内容や強さも当然変
わり得るものである。審理開始の早い段
階では，当該事案についての裁判官の見

J　現時点ではどのように考えているの
　でしょうか？

X　早期に解決するという前提で，最大
　限3,000万円程度というのが会社の意
　向でした。

J　その積算根拠を説明して下さい。

X　不動産鑑定士の評価に基づくもので
　すが，その評価書は，本日提出した書
　証に含まれています。

J　以前，お聴きした事前の交渉経緯に
　よると，Yは相当高額の要求を出して
　いたようですから，Yが明渡しの方向
　での協議に応じるとしても，立退料の
　金額自体に不満を示す可能性は高そう
　ですが，その場合はどうしますか？

X　Yから逆提案があった場合には，真
　摯に検討させてもらうつもりです。た
　だ，金額の開きが大きい部分は，最大
　限譲歩しても限界があると思われます
　ので，それ以外の条件，具体的には，
　明渡しの猶予期間やその間の賃料債務
　の免除なども合わせて調整して頂きた
　いと考えています。また，以前には，
　新築建物への再入居も検討したことが
　ありますので，場合によっては協議の
　材料にできるものと思われます。

J　それでは，Yの意向も確認しますの
　で，一旦交替して下さい。

（X退室，Y入室）

第2回和解期日　その3

J　Xからは，明渡しと売渡しの2案が
　提示されましたが，Yの検討結果はど

方は未確定の部分が多く，裁判官の意見
もそのような段階にあることを前提とす
るものであるから，そのようなものとし
て耳を傾ければ足りることになる。そし
て，争点の整理が進むにつれ，裁判官の
心証が固まり，人証の尋問終了時には判
決の内容もほぼ固まった状態に到達して
いるから，その段階での裁判官の勧告内
容は，原則として当該裁判官が判決をし
た場合の内容を踏まえたものとして耳を
傾けるべきであろう。しかし，和解に応
じるか否かは，私的自治の問題として当
事者の自由に委ねられている問題である
から，最終的に受諾するか否かは当事者
が様々な事情を考慮して，その利害得失
を判断して決定すれば足りることであり，
その意味で，裁判官の説得に無条件に従
う義務や必要はないということになる。

本件では，裁判官が，Xの提案内容を
Yに伝えるとともに，Yの期日間の検討

うでしたか？

Y 使用継続の方向が第一次的な希望であることは変わりがありません。この方向で協議に応じて頂けるなら、使用条件の改定については最大限柔軟に対応する予定です。また、賃貸借契約を定期借家契約に切り替えるということであれば、それに応じたいと考えています。

J 使用継続の方向についてはXの抵抗が強いので、話合いを進めるのは難しい可能性が高いように思われます。

　Xとしては、もし本件建物をYのほうで敷地とともに一括して買い取るというのであれば、検討の余地がありそうですが、Yとしてはいかがでしょうか？

Y 代金額によることになると思われますが、Xはどの程度の金額を考えているのでしょうか？

J まだ詰めた検討はされていないようですが、代理人の概算によりますと、おおよそ10億円程度にはなる可能性があります。

Y それはYの資力からして到底難しいと思われますが、一応持ち帰って、意向を確認した上で、返事をしたいと思います。

J 明渡しの方向での条件の検討はどうでしたか？

Y 会社のほうは依然として強い難色を示しています。仮に使用継続の方向での話合いが難しいとすれば、明渡しの

状況を聴取し、合わせて、Xの提案に対するYの意見を確認している。

【裁判官の説得方法】

　裁判官によって、事案によって、当事者によって説得方法は千差万別であり、一概には言えないのであるが、その時点における裁判官の暫定的な心証に基づき、これを説明し、意見交換しながら、最終的に判決になった場合と、その時点で和解により解決した場合との利害得失を当事者とともに比較検討する方法が基本となる。その場合に、①主張や証拠に関する問題点を指摘する方法、②相手方の主張や証拠に説得的な部分があることを指摘する方法、③当該事案に関連する裁判例や学説を取り上げて、説明する方法などを事案に応じて組み合わせ、当事者が納得して譲歩するように努めるのが通例である。また、和解により享受する利益の内容、程度、結論の社会的な妥当性、解決案のバランスの良さなども説得の際の重要な材料となりうる。

　和解の協議は裁判官と当事者との協働作業であり、相手方を説得するための材料を当事者からも裁判官に対して積極的に提供することは、協議の進展や合意の成立に向けて大切なことである。そして、裁判官と当事者双方とが知恵を出し合って、様々な条件を組み合わせることにより、当事者双方とも一定の納得感を持つことができる内容で円満な解決を図るのが理想的な和解である。

条件についてはXに相当譲歩して頂く
必要があると思われます。Yとしては,
使用継続を第一次的に強く希望してい
ることをXには伝えておいて欲しいと
思います。

J 明渡しの方向で検討する場合のYの
条件としては,具体的にはどういうこ
とになりますか?

Y 立退料としては,従前要求していた
1億円を超える程度の金額は少なくと
も確保して頂きたいと思います。

J 具体的な算定根拠は何かあるので
しょうか?

Y Xは,土地建物の売却代金を10億
円と言っているくらいですから,Yの
借家権が少なく見積もっても1億円を
超える金額になることは明らかでしょ
う。さらにYの営業上の損失補償など
も考慮すると,立退料としては総額
2億円程度が相当ではないかと考えて
います。いずれにしても,明渡しの方
向での検討が避けられないということ
であれば,詳細は次回に整理してお示
ししたいと考えています。

J 了解しました。Yのご意向をXに伝
えますので,Xと交替して下さい。
(Y退室,X入室)

第2回和解期日 その4

J それでは,話合いの進展の可能性が
高い順に検討を進めることにします。
とりあえず,次回期日までに,明渡
しの方向で,Yにも条件を具体的に検

【当事者の事情で和解が困難な場合の対応】

当事者の一方または双方に和解による
解決が困難と考えられる事情がある場合
に,裁判官から和解の勧告があったとき
にも,協議の席に着くことに当事者とし
て特段の問題があるというような事情が
ある場合を除き,話合いのテーブルに着
くこと自体は可能な限り前向きに検討す
るのが相当である。事件に関する裁判官
の見方を聴く貴重な機会となる上に,和
解が困難な理由を可能な限りで裁判官に
説明する機会ともなるからである(当事
者の感情的な問題のためではなく,事件
の背景事情などの合理的な理由により和
解の協議に応じられないことを裁判官に
説明して,その理解を得る貴重な機会と
捉えるべきであろう)。

Yとの協議を踏まえて,Jは,Xに対
しても大まかな検討の方針を示して,検
討課題を指示したので,Xは,次回期日
までに,立退料の増額を中心として,明

討して頂くことにしますので，合意の成立に向けて，Xとしては，立退料の金額のさらなるアップも含めて最大限の譲歩案を考えて下さい。

X　了解しました。Yはどの程度の金額を希望しているのでしょうか？

J　訴え提起前と同様に，Xとは一桁違う金額を要求しています。確かに，本件不動産の価格が10億円程度であるとすれば，従前のXの提案は相当低いもののような感じがします。Xも，話合いでの解決を希望するのであれば，相当思い切った譲歩をする必要があり，そうでなければ合意に達するのは難しいと予想されます。それでは，Yにも入室してもらいましょう。

（Y入室）

渡しの方向での条件を検討することになる。この場合，具体的には，立退料の金額と明渡しの猶予期間が中心となるものと考えられるが，次回期日までには，Xの側でも，その他に希望する条件の主要なものは提示しておくのが妥当である。仮に，条件提示のタイミングがずれてしまうと，前述したように，協議が紛糾し，場合によっては，協議自体が決裂してしまう要因となる可能性がある。すなわち，和解の協議は，多くの様々な条件の組み合わせにより解決を図るものであるから，個別の条件が一つ追加されるだけで和解全体が瓦解するということもないわけではないのである。

ここでは，Xが提示している立退料の額が，本件不動産の評価額に比べると低いという裁判官の心証が開示されて，Xに再考を促すという重要な説得がされている。

第2回和解期日　その5

J　それでは，次回までに，まず明渡しの方向で，それぞれ具体的な条件を検討して頂くことにして，併せて，Yのほうは，買取りの余地がないかどうかも検討してきて下さい。

XY　了解しました。

J　それでは，和解期日を続行することにしますが，Xは，検討にどの程度の時間が必要でしょうか？

X　2週間あれば十分です。

J　Yのほうはどうでしょうか？

第1回和解期日の場合と同様に，次回期日までの双方の検討課題を決めて，協議は続行されることになった。

次回期日の指定も，第1回期日の場合と同様に，双方の要望を踏まえて決定された。当然のことながら，往々にして，解決を急ぐ当事者は短期間での期日指定を要望し，解決が先に延びても実害のない当事者は，検討期間として長期間を要望するというケースが少なくない。裁判官の調整能力も問われるところであるが，

Y　少なくとも2カ月程度は欲しいと思
　　います。
X　もう少し検討を早めることはできな
　　いでしょうか？
Y　明渡しの方向での検討となると，移
　　転先の確保も必要になりますし，様々
　　の事項の検討は容易ではないので，や
　　はり少なくとも2カ月程度は欲しいと
　　ころです。
J　それでは，次回期日は，○月○○日
　　午後2時からとします。少し期間が空
　　きますので，Xは，○月○○日までに，
　　新たに検討した条件を裁判所とYに書
　　面で連絡して下さい。また，Yは，そ
　　れを踏まえて，○月○○日までに，そ
　　の段階の検討状況を裁判所とXに書面
　　で報告して下さい。
XY　了解しました。

期日間交渉

（X　○月○○日，新たに検討した条件
　　を裁判所とYに書面で連絡した。）
（Y　○月○○日，その段階での検討状
　　況を裁判所とXに書面で報告した。）

裁判官は，双方当事者の都合を聴取しな
がら，事案の内容や課題の内容を勘案し，
当事者に不満が生じないように配慮して，
公平な期日指定をするようにしている。
したがって，検討のスケジュールについ
て要望がある場合に，当事者から要望を
出すこと自体は何ら妨げられるものでは
ない。本件では，もともと不満のある明
渡しの方向で解決案を検討しているYの
ほうの事情に配慮した期日指定がされた
ものの，期日間における作業も具体的に
スケジュールを決めることにより，協議
の早期進行を希望しているXの側にも一
定の配慮を示しているのである。

当事者双方とも，宿題となっている課
題について検討を進めることになる。期
日間で，双方が検討状況を連絡し合って，
さらに準備作業を進めることがある。そ
の場合も，当事者が直接連絡を取り合う
ケースと，裁判所を介して連絡するケー
スがあるが，それらは場合によることに
なる。前述したとおり，当事者間に信頼
関係があり，冷静で合理的な協議が期待
できる場合には前者の方法によることに
なるものの，逆に，対立関係が激しく，
信頼関係に乏しい場合には，裁判所を通
じて連絡を取り合うのが実務である。

第3回和解期日　その1

（○○地裁民事○○部の和解室）

J　期日間にXから新しい提案が書面で
　されていますが，Yは受領しています
　ね。

Y　はい。受領しています。それを踏ま
　えた，その時点での検討状況が，○月
　○○日付けで裁判所とXにお送りした
　報告書になります。

J　それでは，その後の検討状況につい
　て，まずYからご説明をお聴きするこ
　とにしますので，Xは別室で待機して
　下さい。

（X退室）

　本件では，前回の和解期日まで原則的
に交互面接方式で手続を進めてきたので，
今回も冒頭で双方同席の際に，期日間の
経緯を確認した後は，当事者の意向を確
認するまでもないとして，最初から交互
面接方式で和解手続が進められている。

第3回和解期日　その2

J　本件不動産をYが買い取るという方
　向で和解を進めることについての検討
　結果はどうなりましたか？

Y　やはり資力的な問題で買取りは難し
　いということになりました。

J　そうすると，この話合いはどのよう
　に進めましょうか？

Y　本件物件の使用継続というのがあく
　までも第一次的な希望ということでは
　ありますが，Xの意向も考慮しますと，
　当面は，明渡しの方向で具体的な条件
　を詰めてみるということで，いかがで
　しょうか？

J　明渡しの方向で検討するとした場合
　の，現時点での基本的な条件は，具体
　的に提案できますか？

Y　Yの事業継続を可能にするというこ

　前回の期日で，大きな方針として，対
象物件の買取りという第三の選択肢が浮
上したので，まずその点についての検討
結果を聴取するために，Yの意向が確認
されている。しかし，結局，この買取り
案はYの資力的に実現が難しいというこ
とになったので，協議は元に戻って，明
渡しの方向での具体的な条件の検討に入
ることになった。その上で，明渡し案を
検討するに当たってのYの側の条件が確
認された。具体的には，立退料の金額と
猶予期間ということであり，これが大き
な折衝項目となることは明らかであるが，
この段階でも他に条件がないかをJはY
に確認している。

　和解における協議事項は，当然，大小
さまざまなものがありうるが，このよう

とが，第一の条件となります。そのためには，まず，移転先を先に確保する必要があります。

J　その見込みはあるのでしょうか？

Y　最近まで全く考えていなかったので，今のところ，具体的な移転候補先は手持ちがない状態です。前回期日以降，近所の不動産業者には当たってみましたが，直ぐに適当な物件が見つけられるという状況ではないようです。他の条件についてXとすり合わせをしながら，この話合いが進展するようであれば，本格的に移転先探しに着手したいと考えています。

J　他の条件としては，主要なものは何でしょうか？

Y　大きなものとしては，立退料の金額と明渡しまでの猶予期間と思われます。

J　立退料はどの程度を希望しているのですか？

Y　前回期日では，Xも本件不動産の売却価格を10億円と主張していましたから，少なくともその1割の1億円程度は当然かと考えています。

J　しかし，10億円には，本件土地の価格も含まれているのではないでしょうか？

Y　そうですが，他方で営業補償金や移転費用なども加算しますと，土地建物の評価額の1割程度は当然検討して然るべきものと考えています。

J　何か根拠となる評価書のようなものはあるのでしょうか？

に，まず大きな方針や協議のスキームを取り決めた上で，次第に小さな論点に入っていくのが通常である。そして，これらの協議事項は，密接に関連し合っており，譲歩の内容も，協議の進展によって当然変わりうるものであるから，協議事項の論点整理と，その協議自体は分けて考える必要がある。

立退料の金額の折衝においては，対象となる借家権や借地権をどのように評価するかが重要なポイントとなる。そこでまず，算定の基礎となる不動産自体の評価を考えることになり，公示価格や路線価などの公的な情報に加え，当事者双方から，不動産鑑定士や不動産業者が作成した鑑定書，評価書というような専門家の意見書が出されることも多く，また，

Y　既に評価書を入手しているので，必要ならばそれを次回までに準備して，提出することにしたいと思います。

J　明渡しの猶予期間はどの程度を希望することになりますか？

Y　移転先も決まっていないので，まだ十分には詰めきれていませんが，最短でも2年程度は要するものと予想されます。

J　猶予期間が2年間というのは少し長すぎませんか？

Y　移転先の決定，移転のための事業の整理，顧客への周知期間などを考えると，最短でも1年は欲しいところです。そして，それ以上に店舗の整理移転もそう簡単なことではなく，然るべき準備が必要になってきますので，これらを総合考慮しますと，確実に明け渡すためには，少なくとも2年程度は確保する必要があります。

J　2点についてのご希望は承りました。この段階で，和解を進めるに当たって他の条件，特に要望しておきたいことは何かありませんか？

Y　今のところ大きな課題はその2点と理解しています。他に特段の大きな条件はないつもりですが，次回までに再度よく詰めた検討をしておくことにします。明渡しの方向で検討する以上，まずYが大きな譲歩をしているのですから，立退料や猶予期間の点ではXに大幅な譲歩をして頂く必要があると考えています。

近隣の業者から収集した情報（パンフレット，チラシなど）などが提供され，これらの情報を総合考慮して，対象不動産の評価についての裁判所と当事者双方の認識の共通化を図ることになる。ここで算出した不動産の評価額に借家権割合，借地権割合を乗じて算出される金額に，事案特有の事情を加味して，立退料の額を算定することになる。また，その際には通常，支払いのための条件，具体的には支払時期なども同時進行で協議するのが通例である。

　猶予期間についても，具体的な算定根拠，何にどの程度の期間を要するのかを裁判所と当事者との間で意見交換することになる。したがって，実際には，左記のものよりもさらに細かいやり取りをするのが通例である。

J それでは，Xの意向を確認してみますので，相手方と交替して下さい。

（Y退室，X入室）

第3回和解期日　その3

J Yが本件物件を買い取るというのは資力的に難しいようです。したがって，まず，明渡しの方向で協議を進めますが，宜しいですね。

X 異存ありません。

J 明渡しの方向で話合いを進めるとした場合には，Xとしては，具体的どの程度の条件を提示することが可能になりますか？

X 立退料は3,000万円からの上積みを考えています。今のところ具体的には1,000万円程度の上積みまでは考えていますが，仮に早期の明渡しが実現するようでしたら，さらに借入をしてでも増額を検討するつもりです。

J Xは，本件不動産の売却代金を，前回は10億円と提案しているのですから，立退料の金額が4,000万円程度というのは低すぎるのではありませんか？

X 近隣の不動産業者に相談した数字ですので，相場ではないかと考えていますが，Yは，どの程度の金額を希望しているのでしょうか？

J 現段階では，Xの提案より一桁多い金額です。Xとしても，早期の明渡しの方向での検討を希望する以上，相当柔軟に考えて頂く必要があるのではな

（裁判所とXとの協議）

　Yの意向確認の結果を踏まえて，その内容をXに伝達するとともに，Xに対しても明渡しの方向による条件の検討を指示している。

　Xとしては，大きな方針としては，まず自己の希望に沿った結果が得られたのであるから，そのこと自体に異存はなく，これに応じることになる。そうすると，次の段階として，具体的な条件についての折衝に入ることになる。

　本件は，賃貸借の終了か継続かという点で，当事者の意向が真っ向から対立していた事案であるが，Xの強い意向に基づき，まず明渡しの方向で和解案を検討することになった。そうすると，協議を前進させるために，Xとしては，何をどのように譲歩するかをさらに検討すべきことになる。

（和解手続における交渉内容）

　和解というと，双方が駆け引きの交渉だけをしているような捉え方がないわけではない。確かに，和解により双方が合意するためには，当事者双方とも一定の譲歩が求められることになるから，具体的には，利己的な駆け引きだけが行われていると誤解していることによるものである。しかし，紛争の適正迅速な解決のために双方が一定の譲歩をするというこ

いでしょうか。仮にそれが無理なようで
したら，現段階では，明渡しの方向での
協議は難しいということになりますが，
どうしますか？

X　一旦持ち帰って，再検討したいと思
　います。想定外の高額になりますと，
　資金調達の問題も生じます。4,000万
　円以上ということになりますと，まだ
　十分には煮詰めていませんが，ある程
　度は外部資金に頼らざるを得ないもの
　と思われます。

J　Yに本件物件からの移転を求めてい
　る以上，移転に要する費用については，
　ある程度早めに提供して頂く必要があ
　るでしょうから，そのことも含んで検
　討しておいて下さい。

X　了解いたしました。

J　明渡しの猶予期間として，Yは2年
　間を希望していますが，いかがでしょ
　うか？

X　Xとしては早期に明渡しを実現して
　もらう必要があります。最長でも半年
　程度と考えていました。

J　Yには伝えておきますが，これも相
　当譲歩して頂く必要がありそうです。
　協議を進めるに当たって，これ以外に，
　この段階で検討しておくべき事項，特
　に要望しておきたいことはありません
　か？

X　協議を出来るだけ早く進行させて頂
　きたいという以外に特段の希望はあり
　ません。

J　それでは，もう一度，相手方と交替

とは，解決案を全体として見た場合にい
わゆる「ウィン・ウィン」の状態を作り
上げるということであり，可能な限り当
事者に不満を残さない，落ち着きの良い
解決策を模索するのが真の和解である。
和解が交渉事である以上，当事者間で駆
け引きのようなやり取りがされることは
否定できないであろうが，裁判官と当事
者との間はまた別問題である。裁判官も，
当事者を説得するために，当事者の納得
が得られやすい説明はするであろうし，
リップサービスや同情的，受容的な発言
も話の流れの中では当然あるものと思わ
れる。そして，その結果，言い方や表現
ぶりが，原告と被告とでは異なるという
ことも当然想定されることである。裁判
官が当事者双方に対してそれぞれ違う内
容の話をするという和解の批判を耳にす
ることがある。しかし，結論まで真逆の
内容を話すような裁判官がそれ程多くい
るとは思われない。他方，原告には，原
告側が抱える問題点（法的問題点のほか，
道義的問題点なども含む）を指摘し，被
告側には，逆に被告側の抱える問題点を
指摘するというのは，説得の過程で十分
にありうることであろう。そのような説
得方法を駆け引きと言うのであれば，駆
け引きは存在するということになるであ
ろうが，和解が交渉事である以上，そし
て，合意の成立を目指す以上，そのこと
はむしろ避けることができないもののよ
うに考えられる。

して下さい。
X退室，Y入室

第3回和解期日　その4

J　Xは，立退料として「4,000万円＋α」程度を，猶予期間として半年程度を考えているようですが，ご意見はいかがでしょうか？

Y　明渡しの方向で協議を進めること自体に異存はありませんが，Xの提案内容では，協議が到底進展しないものと思われます。明渡しを強く希望する以上，Xから質的に異なるような提案がされないことには，到底合意に達しないものと思います。

J　Xには既に再検討を指示していますが，Yの意向は，この後も再度，Xに伝えておくことにしますが，Yのほうでも，次回期日までに，どこまで譲歩できるかを検討しておいて下さい。

Y　了解しました。

（X入室）

Yに対して，現時点でのXのほうの条件を説明している。Yの希望とは相当な開きがあるので，単にXの提案を伝えるだけでは，協議の打切りということにもなりかねない。そこで，裁判官は，Xには既に再検討を指示していること，Yの意向は再度Xに伝えることを前提として，Yにも譲歩案の検討を求めている。そこで，これを踏まえて，Yの側でも，具体的な条件を提示することになっている。

第3回和解期日　その5

J　本日の段階での主要なテーマは，明渡しの方向で検討する場合の立退料の額と明渡しの猶予期間の問題でした。現時点で，Xは立退料として4,000万円程度，猶予期間は半年程度，Yは，立退料としては1億円以上，猶予期間は2年というご主張です。次回期日までに，それぞれ再検討して頂きますが，Yとしては，もともと希望していない明渡しの方向で協議を進める以上，X

当事者双方が同席の上で，当日段階での協議の到達点を確認するとともに，次回期日までの当事者双方の検討課題を確認するための手続が行われている。この手続をきちんと踏まえておくことにより，期日間協議が充実したものになり，ひいては次回期日を充実したものにすることができる重要な手続である。

また，本件では，当事者双方がそれぞれ条件を検討することになっているが，

から質的に異なるような提案がされないことには話合いでの解決は無理であろうとの意向であることをXにはお伝えしておきます。それでは，協議の時間を節約するという観点から，まずXに期日外で，裁判所とYに検討結果を連絡して頂くことにして，その上で，その提案を踏まえてYも条件を再検討して頂き，次回期日でさらに協議をしたいと考えますが，いかがでしょうか？

XY　了解しました。

J　それでは期日を続行することとしますが，Xの提案は，いつ頃までに可能でしょうか？

X　3週間程度，頂ければと思います。

J　それでは，Xには来月10日までに書面で提案して頂き，Yは，それに対する意見を○月○○日までに同様に書面で報告して下さい。次回期日は，○月○○日午後2時と指定します。

XY　了解しました。

その中でも，Jは，特に「Yが希望していない明渡しの方向で協議を進める以上，Xは質的に異なるような提案をする必要がある」との見解をYの意向としてXに伝えて，和解による解決を希望するXに対する大幅な譲歩の必要性を表明している。

期日間交渉

　Xは，J，Yに対して，「立退料として5,000万円，明渡し猶予期間として和解成立日から半年間」との提案をした。

　これに対して，Yは，「立退料として1億2,000万円，明渡しの猶予期間は和解成立日から1年半」との対案を提示した。

　ここでは，第3回和解期日で期日間の作業として裁判所から指示されたXの提案，それに対するYの再提案が行われている。これに基づき，裁判所および当事者双方の三者が，それぞれ検討を加えた上で，期日に臨むことにより，次回の和解期日における協議・折衝の迅速化，充実化を図ることが期待できることになる。

第4回和解期日　その1

（○○地裁民事○○部の和解室）

J　それでは，本日は期日間で双方から新たな提案がされていますので，その説明と，相手方の提案に対するご意見をまずお聴きしたいと思います。まずXからお願いします。

X　できるだけ早期の明渡しが実現することを前提に，立退料を5,000万円まで増額することを提案しました。Xとしては，従前からの交渉の経緯を考えても精一杯の誠意を示した提案のつもりです。Yから示された立退料の金額は法外なもので，受け入れることは到底困難ですし，1年半という猶予期間もあまりにも長すぎるというのが会社の意向です。

J　Yのほうのご意見はいかがでしょうか？

Y　Yの営業を考えると，半年程度というのはあまりにも短くて，事実上困難です。また立退料の金額もXの提案では到底応諾する余地はありません。従前から申し上げているとおり，明渡しの方向で協議するという以上，Xには相当譲歩して頂かないと，和解による解決は困難と思われます。これ以上の譲歩が難しいというのであれば，この段階での話合いは一旦中断して，審理を少し進めた上で，再度協議することにしてはいかがでしょうか。

J　双方のご主張にはかなり開きがあり，

Jが，Xから期日間の検討結果をまず聴取し，その後，Yからも聴取して，それぞれの意向を確認している。実際には，前回期日での宿題としても含まれていたそれぞれの提案内容の検討経緯と根拠が詳細に説明されるのが通例であり，本件でも同様な説明がされたものと思われる。そして，協議が進展しないようであれば，この段階での和解は一旦あきらめて，審理を進めるようYが提案したのを受けて，Jは，それぞれが自らの提案に固執するようであれば，この段階での合意形成は困難であると判断するつもりで，Xに対して，進行に関する意向を確認している。これに対して，早期の和解による解決を希望しているXとしては，さらに協議を続けてほしいとの意向をJに伝えたいとの考えから，左記のように個別の面接を希望することになった。

これは，相手方も同席する場で，一方当事者だけが，和解に固執している姿勢を示すことは，交渉上不利になるという考慮をXが働かせたことによるものと思われる。

Yとしては，協議の打ち切りもやむなしとのご意見のようですが，Xとしては，進行についてどのようにお考えでしょうか？

X　個別にお話をお聴き頂けないでしょうか？

J　了解しました。それではYは別室で待機して下さい。

（Y退室）

第4回和解期日　その2

J　何かご意見がありますか？

X　早期の明渡しが実現するのであれば，Xとしては，さらに立退料の上積みも検討する意思があります。また猶予期間のほうは，厳しいですが，和解による解決のためには可能な限り柔軟に対応したいと考えています。従いまして，話合いを続行して頂き，場合によっては裁判所案を提示することも是非ご検討頂きたいと思います。

　J　Xとしては，最大どの程度まで譲歩が可能なのでしょうか？

X　会社内での意見は分かれているのですが，代理人としては，5,000万円にある程度上乗せするというような内容でJから勧告がされれば前向きに検討する可能性があるように考えています。

J　それではYの意向を確認してみましょう。

（X退室，Y入室）

裁判所案を提示するどうかは，専ら裁判所の裁量に委ねられていることであるが，当事者が裁判所案の提示を希望すること自体は妨げられるものではないし，実務上もその要望が出されることは少なくない。

裁判所案が提示されるのは，当事者間の調整が難航して膠着状態に陥ってしまった場合，当事者から要望が出された場合などが代表的なケースであり，中立的な立場からの仲裁案が示されることにより，一挙に協議が進展するという事態も実務では少なからず見受けられるところである。

他方，裁判所としては，事案に関する情報をある程度正確に把握できていないと適切な裁判所案を提示できず，また，一旦提示した裁判所案をむやみに変更することは相当ではないところから，審理の当初の段階でこれを示すことは難しい面がある。

第4回和解期日　その3

J　Xとしては，条件面はさらに柔軟に考えるので，話合いを是非続けてほしいという要望でした。Yのほうはどうでしょうか？

Y　立退料の金額は，1億2,000万円という数字自体には固執しないつもりですが，やはり1億円程度の提案がない限り，移転に伴う費用や，営業している飲食店の補償などを考えると前向きには考えられないというのがYの強い意向です。

J　明渡しの猶予期間については，どの程度，検討の余地があるのでしょうか？

Y　最終的には立退料の金額との見合いでしょうが，然るべき金額が提案されるようであれば柔軟に検討するつもりはあるようです。それでも少なくとも1年程度の猶予期間は必要ではないかと思います。その程度までXが考えられるというのであれば，代理人としては，話を進められるような感じがします。

J　その他の追加的な条件はありませんでしたか？

Y　立退料の金額と支払時期，猶予期間のほかには特に問題となるような条件は出ていません。なお，立退料については，ある程度の金額は明渡しに先行して支払って欲しいとの意向です。

J　それでは，Yの意向を踏まえて，今

　裁判官は，Xの和解による解決に向けた強い意向が確認されたことを踏まえて，次に，Yとの間で，話合いによる解決の可能性の度合い，Yのスタンスを裁判官が探っている手続である。そして，Yの意向についての聴取を踏まえて，仮に和解が成立するとした場合のおおまかな条件が想定されるので，次に想定される条件までXの譲歩が可能か否かを確認するために，Xの意向を再確認することにしているのが先の手続である。

後の進め方についてＸの意見を聴取しますので，もう一度，交替して下さい。
（Ｙ退室，Ｘ入室）

第4回和解期日　その4

Ｊ　Ｙの意向は，立退料として1億円以上，猶予期間は1年程度というものでしたが，これを踏まえて，今後の進行についてのＸのご意見はいかがでしょうか？

Ｘ　猶予期間の1年というのはともかく，立退料の金額が1億円を超えるというのはかなり厳しい数字という印象がします。

Ｊ　そうすると，この段階では話合いは難しいということになりそうですね。ただ，判決まで進んだ場合を想定すると，仮に明渡しが認められるとしても，相当な金額の立退料の支払いによる正当事由の補完が不可欠になる可能性があるようにも考えられますが，いかがでしょうか？

Ｘ　確かに，明渡しが認容されるために然るべき立退料の提示が必要になること自体はＸ会社としても十分に認識しているところです。ただいずれにしても1億円を超える金額というのは資力的な観点からも相当難しいと思われます。是非早期の解決を図りたいと考えているので，Ｙに対しても裁判官から説得をして頂くという観点から，裁判所案をお示し頂けないでしょうか？

Ｊ　それでは，Ｙの意見も確認してみましょう。

当事者双方からの検討結果の聴取を踏まえて，裁判官の調整作業がスタートしている。

裁判官が具体的な調整に入る場合には，その段階における事件の見通しに関する心証が開示されることが少なくない。

あくまでもその段階における暫定的な心証に過ぎないので，訴訟の進行状況に応じて変更されることもありうるものである。

本件では，立退料の支払いによる正当事由の補完として，相当な金額の支払いが少なくとも必要であるとの裁判官の心証が開示されており，また，和解による解決を希望する以上，Ｘの相当な譲歩が必要であるとの心証も示されているとＸは解するべきである。

（Ｘ退室，Ｙ入室）

第４回和解期日　その５

Ｊ　Ｘから裁判所案を示して欲しいという要望が出されました。立退料としては5,000万円から１億円の間の金額で，猶予期間は１年間というのが基本的なスキームになると思われますが，この範囲内の条件であれば，Ｙとしても応諾は別として，検討の余地があると認識して良いでしょうか？

Ｙ　今日の段階では諾否は何とも言えませんが，裁判所案を提示して頂くことについて異存はありませんし，裁判官の提案があれば誠実に検討することにします。

（Ｘ入室）

Ｙに対する裁判官の調整作業である。

裁判所案は，これを示すことにより，ある程度の確度で当事者双方に合意が成立する見込みがあると想定される場合に提示するのであり，やみくもに示すことはないのが通例である。そこで，一定の調整作業を進めた上で，双方の意向や希望を十分に把握し，これを踏まえた上で，裁判所案を策定するというのが通常である。

第４回和解期日　その６

Ｊ　それでは，この段階で，裁判所案を提示することとします。念のために確認しておきますが，これまで折衝の過程で出てきた検討事項以外に，特に問題となるようなものは残っていませんね。

ＸＹ　特にありません。

Ｙ　裁判所案は書面で頂けるでしょうか？

Ｊ　了解しました。今月末までに，裁判所の和解案を書面で提示しますので，次回期日までに双方，それぞれご検討の上，ご意見を電話で結構ですからご

裁判所案を書面で示すかどうかは裁判所の裁量に委ねられていることであるが，当事者から希望を出すことは妨げられていないし，実務上も要望が出されるケースは見かけられるところである。

また，裁判所案の理由を書面で示すかどうかも裁判所の裁量に委ねられているところであるが，通常は口頭で説明しているのが実情である。しかし，当事者から希望を出すことは妨げられておらず，裁判官が，事案の内容などから相当と認めた場合には，若干の理由を付した裁判所案を示すことも実務上見かけられない

一報下さい。

XY　了解しました。

J　それでは期日を続行することにしますが，次回期日は，○月○○日午後2時でいかがでしょうか？

XY　了解しました。

期日間

（J　裁判所案を当事者双方に送付

　立退料を8,000万円（和解成立から1カ月以内に2,000万円，半年後に2,000万円，残額4,000万円は明渡しと引き換え）とし，明渡し猶予期間を和解成立時から1年間とする内容を骨子とする裁判所案を当事者双方に送付した。）

　裁判所案は，和解期日に示される場合と，期日間に書面で示される場合とがある。和解期日で示される場合には，裁判官から，一定の心証開示とともに，条項案についての説明が付加されることが多い。また，裁判所案は，合意の形成段階に応じて，合意の骨子の場合もあれば，具体的な和解条項の場合もある。

【裁判所案の内容は，どのような事情を考慮して決められるのか？】

　当事者の期待・希望，事件のスジに関する裁判官の心証（判決になった場合の見通し，結論の具体的な妥当性），審理を続けた場合の時間的なロス（早期解決の必要性）などを総合考慮して決定されるのが一般的である。

第5回和解期日　その1

（○○地裁民事○○部の和解室）

J　裁判所案についてXは何か意見がありますか？

X　上記のスキームで異存はありません。

J　Yのほうはいかがでしょうか？

Y　少し注文があるので，個別に聴取して頂けないでしょうか？

【裁判所案に対して注文を付けられるのか？】

　裁判所案は，あくまでも解決に向けての裁判所の提案にすぎず，これに応諾するかどうかは当事者の自由である。そこで，本件でも，裁判所が当事者双方に対して，裁判所案に対する意見を聴取して

わけではないが，あまり多くはないであろう。

J　了解しました。
（X退室）

第5回和解期日　その2

J　何かご意見がありますか？
Y　事前に提示された裁判所案で基本的に異存はありませんが，移転先の確保と移転作業に想定以上の費用を要しそうな状況となっています。そこで，最初の分割金の支払いを3,000万円に増額して頂きたいというのがYの希望です。
J　Xも資金調達の計画があるでしょうが，ご要望は一応Xに伝えてみます。
（Y退室，X入室）

第5回和解期日　その3

J　Yの要望は，移転先の確保と移転作業に想定以上の費用を要しそうな状況となっているので，第1回の分割金を3,000万円に増額して頂きたいというものでした。資金調達の関係はあるでしょうが，可能なら解決に向けて応じてはどうかと思います。いかがでしょうか？
X　この段階での新たな提案は，Xとしては極めて不本意ですが，大きな部分

いるのである。

　提示した裁判所案に対して，Yから追加意見が出されたので，その調整作業が行われることになり，そのための手続が始められることになった。この段階で追加された意見について再調整の作業が進められるかどうかは，意見の内容次第である。すなわち，提案された裁判所案に対する微調整の範囲内であれば，再調整を試みるのが通常であるが，一旦示した裁判所案を大きく修正するというのは特別の合理的な事情がある場合に限られるから，裁判所案が示された場合には，当事者としては原則として諾否の権利だけを有していると理解すべきであろう。
　本件では，立退料の総額は維持したまま，その支払時期の調整ということで，微調整の範囲内と判断した裁判官が，再調整の作業をすることになった。

　裁判所案について，Yから追加の意見が出されたので，その説明と調整の作業を行い，Xの了解が得られる見込みとなったことから，次回期日までの間に，裁判所案の修正案を提示することになった。

【この段階で告げられた和解条項案に注文を付けることは可能か？】
　当事者が合意して初めて和解は成立す

では合意ができそうですし，本件は是非話合いで解決したいと考えていますので，近いところで期日を続行して下さい。それまでに会社の了解を得るように努力します。

（Y入室）

J　Yの要望について，Xのほうで前向きに検討して頂くことになりました。ただ，本日は即答できないということなので，期日を続行することにします。それまでに，改めて和解条項の細部をさらに具体化した裁判所の修正案を作成して，期日間に双方にお示しすることにします。

XY　了解しました。

J　それでは期日を続行することにしますが，次回期日は，令和元年10月31日午後2時でいかがでしょうか？

XY　了解しました。

ることになるから，裁判官が和解の成立を宣言するまでは，当事者はいつでもその意向を変更することができる。したがって，最終段階であっても，その内容に不服や要望がある場合には，それを申し出ることができるのは当然である。そして，大小にかかわらず，意見を述べて，修正を求めることも許されるのであるが，それは当然にそれまでの協議を踏まえたものであるべきであり，また，相手方の了解も必要になるから，疑問や意見はできるだけ早い段階で問題提起しておくことが望ましい。タイミング次第では，協議そのものが決裂してしまうことも実務では見受けられることである。

期日間

（J　当事者双方に対して，第6回和解期日の説明欄にある和解条項と同内容の修正案を送付して，検討を指示した。）

　第5回和解期日における協議を踏まえた裁判所の修正案を当事者双方に送付し，最終的な確認をしている。

第6回和解期日

令和元年10月31日

（○○地裁民事○○部の和解室）

J　裁判所の和解条項案について，Xの意見はどうですか？

X　同意します。

J　Yはどうですか？

Y　同意します。

（和解成立時の留意事項）

（第2章，第4章第6節・7節参照）

調査・確認を要する事項

　供託関係（第4章第7節6参照）

J　それでは協議がまとまりましたので，最終的に合意内容を確認します。

（和解条項案を読み上げ）

（簡単な内容の場合には口授するだけの場合もある）

J　Xは，ただ今の内容について，異存はないですね。

X　ありません。

J　Yのほうはいかがでしょうか？

Y　異存ありません。

J　それでは，この内容で和解が成立したものとします。

　　それぞれ和解調書に基づく債務をきちんと履行して下さい。

　　双方代理人ご苦労様でした。

　　XY（Jに対して）ありがとうございました。

　　（相手方に対して）よろしくお願いいたします。

（和解条項）

1　当事者双方は，本件建物についての賃貸借契約が，平成30年12月31日限り期間満了により終了したことを確認する。

2　原告は，被告に対し，本件建物の明渡しを令和2年10月31日まで猶予する。

3　原告は，被告に対し，本件建物の立退料として，金8,000万円の支払義務があることを確認する。

4　原告は，被告に対し，前項の立退料を次のとおり分割して，被告名義の○○銀行○○支店の当座預金口座（番号○○○○）に振り込み送金して支払う。

　ア　令和元年11月末日限り金3,000万円

　イ　令和2年4月末日限り金2,000万円

　ウ　令和2年10月31日限り，被告が本件建物を明け渡すのと引き換えに金3,000万円

5　被告は，原告から第4項の立退料8,000万円全額の支払いを受けるのと引き換えに，原告に対し，本件建物を明け渡す。

6　被告が遅滞なく第5項の明渡し義務を履行したときは，原告は，被告に対し，令和元年11月1日から令和2年10月31日までの使用料の支払義務を免除する。

7　被告が第5項の明渡し義務を遅滞したときは，被告は，原告に対し，遅滞した日の翌日から本件建物の明渡し済みまで月額300万円の割合による遅延

損害金を支払う。

8 原告が本件建物の立退料の支払いを遅滞したときは，原告は，被告に対し，遅滞した金員について，遅滞した日の翌日から支払済みまで年1割の割合による遅延損害金を付加して支払う。

9 以下 略（清算条項，訴訟費用など）

　以上のほか，明渡し時の原状回復義務の履行については，新たなトラブルの発生も想定されるので，必要に応じた取り決めがされることも少なくない。

和解成立後の手続

和解調書の作成は，書記官の事務である。和解調書正本の送達などについては，裁判所職員総合研修所監修『民事実務講義案Ⅰ（5訂版）』（司法協会，2016）362頁参照。

和解調書の効力については，第1章第4節参照。

═ 第**4**章 ═

和解条項の作成ポイント

第1節　和解条項の類型

　和解条項の文言は，和解成立時に当事者が想定していたとおりの履行がなされる限りにおいては，その解釈が問題となることはない。

　和解条項の文言の解釈が問題となるのは，和解成立時に期待された履行がなされず，当該履行を実現させようとする場面でのことである。

　和解条項の解釈について，判例は，その文言自体相互に矛盾し，または文言自体によってその意味を了解しがたいなど，和解条項それ自体に瑕疵を含むような特別の事情のない限り，和解調書に表示された文言と異なる意味に解すべきではないと判示している（最判昭44・7・10民集23巻8号1450頁）。ただし，債務名義上の和解条項の文言を解釈するのは，当該債務名義の作成には関与していなかった，強制執行の申立てを受けた執行機関である。和解条項全体を見たときに，各条項が相互に矛盾していたり，条項の趣旨が不明であったり，条項の趣旨が多義的に解釈できてしまったりする場合には，本来意図していた形で相手方の和解条項上の債務の履行を求められないばかりか，当該条項に基づいて執行できない事態となりかねない。

　このような事態を避けるためには，和解条項全体の中で，当該条項が何のために記載される条項であるか，当該和解条項の類型ごとに，明確かつ簡潔に記

載することが重要である。

　和解条項の類型としては，実体法上の効力を有する「効力条項」と，実体法上の効力には直接関係がなく，主に当事者の意思を尊重して記載する「任意条項」と，これら以外の単に事実を確認するための「現認証明条項（事実証明条項）」とがある。本来，効力条項として完結させるべき条項の中に任意条項や現認証明条項などの要素が混在していると，当該効力条項の位置付けや意義が曖昧となり，ひいては条項の趣旨が不明確となりかねないため，避けるべきである。また，効力条項の中でも，それぞれの合意の態様ごとに，給付条項，確認条項，形成条項と再分類することができるところ，同様の趣旨から，給付条項は給付請求権ごとに，確認条項は確認の対象ごとに記載することが望ましい。ある条項が，給付条項なのか確認条項なのかが曖昧な記載となっていると，本来，給付条項に認められる執行力の発生に疑義が生じかねないため，特に注意が必要である。

　本章では，和解条項の各類型の中でも，特に記載の仕方が重要となる「効力条項」について，給付条項（第2節），確認条項（第3節），形成条項（第4節），特約条項（第5節），清算条項（第6節），その他（第7節）に分けて，それぞれの作成のポイントについて説明する。

第2節　給付条項

1　給付条項の意義

　給付条項とは，当事者（利害関係人として参加した者を含む）の一方が，相手方または第三者に対し，特定の給付を行うことを合意の内容とする条項である。

　給付条項は，強制執行を行うために必要となる債務名義として執行力を有することになるため，和解条項の中でも特に重要なものであり，給付条項につい

て特定性や明確性に欠ける場合には，和解上の債務者に和解条項の違反があっ
た場合でも，強制執行ができないという事態も想定される。

　その観点から，①給付の当事者，②給付の対象，③給付の意思の表現，④給
付の時期・条件を明確に特定し，過不足なく表現する必要がある。

(1)　当事者の特定

　給付条項については，その定める給付を「誰が」「誰に対して」行うのか，
当事者を明確に記載しなければならない。これにより，執行債権者と執行債務
者が特定されることになり，逆に，給付の当事者が十分に特定されていないと，
執行当事者が確定されていないことになり，執行ができないことになりかねな
い。

　債権者または債務者が複数の場合には，判決主文の場合と同様に，それぞれ
の権利，義務の範囲を明確にしなければならない。

　とりわけ給付の義務者が複数の場合には，複数の義務者が全体債務を負うの
か，分割債務を負うのかを意識して，明確に記載する必要がある。例えば，
「被告両名は，原告に対し，金100万円を支払う。」と記載した場合には，2名
の被告が100万円を平等に分割した50万円ずつの支払義務を負うと解すべきこ
とになり（最判昭32・6・7民集11巻6号948頁参照），被告のうち1名が無資
力になってしまった場合には，原告がその無資力リスクを負担するため50万円
は回収できない，ということになる。そうではなく，被告のうち1名が無資力
になった場合には，もう1名の被告にその無資力リスクを負担させて100万円
全部の支払義務を負わせるようにするためには，被告両名が連帯債務を負う旨
を明確に記載しなければならない。この場合には，「連帯して」または「各自」
と記載しておくことが必要である（債権者または債務者が複数の場合の記載方
法については，後記2(1)参照）。その他，連帯債務関係にない場合などで個々
の債務者ごとに負担額が異なる場合には，別表を用いて記載すると分かりやす
く疑義を招かない。

(2)　対象物の特定

　給付条項には，給付の対象物を特定しておく必要がある。給付の対象物の特定が不十分な場合には，債務名義として無効となり，その結果，執行力も有しないことになる（最判昭31・3・30民集10巻3号242頁）。

　給付の対象物が既に請求の表示によって明確に特定されていれば，和解条項では，「被告は，原告に対し，本件○○を…」という表現で足りるとされているが（実証的研究19頁），そもそも請求の表示で十分に特定されていない場合などには，別紙目録を添付するなどにより特定の方法を講じておくことが必要である（不動産の一部分を給付の対象とする場合の特定方法については，後記2(2)参照）。

(3)　給付の意思の表現

　給付条項には，当事者の給付の意思を明確に表現しなければならない。

　例えば，賃貸物件の明渡しに関する和解条項で「○年○月○日まで賃貸する」としか記載されていない場合は，仮に，当該条項が所定の期限までに明け渡すという趣旨を含む合意であったとしても，それだけではこの調停調書を債務名義として明渡しの強制執行を申し立てることはできず，別途，明渡請求訴訟を提起して，給付内容とする債務名義を取得する必要がある（最判昭27・12・25民集6巻12号1271頁）。

　また，「利害関係人が，被告の本件和解条項所定の債務につき保証する」旨を記載した和解条項では，利害関係人に対する給付条項とはならないと解されている（大阪高判昭55・10・31判タ436号161頁。なお，連帯保証に関する条項例は，後記2(1)を参照）。なお，類似の和解文言として，不動産競落許可決定に対する即時抗告の中で，「被告は前各項の債務について連帯保証をなし，その履行の責に任ずること」との和解条項の給付条項該当性が争われた事案（東京高決昭36・9・26下民集12巻9号2379頁）において，裁判所は，その文字のみから見れば給付条項であるとは解し難いとしつつ，主債務者に貸金債務があり，これを支払うべきことを明記した条項と合わせ考えれば，一定の給付義務

の存在が文言上明白にされていると判断して，即時抗告を棄却し，当該和解条項に基づく競落許可決定を維持しているが，これは限界的な事例において救済的な判断がされたものと考えるべきであろう。

　給付の合意は「支払う」「引き渡す」「明け渡す」などと明確に表現する必要があり，「支払うこと」「明け渡すこと」「支払わなければならない」などの表現は，確認条項や形成条項と混同を来しかねないので避けるべきである。

⑷　給付の時期，条件の特定

　給付条項には履行の期限を明らかにしておく必要がある。これは，強制執行が期限の到来後でないと開始できないことから，執行を開始できる時期を明確にするためである。具体的には，特定の日付を明示することが一般的であり，例えば和解の成立日から1カ月後を期限とする前提で和解の交渉をしていた場合であっても，和解の成立段階では，1カ月後の期限を具体的な日で特定することが可能であるから，単に「1カ月後」とするのではなく，「○年○月○日限り」と具体的な期限で特定して記載することが望ましい。

　給付に条件を付して定めた場合には，当該条件についても，条件成就の有無が明確に判断できるように，その内容を特定しておく必要がある。

2　給付条項の類型ごとのポイント

　給付条項は，給付の目的・態様によって，金銭などの代替物や不動産その他の非代替物を相手に渡すことを内容とするもの（後記⑴～⑷），一定の意思表示をすることを内容とするもの（後記⑸），特定の行為を行いまたは行わないこと内容とするもの（後記⑹～⑺）に大別される。

⑴　金銭給付

　給付の内容が金銭の場合には確定金額で表示する。確定金額によることができない場合には，その金額を算出するのに必要十分な事項（計算上の元本，利率，起算日および終期など）を明記しておく必要がある。

　また，支払方法について合意がある場合は，その旨も記載する。履行場所について定めのない場合は，特定物の引渡しを目的とする債務はその物の存在した場所，その他の債務の場合は債権者の住所地となる（民法484条）。

（金銭一時払い）

> 被告は，原告に対し，前項の金員を，平成〇年〇月〇日限り，原告の指定する銀行預金口座に振り込む方法により支払う。

（分割払い）

> 被告は，原告に対し，前項の金員を，次のとおり分割して，原告の指定する以下の銀行預金口座に振り込む方法により支払う。
> - (1)　〇年〇月〇日限り　金〇円
> - (2)　〇年〇月から〇年〇月まで，毎月末日限り　金〇円ずつ
> - (3)　〇年〇月〇日限り　金〇円

（充当順を指定する場合）

> 被告は，原告に対し，金〇円及びこれに対する平成〇年〇月〇日から各支払い済みまで年〇％の割合による遅延損害金を，次のとおり分割して，原告の指定する以下の口座に振り込む方法により支払う。
> - (1)　〇年〇月〇日限り　元金に金〇円
> - (2)　〇年〇月〇日限り　元金に金〇円
> - (3)　〇年〇月〇日限り　元金に金〇円
> - (4)　〇年〇月〇日限り　遅延損害金全額

（債務者が複数の場合－連帯債務）

> 被告らは，原告に対し，連帯して金〇〇円を支払う。

> 被告らは，原告に対し，各自金○○円を支払う。

（債権者が複数の場合－連帯債権）

> 被告は，原告らに対し，金○○円（原告らの連帯債権）を支払う。

> 被告は，連帯債権者である原告らに対し，金○○円を支払う。

(2)　不動産の明渡し

　不動産の場合には，その特定のため，登記記録の表題部の記載に従い，土地であれば，「所在」，「地番」，「地目」および「地積」を，建物であれば，「所在・地番」，「家屋番号」，「種類」，「構造」，「床面積」，「建物の名称があるときはその名称」，「附属建物があるときはその所在，地番，種類，構造及び床面積」を記載する（不動産登記法34条1項・44条1項）。なお，未登記建物の場合にも登記記録の記載事項に準じて，上記各事項を記載する。

　また，不動産の一部分（一筆の土地の一部や建物の一部分など）を給付の対象物とする場合には，和解調書に別紙の図面を添付することとして，その活用を検討する。建物の場合には，各階の平面図上に対象範囲を斜線で表示したり，土地の場合には，測量図面上の対象範囲を囲む線分を，境界標などの不動の基点からの距離や角度などによって特定したりした上で，対象となる範囲を明らかになるようにする。和解調書の添付図面に，分筆の基準となる符号が表示されているものの，その各点が何を基準として表示されているかが不明であるとして，和解が無効とされた事例もあり（最判昭31・3・30民集10巻3号242頁），留意を要する。

被告は，原告に対し，平成○年○月○日限り，別紙物件目録記載の土地のうち，別紙図面記載のア，イ，ウ，エ，アの各点を順次結ぶ直線で囲まれた部分の土地○○平方メートルを明け渡す。

【別紙物件目録】

所　　在　　○○市○○町○丁目

地　　番　　○○番

地　　目　　宅地

地　　積　　○○．○○平方メートル

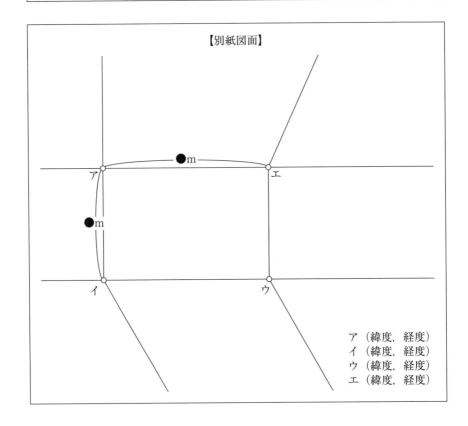

【別紙図面】

ア（緯度，経度）
イ（緯度，経度）
ウ（緯度，経度）
エ（緯度，経度）

被告は，原告に対し，平成○年○月○日限り，金○○円と引換えに，別紙物件目録記載の建物を明け渡す。

【別紙物件目録】

1棟の建物表示
　　所　　　在　　　○○市○○町○丁目○番地○号
　　建物の名称　　　○○○
専有部分の建物の表示
　　家屋番号　　　　○○町○丁目○番の○
　　建物の名称　　　○○○
　　種　　　類　　　居宅
　　構　　　造　　　鉄筋コンクリート造り1階建
　　床　面　積　　　○階部分　○○平方メートル
敷地権の表示
　　土地の符号　　　○
　　所在及び地番　　○○市○○町○丁目○番○号
　　地　　　目　　　宅地
　　地　　　積　　　○○．○○平方メートル
　　敷地の種類　　　所有権
　　敷地権の割合　　○○○分の○

---

(3)　動産の引渡し

　動産のうち，登記または登録のあるものは，登記された不動産と同様の考え方で特定する。

　例えば，道路運送車両法による登録を受けた自動車の場合には，自動車登録事項等証明書の記載事項によって特定する。また，建設機械抵当法による登記を受けた建設機械の場合には，建設機械登記簿の表示部の記載によって特定する。

　その他の特定物の場合は，品目，形状，製作者名，型式，製造番号，数量などによって，他から識別することができるように，具体的に特定する必要があ

る。

不特定物（種類物）の場合は，種類，品質，数量などで特定する。

（登録済自動車の場合）

> 被告は，原告に対し，平成○年○月○日限り，別紙物件目録記載の自動車を，現状有姿にて引き渡す。
>
> 【別紙物件目録】
>
> 自動車登録番号　　　　練馬123あ456
>
> 種　　　　別　　　　普通
>
> 車　　　　名　　　　○○○○
>
> 型　　　　式　　　　ABC − 123456
>
> 車　台　番　号　　　XYZ9876
>
> 原動機の型式　　　　123
>
> 使用の本拠の位置　　　東京都○○区○○１丁目２番３号

（美術品の場合）

> 被告は，原告に対し，平成○年○月○日限り前項の金員の支払いを受けるのと引換えに，別紙物件目録記載の絵画を，被告方において，現状有姿にて引き渡す。
>
> 【別紙物件目録】
>
> 品　　目　　　油彩画
>
> 表　　題　　　「○○」
>
> 作　　者　　　○○○○
>
> 作成年　　　　2000年
>
> サイズ　　　　100号

(4)　有価証券の引渡し

特定の有価証券の場合には，種類，金額，振出（作成）年月日，権利者，受取人，その他証券の記載事項によって特定する。

被告は，原告に対し，平成○年○月○日限り，別紙物件目録記載の株式の振り替え手続をする。

【別紙物件目録】

口座開設者　東京都○○区○○１丁目２番３号
　（加入者）　甲野太郎
口座番号　○○証券株式会社○○支店○○○○
銘　　　柄　○○株式会社普通株式
コード番号　○○○○
数　　　量　○株

---

(5)　意思表示

　債務者が一定の意思表示をすべきことを内容とする給付条項は，和解が成立したときに意思表示をしたものとみなされる（民事執行法174条）。したがって，意思表示の当事者，内容，目的を特定して記載する必要がある。

　意思表示を内容とする給付条項で実務上事例が多いのは，登記申請手続を目的とするものである。訴訟上の和解によって登記申請手続をする旨の合意が成立した場合には，登記義務者による登記申請手続の意思表示が擬制されることになるから（同法174条１項），登記権利者は，法務局に和解調書を提出して，単独で登記申請手続ができることになる。そのため，登記官が問題なく登記手続の申請を受理できるよう，和解条項中に，登記義務者，登記権利者，および登記事項を個別的かつ具体的に表現する必要がある。

　例えば，「被告は，原告又は原告の指定する者に対し，別紙不動産につき，昭和○○年○月○日代物弁済による所有権移転登記手続をすること」という条項では，給付義務の内容が，個別的かつ具体的に表示されていないから，単独で登記申請手続をすることができないとされている（昭33・２・13民甲第206号民事局長心得回答）。また，「原告において前項の売買により前項の土地建物の所有権移転登記手続をなす場合において，被告が転売その他の事由により第三者に対し所有権移転登記手続をなすべきことを求めたときは，原告は異議なく

応ずること。」という条項は，原告に対し，登記手続をする意思を表示したものとはいえないから，登記権利者である被告からの単独申請はできないとされている（昭34・9・9民事三発第807号民事局第三課長心得電報回答参照）。

なお，登記の意思表示を命じる判決において，登記原因およびその日付が主文に明示されていなくても，判決の理由中でそれが明らかになっていれば足りるとするのが実務上の取扱いであり，登記官との見解の離齬による混乱を未然に防止する目的で，あえて登記原因を主文では明記しない場合も少なくない。和解についても，登記官との見解の離齬による混乱の防止という趣旨は同様に妥当するものの，和解調書等には判決の「理由」に相当する部分が存在しないから，和解条項には可能な限り登記原因およびその日付を明記するのが相当である（裁判所職員総合研究所監修『執行文講義案（改訂再訂版）』（司法協会，2015）168頁）。もっとも，和解条項において登記原因およびその日付が明らかでない場合でも，いわば救済措置として，登記原因を「和解」とし，和解成立の日を原因の日として登記申請を受理しているのが実務である。登記権利者が特定の具体的な登記原因の記載を希望する場合には，登記申請手続に支障が生じないように，登記官との間で事前の確認・調整をしておくことが望ましい。

（許可申請手続）

> 被告は，原告に対し，○年○月○日限り，本件土地につき，○○県知事に対し，農地法5条の規定による許可申請手続をする。

（移転登記手続）

> 前項の許可があったときは，被告は，原告に対し，本件土地について，前項の許可の日の売買を原因とする所有権移転登記手続をする。

（抹消登記手続）

> 被告は，原告に対し，本件土地についてされた○○法務局平成○年○月○日受

> 付第〇号所有権移転登記について，抹消登記手続をする。

(6)　その他作為債務

　作為を目的とする債務についての強制執行としては，債務者の費用で第三者に当該作為をさせるという代替執行の方法（改正民事執行法171条1項1号）と，執行裁判所が，債務者に対し，債務の履行を確保するために相当と認める一定の額の金銭を債権者に支払うべき旨を命ずる間接強制の方法とがある（同法172条1項）。

　代替執行の方法によるためには，代替的給付が可能となるように，作為義務の内容を具体的に特定する必要がある。また，間接強制の方法による場合も，履行を強制する作為義務の内容を具体的に特定しておく必要がある。

　代替執行の方法による場合の典型例としては，建物や工作物，自動車などの収去・撤去に関するものである。撤去すべき対象の特定の方法としては，前記(2)(3)において記載したのと同様であるが，室内に放置されたすべての動産の撤去を求める場合には，実務上，「一切の（動産）」と記載するに留めて，動産目録の添付まではしないという取扱いも多い。

（工作物の撤去）

> 被告は，原告に対し，別紙物件目録記載の建物内に存する一切の動産を，〇年〇月〇日限り，撤去する。

> 被告は，原告に対し，〇年〇月〇日限り，別紙図面〇表示の位置に設置した原告による本件工事に反対する旨を表示した，縦1メートル，横5メートルの木製看板を撤去する。

　また後記第5章第8節3に記載のとおり，名誉毀損関連訴訟においては，作為義務として，和解条項の中で謝罪広告や訂正記事の掲載を規定する場合も多

い。この場合，端的に，謝罪広告や訂正記事の掲載を，債務者による一定の作為の給付義務と位置付けて，給付義務の形で記載することが大半であり，和解条項に定められた謝罪広告を債務者が掲載しなかった場合には，債権者が代替執行の方法によって行うことができるよう，謝罪広告の内容を，条項・掲載紙面・掲載位置・フォントの大きさなどによって具体的に示しておく必要がある。

（謝罪広告）

被告は，原告に対し，○○新聞の朝刊に次の条件で別紙記載の文章を掲載する。
1　掲載する紙面は第○面又は第○面とする。
2　見出しは○号，本文は○号活字とする。

(7)　不作為債務

　一定の行為をしないという不作為を目的とする債務についての強制執行としては，債務者の費用で，債務者がした行為の結果を除去し，または将来のために適当な処分をする代替執行の方法のほか（改正民事執行法171条1項2号），執行裁判所が，債務者に対し，債務の履行を確保するために相当と認める一定の額の金銭を債権者に支払うべき旨を命ずる間接強制の方法がある（同法172条1項）。

　代替執行または間接強制のいずれの方法を前提とするにしても，不作為義務の内容は，条項上，特定されていなければ執行が困難となることは，他の給付債務の場合と同様である。

　例えば，騒音の差止めに関する条項であれば，「騒音，振動を低減して被害者住居への影響を与えない」という条項では，義務の内容が抽象的で具体化していないため，事実上，精神的な努力目標としての法的効果しか生じない。他方，「加害者は，被害者の住居内に，夜間で50ホン，昼間で60ホン以上の騒音を発生させてはならない」という条項については，この程度の抽象的条項で不作為義務の特定として充分であるかどうかについては問題があるものの，逆に，騒音禁止については，この程度の特定があれば，技術面に暗い被害者にこれ以

上不作為義務を特定させることは酷であるから，執行力を認めて然るべきであると解されている（山口和男「和解」西原道雄＝沢井裕編『現代損害賠償法講座5』（日本評論社，1973）375頁）。

　その他，妨害行為などを禁止する場合も，単に「妨害しない」と抽象的に表現するのではなく，将来行われることが予想される妨害行為をできるだけ具体的に特定することが妥当である。

（工作物設置の禁止）

> 被告は，原告に対し，本件建物の屋上には，空調設備屋外機，共同アンテナ及び避雷針のほか，一切の工作物を設置しない。

（妨害禁止）

> 被告は，原告に対し，本件道路に，通行の妨害となる杭，柵，その他の工作物を設置するなどして，原告の通行を妨害しない。

（機械の稼働停止）

> 被告は，毎日午後8時から翌日午前8時までの間，別紙物件目録記載の工場機械を，運転しない。

第3節　確認条項

1　確認条項の意義

　確認条項とは，特定の権利または法律関係の存否を確認する旨の合意を内容とする条項である。訴訟では，証書真否確認の訴え（民事訴訟法134条）を除いて，現在の権利または法律関係の確認しか認められないのが原則であるが，

訴訟上の和解においては，現在または過去の権利や法律関係の確認に加え，現在または過去の事実を確認することも許される。さらには，訴訟物以外の権利や法律関係などの確認も可能である。確認条項では，①確認の主体，②確認の対象，③確認意思を明確に特定し表現する必要がある。

(1) 確認の主体の特定

　確認の主体は，通常は，確認の義務者を記載すれば足りることから，原則型としては，「被告は，原告に対し，…を確認する」といった記載をすればよく，相互に確認するのであれば，「原告及び被告は（当事者双方は），…を相互に確認する」と記載することになる。

　もっとも，当事者が3名以上である場合は，その表現に留意が必要である。すなわち，当事者が原告Aと被告B，被告Cの3名である場合に，原告Aと被告Cとの間で確認をするときは，「原告及び被告Cは，原告と被告Cとの間で…を相互に確認する」と記載することになる。また，原告Aと被告Bとの間および原告Aと被告Cとの間で確認する場合には，「原告と被告らは，原告と被告Bとの間及び原告と被告Cとの間で，……を相互に確認する」となるし，原告A，被告Bおよび被告Cの三者間で確認する場合には，「当事者双方は，原告と被告Bとの間，原告と被告Cとの間及び被告Bと被告Cとの間で，……を相互に確認する。」となる。

(2) 確認の対象の特定

　確認の対象である権利や法律関係は，他の同種の権利や法律関係と区別できるように特定して記載することを要するが，その具体的な方法は，確認の対象である権利や法律関係の種類により異なる。また，確認の対象が事実の場合も，他の同種の事実関係と区別することができる程度に特定して記載することを要する。

(3)　確認意思の表現

確認意思を示す表現としては，「…を確認する。」「…を認める。」のいずれでもよい。

また，当事者双方が確認する場合には，「相互に確認する」と「相互に」の文言を入れるのが通常である（後記の第6節参照）。

2　確認条項の類型ごとのポイント

確認条項は，確認の対象となるものにより大きく分けて，①現在の権利または法律関係（後記(1)～(3)）と事実（後記(4)）の確認，②過去の権利または法律関係と事実の確認（後記(5)）に分類することができる。

(1)　物権に関する確認

所有権などの物権の場合には，同一の物に同一の内容の権利が重複して存在することはないから（一物一権主義），①権利の主体（権利者），②権利の客体（権利の対象物），③権利の内容（類型）により確認の対象を特定することができる。例えば，以下の所有権の確認の条項例では，①原告（権利の主体），②別紙物件目録記載の建物（権利の客体），③所有権（権利の内容）により確認の対象が特定されることになる。

（所有権の確認）

> 被告は，原告に対し，別紙物件目録記載の建物について，原告が所有権を有することを確認する。

（占有権原の不存在の確認）

> 被告は，原告に対し，別紙物件目録記載の建物について，被告が何らの占有権原を有しないことを確認する。

⑵　担保物権に関する確認

　担保物権の場合には，①権利の主体（権利者），②権利の客体（権利の対象物），③権利の内容（類型），④権利の発生原因事実により確認の対象を特定することになる。担保物権は，同一の物に重複して存在する可能性があるから，④権利の発生原因事実が必要となる。例えば，以下の抵当権の確認の条項例では，①原告（権利の主体），②別紙物件目録記載の建物（権利の客体），④原告と被告間の○年○月○日付け金銭消費貸借契約に基づく金○円の借受金債務を被担保債権とする（権利の発生原因事実），③抵当権（権利の内容）により確認の対象が特定される。

（抵当権の確認）

> 被告は，原告に対し，別紙物件目録記載の建物について，原告と被告間の○年○月○日付け金銭消費貸借契約に基づく金○円の借受金債務を被担保債権とし，原告を権利者とする抵当権を原告が有することを確認する。

⑶　債権債務に関する確認

　債権債務の場合には，同一当事者間に同一の内容の権利が重複して存在する可能性があるため，①権利の主体（債権者），②権利の客体（債務者），③権利の内容（権利類型と給付内容）に加えて，④権利の発生原因事実により確認の対象を特定することが必要となる。例えば，以下の債務存在確認の条項例では，①原告（権利の主体），②被告（権利の客体），③100万円の借受金債務（権利の内容），④原告と被告間の○年○月○日付け金銭消費貸借契約（権利の発生原因事実）により確認の対象が特定されている。

（債務存在確認）

> 被告は，原告に対し，原告と被告間の○年○月○日付け金銭消費貸借契約に基づく100万円の借受金債務があることを認める。

（債務不存在確認）

> 原告は，被告に対し，原告と被告間の○年○月○日付け金銭消費貸借契約に基づく被告の借受金債務が存在しないことを確認する。

　和解手続の中で訴訟物以外の権利または法律関係に関して確認をすることもできるが，その場合には，当該権利関係を条項中で明示するとともに特定する必要がある。

（訴訟物以外の権利関係を確認した場合）

> 被告は，原告に対し，本件売買に基づく売買代金300万円及び○年○月○日に代金500万円で原告から買い受けた自動車（登録番号○）１台の残代金300万円の支払義務があることを認める。

(4)　事実の確認

　前述のように，事実を確認する場合にも，他の同種の事実関係と区別することができる程度に事実を特定して記載することが必要となる。

（事実の確認）

> 被告は，原告に対し，別紙物件目録記載の商品を全て廃棄済みであり，その在庫を全く保有していないことを確認する。

(5)　過去の権利もしくは法律関係または事実の確認

　過去の権利もしくは法律関係，または事実を確認する場合にも，確認自体は，和解の席上で行われることになるから，通常，確認した時点は記載の必要がない。和解条項において確認の時点を明示していない場合には，和解成立の時点において確認したことを意味するので，確認の時点が問題となる場合には，必要に応じて，その時点を特定して記載することになる。

（過去の権利関係の確認）

> 原告及び被告は，○年○月○日当時，訴外甲が本件建物を所有していたことを
> 認める。

（過去の事実の確認）

> 原告は，被告に対し，本件売買契約に基づく売買代金の内金として100万円を○
> 年○月○日に被告が原告に対し支払ったことを確認する。

第4節　形成条項

1　形成条項の意義

　形成条項とは，当事者が自由に処分することができる権利または法律関係について，新たな権利の発生，変更または消滅の効果を生じさせる合意を内容とする条項である。権利または法律関係には，当事者の自由な処分を許すものと許さないものとがあり，自由な処分が許されないものについては，和解手続においても，権利の発生，変更，または消滅という効果を生じさせる合意をすることはできない。例えば，境界確定訴訟は，土地の公法上の境界を定めるために判例および実務慣行上認められているものであり，その本質は非訟事件であり，形式上民事訴訟として形成訴訟の形態をとっているに過ぎない。それゆえ，公法上の境界は私人の自由な処分が許されず，判決により形成されるのと同一内容の創設的効果を宣言するような内容で訴訟上の和解をすることはできない。形成条項では，①権利義務の主体，②形成される権利または法律関係，③形成意思を明確に特定し表現する必要がある。

(1)　権利義務の主体の特定

　権利義務の主体でなければ，権利または法律関係を自由に処分することがで

きないから，その意思表示をする主体は明確に特定する必要がある。契約など
のように双方の意思表示の合致による場合には，原告または被告の一方のみを
主体とする条項では不十分であり，当事者双方を主体とする条項として記載す
る必要がある。他方，権利放棄などの一方的意思表示による場合には，当事者
双方を主体とする必要はなく，意思表示をする一方当事者だけを主体として記
載すれば足りることになる。

(2) 形成される権利または法律関係の特定

　形成条項は，形成される権利または法律関係を特定した上で，その形成方法，
内容，条件などを実体法規の要件に合致するように記載する必要がある。

(3) 形成意思の表現

　形成条項では，形成の効果を持つ意思表示であることを明確に表現する必要
がある。具体的には，契約などの双方の意思表示の合致による場合と権利放棄
などの一方的意思表示による場合とではその表現形式を変える必要がある。例
えば，賃貸借契約の成立を正確に表現するのであれば，「原告は，…を賃貸す
る。」と記載するのではなく，「原告は，…を賃貸し，被告はこれを賃借する。」
と記載して双方の意思表示であることを明確にすることになる。他方，権利放
棄については，「原告及び被告は，原告が被告に対する損害賠償請求権を放棄
することを合意する。」とするのではなく，「原告は，被告に対し，損害賠償請
求権を放棄する。」と記載して，一方的意思表示により形成の効果が生じるこ
とを明確にするのが通例である。

　この他，形成条項とする場合には，確認条項との誤解を避けるために，現在
形の表現を用いるのが適切である。過去形の表現を用いた場合には，法律行為
自体は和解の前に既に成立しており，訴訟上の和解においてこれを確認する趣
旨ではないかと解釈される余地が生じてしまう可能性があるからである。なお，
現在形で記載することにより，合意が成立したのは和解成立時点であると解釈
できることから，合意が成立した時期を明示するために和解条項中に「本日」

「本和解期日において」などと記載をするまでの必要性はないが，明確性の観点から，実務上は記載することも少なくない。

2 形成条項の類型ごとのポイント

形成条項は，形成される権利または法律関係の種類に応じて，権利発生条項（売買，賃貸借，保証，担保設定など，後記(1)），権利変更条項（履行期限の猶予，賃料・賃貸借期間の変更など，後記(2)），権利消滅条項（合意解除，相殺合意，債務免除，権利放棄など，後記(3)）に分類することができる。

(1) 権利発生条項

売買，賃貸借，保証，担保設定などの契約を成立させる条項である権利発生条項では，実体法規の要件に従って明確に記載することが必要である。具体的には，発生させる権利の実体法上の性質を特定すること（例えば，占有権原を認める場合は，占有権原の根拠が賃借権なのか，使用借権なのかなど），発生する権利の対象を特定すること（例えば，目的物を目録などにより特定することなど）などが重要となる。

（売買契約の成立）

> 原告は，被告に対し，別紙物件目録記載の土地を代金2,000万円で売り，被告はこれを買い受ける。

なお，売買契約は要物契約ではないことから（民法555条），「売り渡し」とすると，目的物の引渡しも要件として含まれているようにも見えることから，「売り渡し」とは表現せずに，「売り」と表現をするのが相当であるとされるが（裁判所書記官研修所監修『新民事訴訟法における書記官事務の研究Ⅰ』（司法協会，1998）323頁），実務上は「売り渡し」と記載する例も少なくない。なお，「買い受ける」との表現については，「買う」とした場合に語感または座りの悪さがあり，「受ける」という表現に目的物の受取りまでを意味するとのコンセ

ンサスはないとされていることから（同頁），この表現を用いるのが通常である。

（賃貸借契約の成立）

> 原告は，被告に対し，別紙物件目録記載の土地を次の約定で賃貸し，被告はこれを賃借する。
> (1) 使用目的
> (2) 賃貸期間
> (3) 賃　　料
> (4) 支払時期・方法

なお，上記のように賃料の支払時期・方法を定めたとしても，上記は賃貸借契約の成立に関する形成条項に過ぎないから，約定賃料の不払いがあった場合に強制執行をするためには，和解調書に別途給付条項を定めておく必要がある。

（連帯保証契約の成立）

> 利害関係人は，原告に対し，被告の前項の債務について連帯保証する。

なお，上記は，連帯保証契約の成立に関する形成条項であり，連帯保証人に対する給付条項とはならないから，連帯保証人に対して強制執行をするためには，別途給付条項を設けておく必要があり，当該給付条項を設けた条項例は次のとおりである。

（連帯保証契約の成立＋連帯保証債務の給付条項）

> 1　被告は，原告に対し，本件売買代金として○万円の支払義務があることを認める。
> 2　利害関係人は，原告に対し，被告の第1項の債務について連帯保証する。
> 3　被告及び利害関係人は，原告に対し，連帯して，○年○月○日限り，第1項の金員を支払う。

（抵当権設定契約の成立）

> 被告は，原告に対し，第○項の債務の支払を担保するために，別紙物件目録記載の土地について次のとおり抵当権を設定する。
>
> (1)　債権額
> (2)　損害金
> (3)　債務者
> (4)　抵当権者
> (5)　設定者

※(3)ないし(5)は本文に出ているという考え方もあり，記載しない場合もある。

　なお，上記は，抵当権設定契約の成立に関する形成条項に過ぎないから，この条項だけでは，直ちに抵当権設定登記手続を申請することはできない。抵当権設定登記手続を申請するためには，その旨の給付条項を定めておく必要があり，当該給付条項を設けた条項例は次のとおりである。

（抵当権設定契約の成立＋抵当権設定登記手続の給付条項）

> 1　被告は，原告に対し，第○項の債務の支払を担保するために，別紙物件目録記載の土地（以下「本件土地」という。）について次のとおり抵当権を設定する。
>
> (1)　債権額
> (2)　損害金
> (3)　債務者
> (4)　抵当権者
> (5)　設定者
>
> 2　被告は，原告に対し，本件土地について，前項の抵当権設定契約を原因とする抵当権設定登記手続をする。

※(3)ないし(5)は本文に出ているという考え方もあり，記載しない場合もある。

(2)　権利変更条項

　履行期限の猶予，賃料・賃貸借期間の変更などの契約条件を変更する権利変

更条項では，その基本となる契約内容を特定するとともに，変更される内容を明確に記載することが必要である。

（履行期限の猶予）

> 原告は，被告に対し，本件建物の明渡しを○年○月末日まで猶予する。

なお，履行期限の猶予は，債権者が債務者に期限の利益を付与するものであり，一方的な意思表示で足りることから，「原告と被告は，……猶予することを合意する。」などと記載するのではなく，上記条項例のように「原告は，被告に対し，……猶予する。」というように，一方的意思表示であることを明確にして記載する必要がある。

（賃料の変更）

> 原告と被告は，本件建物の賃料を○年○月１日以降１カ月金50万円に改定する。

（賃貸借期間の変更）

> 原告と被告は，本件建物の賃貸借期間を次のとおり変更する。

なお，賃料の変更，賃貸借期間の変更は，いずれも双方の意思表示の合致により成立するものであるから，「原告と被告は，……」という形で記載する。但し，「原告と被告は，……改定することに合意する。」とか，「原告と被告は，……変更することに合意する。」，「〜を合意する。」との表現は，和解の成立要件としての合意を意味することになるため（前掲『新民事訴訟法における書記官事務の研究Ⅰ』322頁），形成意思の表現としては用いないのが望ましいとされるものの，実務上は記載されることも少なくない。

⑶　権利消滅条項

合意解除，相殺合意，債務免除，権利放棄などの既存の権利を消滅させる権

利消滅条項では，既存の権利関係を特定するとともに，その消滅原因を明確に記載することが必要である。

（合意解除）

> 原告と被告は，本件売買契約を合意解除する。

（解除日を和解成立日以外に別途定めた合意解除）

> 原告と被告は，○年○月○日限り，本件売買契約を合意解除する。

なお，合意解除は，契約当事者の合意により解除するものであるから，「合意解除する。」と記載すべきであり，一方的意思表示であるかのように誤解されるような表現，例えば，「原告は，本件売買契約解除の意思表示をし，被告はこれを承諾する。」などとは記載しない。

（相殺合意）

> 1　被告は，原告に対し，本件売買代金1,000万円の支払義務があることを認める。
> 2　原告は，被告に対し，本件借受金500万円の支払義務があることを認める。
> 3　原告と被告は，第1項の債務と前項の債務とを対当額で相殺する。

相殺合意をする場合には，自働債権および受働債権の双方を特定する必要がある。具体的には，上記のとおり両債権に関する確認条項を定めた上で，「対当額で相殺する」との形成条項を設けることが必要である。

（債務免除）

> 1　被告は，原告に対し，本件解決金として1,000万円の支払義務があることを認める。
> 2　被告は，原告に対し，前項の本件解決金のうち○万円を分割して，○年○月から○年○月まで毎月末日限り50万円ずつ，原告の指定する銀行口座に振り込んで支払う。

　3　被告が前項の分割金の支払を2回以上怠り，かつ，その額が100万円に達したときは，当然に同項の期限の利益を失う。

　4　前項により期限の利益を失ったときは，被告は，原告に対し，直ちに，第1項の金員から第2項による既払金を控除した残金を支払う。この場合において，既払金は，元金から充当するものとする。

　5　被告が第3項により期限の利益を失うことなく第2項の分割金を支払ったときは，原告は，被告に対し，第1項の債務のその余の支払義務を免除する。

　第5項が債務免除条項である。債務免除は一方的意思表示で足りることから，「原告は，被告に対し，……免除する。」という形で一方的意思表示であることを明確にして記載する必要がある。

（権利放棄）

原告は，被告に対し，○○に関する損害賠償請求権を放棄する。

　権利放棄も一方的意思表示で足りることから，「原告は，被告に対し，……を放棄する。」という形で一方的意思表示であることを明確にして記載する必要がある。

第5節　特約条項

　当事者は，私的自治の原則に基づき，公序良俗や強行法規に反しない限り，実体法の内容とは異なる合意や実体法の規定を補充する合意をすることができるが，これは訴訟上の和解においても同様である。このような実体法とは異なる内容の合意や実体法の規定を補充する合意をした条項のことを特約条項という。

1　付款条項

　給付，確認，形成の基本条項の合意内容を実施するために付随的な合意をすることが多い。付款条項とは，この基本条項の合意の効果を特に制限するために付加する制約を取り決めたものをいい，特約条項の一類型である。

　付款条項の典型例としては，期限（確定期限と不確定期限に分かれる。後記(1)(2)参照）と条件（停止条件と解除条件に分かれる。後記(3)(4)参照）とがある。期限とは効力の発生または消滅を将来の確実に発生する事実にかからせるものをいい，条件とは効力の発生または消滅を将来の不確定な事実にかからせるものをいう。

　給付条項に付款が付された場合に，付款の種類により，執行文付与の要件（民事執行法27条1項）となるのか，執行開始の要件（同法30条・31条）となるのかが決まることから，付款がどのような性質のものであるかは明確にしておく必要がある。具体的には，確定期限または引換給付である場合には単純執行文が付与されるのに対し，それ以外の付款（条件や不確定期限）である場合には，証明文書を提出して条件成就執行文の付与を受ける必要がある。

(1)　確定期限

　確定期限とは，効力の発生・不発生を確定した時期の到来にかからせるものである。以下の条項例1は，「○年○月○日」という確定期限に金員の支払いを行うことを合意したものである。以下の条項例2は分割払の例であるが，これも給付について確定期限を定めたものである。

（確定期限－条項例1）

> 被告は，原告に対し，○年○月○日限り，前項の金員を支払う。

（確定期限─条項例2）

> 1 被告は，原告に対し，本件借受金として○万円の支払義務があることを認める。
> 2 被告は，原告に対し，前項の金員を，次のとおり分割して，毎月末日限り，○○銀行○○支店の原告名義の普通預金口座（口座番号○）に振り込む方法により支払う。
> (1) ○年○月　○万円
> (2) ○年○月から○年○月まで　○万円ずつ

(2) 不確定期限

　不確定期限とは，効力の発生・不発生を将来到来することは確実であるが，到来の時期を不確定な事実（例えば，人の死亡や退職など）にかからせるものである。以下の条項例1は，「訴外甲の死亡」という不確定期限の到来後，一定期間である3カ月以内に建物を明け渡すことを合意したものである。また，以下の条項例2は，「訴外Aの退職」という不確定期限の到来により，建物の明渡しを合意したものである。

（不確定期限─条項例1）

> 訴外甲が死亡したときは，被告は，原告に対し，甲が死亡した日の翌日から3か月以内に本件建物を明け渡す。

（不確定期限─条項例2）

> 訴外Aが原告を退職したときは，被告は，原告に対し，本件建物を明け渡す。

(3) 停止条件

　停止条件とは，効力の発生を将来の不確定な事実にかからせるものをいう。例えば，農地法上の許可を得た場合に所有権移転登記をするという合意は，農

地法上の許可という将来の不確定な事実が成就した場合に，所有権移転登記義務が発生するものであるから，停止条件となる。

（停止条件）

> 被告は，○○県知事による農地法第3条所定の所有権移転許可があったときは，原告に対し，本件土地につき，同許可の日の売買を原因とする所有権移転登記手続をする。

(4)　解除条件

解除条件とは，効力の消滅を将来の不確定な事実にかからせるものをいう。例えば，将来，不動産の明渡しをするまで，賃料相当損害金を支払うという合意は，不動産の明渡しという将来の不確定な事実が成就した場合に，賃料相当損害金の支払義務が消滅するものであるから，解除条件となる。

（解除条件）

> 被告は，原告に対し，○年○月○日以降，本件建物を明け渡すまで，毎月末日限り，1か月○円の割合による賃料相当損害金を支払う。

(5)　過怠約款

過怠約款とは，債務の分割払いを認め，債務者に期限の利益を付与した場合に，分割払いの履行を遅滞したことにより，期限の利益を喪失する効果の生じる制裁条項のことをいう。過怠約款は一種の停止期限付き意思表示であるといえることから，条件成就執行文の付与を受ける必要はなく，執行開始の要件であるとされている。債権者の意思表示が不要であることを明確にするために，「『当然に』期限の利益を失う」「『直ちに』期限の利益を失う」「『何らの通知催告を要せず当然に』期限の利益を失う」などと記載することが必要である。期限の利益喪失の要件としては，以下のとおり，①金額，②回数，③金額と回数の組み合わせが考えられる。

(i)　金額を期限の利益喪失の要件とする場合

金額のみを要件とした場合には，回数の多寡は問わないことになる。例えば，2回分の分割金（1回当たり20万円）を想定して40万円を要件とした場合，2回にわたり分割金20万円全額の支払いを怠った場合に要件を充たすだけではなく，4回にわたり分割金20万円のうち10万円の支払いを怠った場合にも要件を充たすことになる（それゆえ，債務者が，定められた分割金全額を支払わなくても，少しずつ支払った場合には，期限の利益喪失の要件を充たすのに期間を要することになる）。

また，金額を要件とする場合には，具体的な金額を記載するのではなく，「前項の分割金の支払を2回分以上怠ったとき」と記載することも可能である。この記載方法による場合，各回の分割金が同額である場合には具体的な金額を記載する方法と同義となるが（例えば，1回当たりの分割金が20万円の場合には，2回分は40万円となる），各回の分割金が異なる場合には注意が必要である（例えば，1回目は100万円，2回目以降は20万円の場合，1回目と2回目の遅滞を問題にする場合は120万円となるが，2回目以降の遅滞を問題とする場合には40万円となる）。

（確定金額を期限の利益喪失の要件とする場合）

> 被告が前項の分割金の支払を怠り，その額が○万円に達したときは，当然に期限の利益を失う。

（「何回分」との定め方で期限の利益喪失の要件とする場合）

> 被告が前項の分割金の支払を2回分以上怠ったときは，当然に期限の利益を失う。

(ii)　回数を期限の利益喪失の要件とする場合

回数のみを要件とした場合には，金額の多寡は問わないことになる。回数について連続することを要件とする場合には，「『連続して』○回以上怠ったとき」「『引き続き』○回以上怠ったとき」と記載することが考えられるが，連続

することを要件とした場合，分割金の支払いを1回おきに遅滞を繰り返したとしても期限の利益喪失事由には該当しないことになるため，その合理性には疑問がある。例えば，「毎月末日限り10万円を支払う」という内容の和解であった場合に，1月末は未払い，2月末は10万円を支払う，3月末は未払いという形で弁済をした場合には，2回連続して弁済をしなかった事実はないため，期限の利益喪失の要件は充たさないことになる。

（回数を期限の利益喪失の要件とする場合）

> 被告が前項の分割金の支払を2回以上怠ったときは，当然に期限の利益を失う。

（連続した回数を期限の利益喪失の要件とする場合）

> 被告が前項の分割金の支払を連続して2回以上怠ったときは，当然に期限の利益を失う。

　(iii)　金額と回数を期限の利益喪失の要件とする場合

　金額と回数を要件とする場合には，金額と回数の2つの要件をいずれも充たすことが必要となる。この場合，例えば，「毎月末日限り10万円を支払う」という内容の和解で，「2回以上怠り，かつ，その額が20万円に達したとき」が期限の利益喪失の要件であるとした場合，1月末に5万円，2月末に7万円を弁済した場合には，2回怠ったとはいえるが，その額は12万円であって，20万円を下回っているため，期限の利益喪失の要件は充たさない。

（回数と確定金額の組み合わせを期限の利益喪失の要件とする場合）

> 被告が前項の分割金の支払を2回以上怠り，かつ，その額が○万円に達したときは，当然に期限の利益を失う。

　(iv)　期限の利益喪失後の取扱いに関する条項

　期限の利益喪失後の取扱いに関する条項は，確認条項で確認をしている債務

額と給付条項における債務額が同じであるかどうか，遅延損害金の扱いをどうするかなどにより，いくつかのパターンが考えられる。

　確認条項で確認した債務額の一部を分割払いして残部を免除する場合に，期限の利益喪失時の給付条項に漏れがないように記載をする必要がある。特に，遅延損害金に関する給付条項も設けておかないと，実体法上は遅延損害金が発生するものの，遅延損害金の部分に関しては債務名義がなく，強制執行をすることができないため，留意する必要がある。

　例えば，元金200万円を分割払いとし，その支払いが滞った場合には，残金に遅延損害金を付加して支払う旨を合意した場合の条項例は以下のとおりとなる。

（元金200万円を分割払いとし，その支払いが滞った場合には，残金に遅延損害金を付加して支払う旨を合意した例）

1　被告は，原告に対し，本件売買代金として200万円の支払義務があることを認める。

2　被告は，原告に対し，前項の金員を分割して，○年○月から○年○月まで毎月末日限り20万円ずつ，原告の指定する銀行口座に振り込んで支払う。

3　被告が前項の分割金の支払を2回以上怠り，かつ，その額が40万円に達したときは，当然に同項の期限の利益を失う。

4　前項により期限の利益を失ったときは，被告は，原告に対し，直ちに，第1項の金員から既払金を控除した残金に対する期限の利益を失った日の翌日から支払済みまで年6％の割合による遅延損害金を支払う。

　期限の利益を喪失した場合には元金残額を直ちに支払う義務が発生するが，期限の利益喪失後の元金についての給付条項は本来不要である。これは，期限の利益の喪失により特約された期限部分が消失するにすぎず，給付条項そのものが効力を失うわけではないからである（上記条項例では2項がそのまま元金残額についての給付条項となる）。それゆえ，上記のように「残金に対する期限の利益を失った日の翌日から支払済みまで年6％の割合による遅延損害金を支払う。」という遅延損害金だけについての給付条項を設ければ足りることに

なる（上記条項例4項）。もっとも，債務者に疑義がないようにするため，「残金及びこれに対する期限の利益を失った日の翌日から支払済みまで年6％の割合による遅延損害金を支払う。」という形で残金部分に関して重ねて給付条項を設けることも実務上は少なくない。

　これに対し，元金200万円およびこれに対する遅延損害金の支払義務を認め，このうち元金の一部である120万円を分割払いとした場合の条項例は以下のとおりとなる。

（元金200万円およびこれに対する遅延損害金の支払義務を認め，このうち元金の一部である120万円を分割払いとした例）

1　被告は，原告に対し，本件売買代金として200万円及びこれに対する○年○月○日から支払済みまで年6分の割合による遅延損害金の支払義務があることを認める。

2　被告は，原告に対し，前項の本件売買代金のうち120万円を分割して，○年○月から○年○月まで毎月末日限り20万円ずつ，原告の指定する銀行口座に振り込んで支払う。

3　被告が前項の分割金の支払を2回以上怠り，かつ，その額が40万円に達したときは，当然に同項の期限の利益を失う。

4　前項により期限の利益を失ったときは，被告は，原告に対し，直ちに，第1項の金員から第2項による既払金を控除した残金を支払う。この場合において，既払金は，元本から充当するものとする。

5　被告が第3項により期限の利益を失うことなく第2項の分割金を支払ったときは，原告は，被告に対し，第1項の債務のその余の支払義務を免除する。

　この場合，期限の利益を喪失後，支払義務を確認した元金および遅延損害金の全部を支払うという合意であり，第2項の給付条項には含まれていない元金の一部（本件では分割払いの対象ではなかった80万円）および遅延損害金部分に関する給付条項を設ける必要がある。

　なお，この場合，「第2項による控除後の第1項の残金（＝80万円＋遅延損害金）」について給付条項を設けるのがより正確であるようにも思われる（分

割払いの対象であった120万円から既払金を控除した残金は第2項がそのまま給付条項になる）。もっとも，上記条項例では，このような記載は分かりにくいため，改めて「第1項の金員から第2項による既払金を控除した残金（＝残金全額＋遅延損害金）」について給付条項を設け，期限の利益喪失後は第4項を給付条項として扱うのが一般的な実務である。また，このタイプの和解条項の場合，期限の利益を喪失した場合に，既払金を遅延損害金と元金（元本）のいずれを先に充当するのかが問題となる。充当関係が複雑にならないようにするためには，分割金の支払いがそのまま元金に充当される形のほうが分かりやすく（利息を先に充当する場合，期限の利益を喪失した場合には，分割金への支払いとしたものを改めて利息に充当し直して計算する必要が生じる），元金を先に充当するのが望ましい。

　なお元本を先に充当する場合，法定充当（改正民法489条）とは異なる順序で充当することになるため，充当の順序について和解条項の中に盛り込む必要がある（上記条項例では「この場合において，既払金は，元本から充当するものとする。」がこれにあたる）。

　さらに，元金200万円の支払義務を認め，このうち120万円を分割払いとし，その支払いが滞った場合には，残元金に遅延損害金を付加して支払う旨を合意した場合の条項例は下記のとおりとなる。

（元金200万円の支払義務を認め，このうち元金の一部である120万円を分割払いとし，その支払いが滞った場合には，残金に遅延損害金を付加して支払う旨を合意した例）

1　被告は，原告に対し，本件売買代金として200万円の支払義務があることを認める。

2　被告は，原告に対し，前項の金員のうち120万円を分割して，○年○月から○年○月まで毎月末日限り20万円ずつ，原告の指定する銀行口座に振り込んで支払う。

3　被告が前項の分割金の支払を2回以上怠り，かつ，その額が40万円に達し

> たときは，当然に同項の期限の利益を失う。
> 4　前項により期限の利益を失ったときは，被告は，原告に対し，直ちに，第
> 　1項の金員から第2項による既払金を控除した残金及びこれに対する期限の
> 　利益を失った日の翌日から支払済みまで年6分の割合による遅延損害金を支
> 　払う。
> 5　被告が第3項により期限の利益を失うことなく第2項の分割金を支払った
> 　ときは，原告は，被告に対し，第1項の債務のその余の支払義務を免除する。

　この場合，先ほどの条項例とは異なり，第1項において遅延損害金の支払義務は確認をしておらず，期限の利益を喪失した場合に遅延損害金を支払う旨の合意をしている。ここでは，第2項の給付条項には含まれていない元金の一部（本件では分割払いの対象ではなかった80万円）および遅延損害金部分に関する給付条項を設ける必要がある。

　それゆえ，第4項において，「第1項の金員から第2項による既払金を控除した残金及びこれに対する期限の利益を失った日の翌日から支払済みまで年6％の割合による遅延損害金を支払う。」という形で記載をする必要がある。なお，分割払いの対象であった120万円から既払金を控除した残金は第2項と給付条項が重複することになるが，債務者に疑義が生じないように，このように記載することが実務上少なくない。

　先ほどの条項例とは異なり，元金と遅延損害金の充当問題が生じないため，分かりやすいと言えるが，和解の段階で，請求ベースでは多額の遅延損害金が発生している事案では先ほどの条項例を用いることも少なくない。

(6)　失権約款

　失権約款とは，特定の債務を履行しなかったことにより，現在の契約関係が当然に失効し，原状回復義務の効果を生じる制裁条項のことをいう。例えば，賃借人が，賃料の支払いを怠り，その額が一定額に達したときは，何らの催告を要せずに，賃貸借契約は当然解除となり，直ちに建物を明け渡さなければならないという合意である。

【図表4-1　失権約款と無催告解除特約の比較】

	履行の催告	解除の意思表示
失権約款	不要	不要
無催告解除特約	不要	必要

　失権約款では，直ちに解除の効力が生じるため，履行の催告を要しないだけではなく，解除の意思表示も必要とせずにその効力が生じることになる。これに対し，後述のように，履行の催告は不要であるが，解除の意思表示は必要とする条項として，いわゆる無催告解除特約がある。

　なお，判例では，「賃料の支払を一箇月分怠ったときは，賃貸借契約は当然解除となる」旨の和解条項に関して，「和解成立に至るまでの経緯を考慮に入れても，いまだ信頼関係が賃借人の賃料の支払遅滞を理由に解除の意思表示を要することなく契約が当然に解除されたものとみなすのを相当とする程度にまで破壊されたとはいえず，従って，契約の当然解除の効力を認めることが合理的とはいえないような特別の事情がある場合についてまで，賃料の支払遅滞による契約の当然解除の効力を認めた趣旨の合意ではない」として，賃貸借契約において信頼関係の法理を適用し，当然解除が認められないとしたもの（最判昭51・12・17民集30巻11号1036頁）があり，継続的契約関係における失権約款の採否に際しては慎重な検討が必要である。

（失権約款）

> 被告が賃料の支払を怠り，その額が○円に達したときは，何らの催告を要せず，本件賃貸借契約は当然に解除となり，被告は，原告に対し，直ちに本件建物を明け渡す。

(7)　無催告解除特約

　無催告解除特約とは，一定の事実が発生すると催告を要することなく契約を

解除することができる旨の合意をいう。例えば，賃借人が賃料の支払いを怠り，その額が一定額に達したときは，賃貸人は，何らの催告を要せずに，賃貸借契約を解除することができるという合意である。

　無催告解除特約では，失権約款とは異なり，解除の意思表示が必要となる。

（無催告解除特約）

> 被告が賃料の支払を怠り，その額が○万円に達したときは，原告は，何らの催告を要せず，本件賃貸借契約を解除することができる。

⑻　先給付条項

　先給付条項とは，反対給付の履行を停止条件として給付する旨の合意を内容とする条項をいう。例えば，原告が被告に対し先行して立退料を支払うこととして，被告は，立退料を受領後に，建物を明け渡すという合意である。

　先給付条項における反対給付の内容はそのままでは給付条項とはならず，執行力を有しない。そのため，例えば，立退料の支払いを先給付とする明渡条項（以下の条項例1）を念頭におくと，和解条項の記載とは異なり，明渡義務を先に履行してしまった場合には，後から立退料の支払いを強制執行することはできなくなってしまう。そのような事態を回避し，立退料の支払いについて強制執行するためには，別に立退料の支払いに関する給付条項を設けておく必要がある（以下の条項例2）。

　なお，後記の引換給付条項とは異なり，先給付条項の反対給付の履行は，執行文付与の要件であるから（民事執行法27条1項），強制執行を行う場合には，反対給付の履行を先に行い，かつ，その事実を証明して条件成就執行文の付与を受ける必要がある。

（先給付条項―条項例1）

> 原告が被告に対し○円を支払ったときは，被告は，原告に対し，本件建物を明け渡す。

（先給付条項—条項例2）

> 1　原告は，被告に対し，○年○月○日限り○円を支払う。
> 2　原告が前項の金員を支払ったときは，被告は，原告に対し，直ちに本件建物を明け渡す。

(9)　引換給付条項

　引換給付条項とは，反対給付と同時に給付する旨の合意を内容とする条項をいう。例えば，原告が被告に対し立退料を支払い，被告が，立退料の受領と引換えに建物を明け渡すという合意である。

　前記の先給付条項の場合と同様に，反対給付の内容（以下の条項例1でいえば，原告からの○円の支払いの部分）は直ちに給付条項とはならず，執行力を有しない。そのため，反対給付に関して強制執行をすることも念頭におくのであれば，反対給付に関する給付条項を設けておく必要がある（以下の条項例2）。

　なお，先給付条項とは異なり，反対給付の履行は，執行開始の要件であり（民事執行法31条1項），執行文付与の要件ではない。

（引換給付条項—条項例1）

> 被告は，原告から○円の支払を受けるのと引換えに，原告に対し，本件建物を明け渡す。

（引換給付条項—条項例2）

> 1　原告は，被告から本件建物の明渡しを受けるのと引換えに，被告に対し，○円を支払う。
> 2　被告は，原告から○円の支払を受けるのと引換えに，原告に対し，本件建物を明け渡す。

⑽　代償請求

　代償請求とは，主位的給付の執行不能を停止条件として予備的給付をする旨の合意をいう。例えば，被告が主位的給付として自動車を引き渡すことを合意し，当該自動車の引渡しができない場合には，予備的給付として一定額の支払いを行うことを合意するものである。

　代償請求では，一般には，主位的給付に関して通常の給付条項を設け，代償給付については，「前項の強制執行の目的を達することができなかったときは」（民事執行法31条2項参照）などの文言を明示して代償給付であることを明らかにする必要がある。

（代償請求）

1　被告は，原告に対し，○年○月○日限り，本件自動車を引き渡す。
2　前項の強制執行の目的を達することができなかったときは，被告は，原告に対し，その代償として○円を支払う。

⑾　債権者の催告

　債権者の催告を停止条件として給付をする旨の合意をいう。例えば，債権者から催告を受けた後○日以内に債務者は支払いを行うといった合意である。

（債権者の予告）

被告は，原告から催告を受けたときは，原告に対し，催告の日から○日以内に○円を支払う。

⑿　選択権の行使

　債権者の選択を停止条件として，選択した給付をする旨の合意をいう。例えば，自動車Aと自動車Bという競合する内容の給付のうち，選択された自動車を引き渡すという合意である。

（選択権の行使）

> 原告が○年○月○日までに自動車Ａ又は自動車Ｂのいずれかを指定したときは，被告は，原告に対し，直ちに指定された自動車を引き渡す。

2　守秘義務条項

　守秘義務条項とは，和解の内容やその前提となる紛争の存在について第三者に開示しない旨の合意を内容とする条項である。企業間の訴訟または企業と個人との間の訴訟において盛り込まれることが少なくない。守秘義務条項としては，①誰が守秘義務を負うのか（和解の場合，双方が義務を負うことが多いが，一方のみが負うという形も皆無ではない），②いかなる情報に関して秘密保持の対象とするのか（和解条項の内容に限定されるのか，それとも訴訟の過程で提出された準備書面や書証をも対象とするのか），③例外としていかなる範囲での開示を認めるのか（法令により開示が求められる場合のほか，弁護士などの守秘義務を負う者への開示や株主などへの開示も考えられる）の観点から慎重に検討して条項を考える必要がある。

　もっとも，一般に守秘義務条項の違反を立証することは容易ではないため，守秘義務条項の実効性には限界があることには留意する必要がある。

　また，守秘義務条項そのものでは，和解調書を第三者が閲覧することを防ぐことはできないことにも留意すべきである。和解調書を第三者が閲覧することを防ぐためには，和解調書に関して訴訟記録の閲覧等制限の申立て（民事訴訟法92条1項）をすることも考えられる。閲覧等制限の要件を充たすためには，①当事者の私生活についての重大な秘密が記載などされており，かつ，第三者が秘密記載部分の閲覧などを行うことにより，その当事者が社会生活を営むのに著しい支障を生ずるおそれがあることまたは②当事者が保有する営業秘密が記載などされていることが必要であるため，和解調書自体がこれらの要件を充たす場合はまれであり，和解調書の閲覧などを制限することは難しい。また，閲覧等制限が認められた場合でも，第三者からの申立てにより取り消される可

能性は残る（同法92条3項）。それゆえ，和解内容が第三者に漏れることを防ぐためには，例えば，訴訟外で和解内容に沿った合意書を取り交わし，給付義務の履行を条件として，訴えを取り下げるという形で解決することも検討する必要がある。

（守秘義務条項─詳しく定めた例）

> 当事者双方は，第三者に対して，本訴訟において提出された準備書面及び証拠並びに本和解の内容を開示又は漏洩しない。但し，法令により開示が求められる場合，弁護士，税理士，公認会計士などの職業的専門家に対して開示する場合，株主に開示する場合，資金調達，業務提携その他正当な目的のために書面による守秘義務契約を締結した者に対して開示する場合については，それぞれの場合に必要な限度において本和解の内容を開示することができる。

（守秘義務条項─簡潔な例1）

> 原告及び被告は，第三者に対し，本和解が成立したことを除き，本和解条項の内容を開示又は漏洩しない。但し，法令により開示が求められる場合及び株主に開示する場合を除く。

（守秘義務条項─簡潔な例2）

> 原告及び被告は，本件紛争が和解により円満に解決したことを除き，本和解条項の内容を第三者に対し一切開示しない。

（守秘義務条項─簡潔な例3）

> 原告及び被告は，本和解条項の内容をみだりに第三者に口外しない。

なお，和解協議の席上，守秘義務条項を盛り込むことを提案した場合に，主として個人の当事者から関係者，支援者，家族などに和解の内容を開示することもできなくなるのかといった議論がなされることもある。そのような場合に

は，上記「守秘義務条項―簡潔な例3」のように「みだりに第三者に口外しない」と言った文言とすることにより，関係者，支援者，家族などに和解の内容を開示することも許容される内容とすることもありうる。

3　関連事件の処理条項

　本案事件の和解に際して，本案事件と関連のある他の事件についての合意がなされることがある。このような関連事件の処理条項は特約条項の一態様である。

(1)　別件事件の取下げ

(i)　別件訴訟の取下げ

　本件に関する和解と同時に，関連する別件訴訟を取り下げ，相手方がこれに同意する旨の合意がなされることがある。和解内容としての訴えの取下げの合意はその方式（民事訴訟法261条3項）に違反するため，当該合意自体から訴え取下げの効果が直ちに生じるわけではない。そのため，和解でこのような合意をした場合でも別途，別件訴訟では訴えの取下書の提出が必要である。なお，訴えの取下げには被告の同意が必要であるが（同法261条2項），和解内容として訴えの取下げに同意していれば，当該和解調書の謄本または正本を取下げがなされた別件訴訟について被告の同意を証する書面として用いることができる。

（訴えの取下げと同意）

> 原告は，被告に対する○○地方裁判所○年（ワ）第○号○事件の訴えを取り下げ，被告は，これに同意する。

(ii)　保全事件の取下げ

　別件保全事件を取り下げる旨の合意が和解においてなされても，当該合意自体から保全事件取下げの効果が直ちに生じるわけではない。そのため，別途，保全事件の取下書の提出が必要である。

　なお，保全事件の取下げには相手方の同意は必要がないため，和解条項とし

ては単に取り下げるとのみ記載すれば足りる。

　また，保全命令を発令した裁判所と保全命令の執行機関が同一である場合には（例えば，不動産に対する処分禁止の仮処分。不動産に対する処分禁止の仮処分では，保全命令裁判所からの登記嘱託によって保全処分の執行がなされる），保全命令の申立てが取り下げられれば，保全執行の取下げも同時になされたものとして取り扱われる。他方，保全命令を発令した裁判所と保全命令の執行機関とが異なる場合には（例えば，不動産に対する占有移転禁止の仮処分。不動産に対する占有移転禁止の仮処分では，保全命令に基づき，執行機関たる執行官に対する執行申立てにより保全処分が執行される），別途，保全執行の申立ても取り下げる必要がある。

（保全命令を発令した裁判所と保全命令の執行機関が同一の場合）

> 原告は，被告に対する○○地方裁判所○年（ヨ）第○号○事件を取り下げる。

（保全命令を発令した裁判所と保全命令の執行機関が異なる場合）

> 原告は，被告に対する○○地方裁判所○年（ヨ）第○号○事件を取り下げ，同申立事件の決定に基づく執行申立てを取り下げる。

　さらに，一定の債務の履行を条件とする保全事件の取下げ条項とすることも考えられる。

（金銭債務の支払いを条件として保全事件の取下げに合意した場合）

> 被告が，原告に対し，前項の金員を支払ったときは，原告は，被告に対する○○地方裁判所○年（ヨ）第○号○事件を取り下げる。

(ⅲ)　強制執行の取下げ

　強制執行または不動産などの競売の場合には，当該申立てを取り下げる旨を記載した和解調書の正本が強制執行，その謄本が不動産競売の執行取消文書と

なるので（民事執行法39条1項4号，40条1項，183条1項3号・2項），その旨が記載された和解調書の正本または謄本を提出することになる。なお，強制執行に関してもその取下げには相手方の同意は必要がない。

（不動産強制競売事件の取下げの合意）

> 原告は，被告に対する○○地方裁判所○年（ヌ）第○号不動産強制競売事件を取り下げる。

（担保不動産競売事件の取下げの合意）

> 原告は，被告に対する○○地方裁判所○年（ケ）第○号担保不動産競売事件を取り下げる。

(2)　担保取消しの同意

　本案事件に付随する保全事件や強制執行停止事件で債権者が立てた担保は，担保権者である債務者が同意すれば，取り消すことができる（民事保全法4条2項，民事訴訟法79条2項）。この場合，担保取消条項が記載された和解調書を添付の上，担保取消の申立てを行うことになる。

　担保取消決定には即時抗告が可能であることから（民事訴訟法79条4項），不抗告の合意がないと，担保取消決定を即時に確定させることはできず，すぐに供託金の取戻しを受けることができない。担保取消決定を即時に確定させるための実務上の処理として，不抗告の合意もしておくのが通常である。不抗告の合意は，以下の条項例のように「被告は，……その取消決定に対し抗告しない。」とすれば足りると思われるが，原告（担保提供者）の抗告権も考慮して，「原告と被告は，その取消決定に対し抗告しない。」とする例もある。

　供託の場合および支払保証委託の場合に関して，訴訟当事者が担保を立てた場合と第三者が担保を立てた場合の具体的な条項例としては，以下のとおりである。

（担保取消しの同意―供託の場合）

> 被告は，原告に対し，原告が○○地方裁判所○年（ヨ）第○号不動産処分禁止仮処分命令申立事件について供託した担保（○○地方法務局○年度金第○号）の取消しに同意し，その取消決定に対し抗告しない。

（担保取消しの同意―支払保証委託契約の場合）

> 被告は，原告に対し，原告が○○地方裁判所○年（ヨ）第○号不動産処分禁止仮処分命令申立事件について○年○月○日○銀行○支店との間で○万円を限度とする支払保証委託契約を締結する方法により提供した担保の取消しに同意し，その取消決定に対し抗告しない。

（担保取消しの同意―第三者供託の場合）

> 被告は，利害関係人に対し，原告を債権者，被告を債務者とする○○地方裁判所○年（ヨ）第○号不動産処分禁止仮処分命令申立事件について利害関係人が原告に代わって供託した担保（○○地方法務局○年度金第○号）の取消しに同意し，その取消決定に対し抗告しない。

（担保取消しの同意―第三者の支払保証委託契約の場合）

> 被告は，利害関係人に対し，原告を債権者，被告を債務者とする○○地方裁判所○年（ヨ）第○号不動産処分禁止仮処分命令申立事件について利害関係人が原告に代わって○年○月○日○銀行○支店との間で○万円を限度とする支払保証委託契約を締結する方法により提供した担保の取消しに同意し，その取消決定に対し抗告しない。

　なお，和解において担保取消しが同意される場合には，担保の前提となる保全事件や強制執行停止事件の申立ての取下げも併せて合意がされることが一般的である（なお，保全事件などの取下げがなされない場合には無担保で保全事件などが継続することになる）。この場合には以下のように記載することになる。

（強制執行停止申立ての取下げ＋担保取消しの同意）

> 1　控訴人は，○○地方裁判所○年（モ）第○号強制執行停止申立事件を取り
> 下げる。
> 2　被控訴人は，控訴人に対し，前項の強制執行停止申立事件について，控訴
> 人が供託した担保（○○地方法務局○年度金第○号）の取消しに同意し，そ
> の取消決定に対し抗告しない。

（仮処分申立ての取下げ＋担保取消しの同意）

> 1　原告は，○○地方裁判所○年（ヨ）第○号不動産処分禁止仮処分命令申立
> 事件を取り下げる。
> 2　被告は，原告に対し，前項の不動産処分禁止仮処分命令申立事件について，
> 原告が供託した担保（○○地方法務局○年度金第○号）の取消しに同意し，
> その取消決定に対し抗告しない。

第6節　清算条項

　和解成立時を基準に，和解条項以外の事項に関する債権は放棄し，債務は免
除して，それぞれの不存在を確認して，法律関係を明瞭にするための条項であ
り，確認条項の一種である。清算条項は，権利放棄条項，訴訟費用負担条項と
ともに，和解条項の末尾に定められることが多い。定める場合には，権利放棄
条項，清算条項，訴訟費用負担条項の順番で定められるのが通常である。

　一般に，訴訟代理人たる弁護士が関与して成立した訴訟上の和解の文言の解
釈においては，その文言自体が相互に矛盾し，または文言自体によってその意
味を了解し難いなど，和解条項それ自体に瑕疵を含むような特別の事情のない
限り，和解調書に表示された文言と異なる意味に解すべきではないとされてい
る（最判昭44・7・10民集23巻8号1450頁）。そのため，特に限定を付さない
清算条項は，訴訟物とはなっていない権利義務関係を含めて請求権を放棄した

上でその不存在を確認して清算する趣旨であると解釈されている（東京地判昭50・7・28判時806号60頁，東京地判昭50・9・16判時813号62頁など）。それゆえ，特に限定を付さない清算条項は，他の権利義務関係が存在しないか否かを慎重に確認した上で，和解条項に盛り込む必要がある。もっとも，清算条項の解釈においては当事者の意思は重要であり，清算条項の範囲は，当事者が和解の範囲外であると考えていた事項には及ばないとされた事例も存在しないわけではない。例えば，東京地判平2・10・29判タ757号232頁では，被告が「日本堂」という名称で原告と行った継続的な取引に基づく売掛金残代金の請求に関する別件訴訟での和解条項には「本件に関し」との限定がない清算条項が盛り込まれていたが，本件での原告の請求は，被告が商店流通共済会という会社を通じて原告と取引をしたことに関するものであること，別件訴訟とは取引態様や取引金額が異なり（本件の原告の請求金額のほうがはるかに大きい），別件訴訟での和解成立以前から原告は被告に請求をしており，被告も別件訴訟での和解成立以前はその支払義務を認めていたことなどの事情から，原告被告双方が本件での原告の請求は別件訴訟での清算条項の範囲外と考えていたと認めるのが相当であるとして，別件訴訟での清算条項の効力が及ばないと判断している（他に，清算条項の範囲外として別の請求権の消滅を認めなかった裁判例として，東京高判昭60・7・31判時1177号60頁，福岡高判昭62・3・31判タ644号118頁など。他方，清算条項によって清算済みであるとした裁判例として，東京地判平30・2・9判タ1463号176頁）。

　しかし，このような清算条項の効力が及ぶか否かが問題となること自体を避けるべきであるといえるため，訴訟物となっている法律関係以外にも当事者間で権利義務関係が存在する場合などには，訴訟物となっている法律関係に限定して清算を行うために「本件に関し」との文言を追加することが必要となる。ここでいう「本件」とは，訴訟物およびそれに社会的または経済的に密接に関連する範囲を意味するとされている（裁判所職員総合研修所監修『民事実務講義案I（五訂版）』（司法協会，2016）344頁）。さらに，単に「本件」ではその外延があいまいであるとして，例えば，「本件」という文言を用いるのではな

く「本件売買」「本件取引」などより具体的に特定した文言を用いる例や「原告被告間の〇〇に関する紛争（以下「本件」という。）……」のように「本件」に関する定義を和解調書内に記載したりする例もある。

　なお，上記の清算条項の趣旨からすれば，清算条項を定めれば別途権利放棄条項を定める必要性はないようにも思われるが，全部和解であることを明確にするために実務上併せて定められている場合が多い。

（「本件」との限定がない清算条項）

> 原告及び被告は，原告と被告との間には，本和解条項に定めるほか，何らの債権債務がないことを相互に確認する。

（「本件」との限定がある清算条項）

> 原告及び被告は，原告と被告との間には，本件に関し，本和解条項に定めるほか，何らの債権債務がないことを相互に確認する。

（「本件売買」との限定がある清算条項）

> 原告及び被告は，原告と被告との間には，本件売買に関し，本和解条項に定めるほか，何らの債権債務がないことを相互に確認する。

（別件訴訟を除外した清算条項）

> 原告及び被告は，原告と被告との間には，本和解条項に定めるほか，原告と被告との間の〇〇地方裁判所〇年（ワ）第〇号〇〇事件に係る訴えを除いて，何らの債権債務がないことを相互に確認する。

（利害関係人が参加した清算条項―二者の関係について確認する場合）

> 原告，被告及び利害関係人は，原告と被告との間，原告と利害関係人との間には，本和解条項に定めるほか，何らの債権債務がないことを相互に確認する。

（利害関係人が参加した清算条項―三者の関係について確認する場合）

> 原告，被告及び利害関係人は，原告，被告及び利害関係人との間には，本和解
> 条項に定めるほか，互いに何らの債権債務がないことを相互に確認する。

第7節　その他

1　権利放棄条項

　権利放棄条項は，前記のとおり，清算条項や費用負担条項とともに，和解条項の末尾に定められることが多い。実体法上の債務免除契約であり，訴訟物となっている請求権のうち，他の条項で合意されていない請求権について債務を免除する条項である。訴訟物の全部に関して，他の条項で合意ができた場合でも，期限の猶予や分割払いなどの付款により制限されることになるのであれば，その範囲では債務を免除していることになるため，権利放棄条項を記載することには意味がある。記載方法としては，以下の条項例のとおり定型的に記載することとされている。

（一般的な権利放棄条項）

> 原告は，その余の請求を放棄する。

（反訴に関しては全面的に放棄をした権利放棄条項）

> 1　原告は，その余の本訴請求を放棄する。
> 2　被告は，反訴請求を放棄する。

2　訴訟費用負担条項

　訴訟費用の負担に関する条項である。前記のとおり，権利放棄条項や清算条

項とともに，和解条項の末尾に定められることが多く，訴訟費用負担条項は和解条項の最後に定められるのが通常である。

　訴訟費用とは，当事者が訴訟追行のために行う支出のうち，例えば，訴え提起手数料（印紙代），証人の旅費・日当，当事者および訴訟代理人が期日に出頭するための旅費など一定の範囲に含まれるものをいい（民事訴訟費用等に関する法律2条参照），各当事者が支出した弁護士費用は含まれない。和解が成立した場合に和解の費用または訴訟費用について何らの合意をしなかったときは，各自の負担となり（民事訴訟法68条），和解条項としても各自負担とするのが一般的である。「各自負担」とは，原告が支出した訴訟費用を原告が負担し，被告が支出した訴訟費用を被告が負担するというものであり，互いに精算はしないことを意味する。それゆえ，以下の条項例のような各自負担する旨の合意は任意条項（法律上の効力に関係なく，当事者の意思を尊重して特に記載する条項）となる。

　なお，和解条項において，「各自負担」とせずに具体的な負担割合を定めた場合には，訴訟費用を清算するために別途訴訟費用額確定手続による必要が生じることも考えられるため，煩雑となることから避ける場合が多い。

（一般的な訴訟費用負担条項）

> 訴訟費用は各自の負担とする。

（利害関係人が参加した場合の訴訟費用負担条項）

> 訴訟費用及び和解費用は，各自の負担とする。

　この場合の利害関係人に発生する費用は，訴訟費用ではなく和解費用と解されるので，「訴訟費用及び和解費用」とする必要がある。

（本訴，反訴をまとめて和解した場合の訴訟費用負担条項）

> 訴訟費用は，本訴，反訴を通じて各自の負担とする。

（控訴審で和解をした場合の訴訟費用負担条項）

> 訴訟費用は，第一，二審を通じて各自の負担とする。

（負担割合を合意した訴訟費用負担条項）

> 訴訟費用は，これを3分し，その1を原告の負担とし，その余を被告の負担とする。

　なお，訴訟費用が多額となる場合に，手数料，鑑定費用などについて特にその負担の割合を定めた場合には，具体的にこれを明示し，金額が確定しているときは必要があれば給付条項を作成しておくのが便宜である。

（一部費用の負担割合を定めた訴訟費用負担条項＋当該訴訟費用の給付条項）

> 1　訴訟費用のうち，原告の支出した訴状貼用印紙代〇万円は被告の負担とし，その余は各自の負担とする。
> 2　被告は，原告に対し，前項の訴状貼用印紙代相当額である金〇円を〇年〇月〇日限り支払う。

3　道義条項

　当事者が道義的な責任を認めて，以後の紛争防止に役立てる条項であり，任意条項（法律上の効力に関係なく，当事者の意思を尊重して特に記載する条項）の一種である。精神条項とも呼ばれる。記載の方法によっては，効力条項との区別が不明確となるおそれがあるため，効力条項と解釈されないように文言に注意をする必要がある（逆に，給付条項とする意図で作成したにもかかわらず，任意条項と解釈されないようにすることも重要である）。例えば，「…を確約する」という表現は被告の不作為を内容とする給付義務を確認したにとど

まり，不履行の場合の強制執行を予定した条項ではないし（実証的研究112頁
【85】（注3）参照），「……を遵守する」という表現は当事者の任意の履行を努
力目標とする道義条項と解されるので（実証的研究153頁【124】（注2）参照），
注意が必要である。

(道義条項―知財に関する訴訟において，相互に知的財産権を尊重し，権利侵
害しない旨を約したもの)

> 原告及び被告は，互いに相手方が保有する著作権その他の知的財産権を尊重し，
> 相手方の権利を侵害することがないように努めるものとする。

(道義条項―名誉毀損に関する訴訟において，今後の取材活動に関して名誉等
に配慮し，十分な取材を行い，適切な表現を用いる旨を約したもの)

> 被告は，原告に対し，今後の取材活動において，名誉・プライバシーの侵害を
> 防止するため，十分な取材を行い，適切な表現を使用するように努めることを
> 約する。

4　現認証明条項

　単に事実を記載した条項であり，和解が成立した席上で金銭の授受が行われ
た場合に，それを和解条項として記載するのが典型例である。そのような条項
は領収証としての機能を果たすものである。なお，このような場合でも，実務
上，別途，領収証を発行する場合もある。領収証には通常収入印紙を貼付する
必要があるのに対し，弁護士がその業務上作成する受取書には収入印紙を貼付
する必要がないため（印紙税法基本通達別表第1，第17号文書26項参照），当
事者本人が期日に出頭している場合であっても，一度代理人弁護士が受領して
当該弁護士名義で領収証を発行することも検討を要する。

(現認証明条項―現金の授受)

> 被告は，原告に対し，前項の金員を本和解の席上で支払い，原告は，これを受

領した。

（現認証明条項―預金小切手の授受）

> 被告は，原告に対し，前項の金員を本和解の席上で預金小切手を交付する方法
> により支払い，原告は，これを受領した。

（現認証明条項―文書の授受）

> 被告は，原告に対し，本和解の席上で，○○と題する文書を交付し，原告は，
> これを受領した。

5　振込手数料の負担に関する条項

　一般に，和解条項において金銭の給付を定めた場合，当該給付は，指定され
た銀行口座への振込送金の方法によりなされる旨が定められることが多い。こ
の場合の振込手数料であるが，弁済の費用は，別段の意思表示がないときは，
その費用は債務者の負担とするとされていることから（民法485条），特に明記
をしない場合には債務者の負担となる。債務者の負担とする場合でも疑義を避
けるため，振込手数料の負担がいずれの当事者になるかを明記することは多い。
原則どおり，債務者の負担であることを定めた場合には確認条項であるし，債
権者の負担であることを定めた場合には形成条項となる。

　なお，一般に，異なる性質の条項を1つの項の中で記載するのではなく，分
けて記載するのが望ましいとされるが，振込手数料の負担に関する条項は，実
務上は，給付条項との区別が容易であり，かつ，非常に密接な関係にある条項
であることから，文章を分けつつ同じ条項内で記載される例が多い。

（振込手数料の負担条項―債務者負担）

> 被告は，原告に対し，○年○月○日限り，前項の金員を原告名義の○○銀行○

支店の普通預金口座（○）に振り込み送金する方法により支払う。振込手数料は被告の負担とする。

（振込手数料の負担条項―債権者負担）

被告は，原告に対し，○年○月○日限り，前項の金員を原告名義の○○銀行○支店の普通預金口座（○）に振り込み送金する方法により支払う。振込手数料は原告の負担とする。

6　供託金に関する条項

　債務者が民法494条および495条に従って弁済供託をすると，実体法上は，債務者は債務を免れることができる。もっとも，被供託者が供託を受諾しない間または供託を有効とする判決が確定しない間は，供託者は供託金を取り戻すことができ，取り戻した場合には供託による免責の効力は生じない。

　供託については，供託法上，供託者に供託金の取戻請求権（供託法8条2項，供託規則25条）が，被供託者に供託金の還付請求権（供託法8条1項，供託規則24条）が認められており，取戻請求と還付請求を併せて払渡請求という。

　訴訟上の和解において，供託者が供託金の取戻請求をすることを合意する場合および被供託者が供託金の還付請求をすることを合意する場合，これらの合意を記載した和解条項は，被供託者が受諾の意思表示をするまで実体法上双方に払渡請求権があるものについて，いずれか一方が払渡しを受けるという趣旨を明確にした形成条項である。法務局での払渡手続において，和解での合意の内容によっては，和解調書の正本または謄本が添付書類となる場合もある。

（供託者による取戻請求の合意）

原告は，被告に対し，被告が本件土地の賃料として，○○地方法務局に○年○月から○年○月まで1カ月100万円ずつ供託した金員（○○地方法務局○年度金第○号，第○号，第○号及び第○号）を，被告が取り戻すことに同意する。

（被供託者による還付請求の合意）

> 原告及び被告は，被告が本件土地の賃料として，○○地方法務局に○年○月から○年○月まで1カ月100万円ずつ供託した金員（○○地方法務局○年度金第○号，第○号，第○号及び第○号）について原告が還付請求するものとし，被告は，これを承諾する。

7　当該事件の終了に関する条項

　訴訟上の和解では，関連事件だけではなく，和解が成立した当該事件そのものの終了についても和解条項に入れる場合がある。一般に，和解の成立に当たり，訴訟終了の合意は不要であり，和解条項にその旨の条項を盛り込むことは必要ではない。したがって，和解条項に訴えを取り下げる旨の条項が盛り込まれたとしても，訴訟上の争いをやめるという当事者の意思を訴訟行為としての訴えの取下げの形式を借りて確認的に規定したにすぎず，和解により訴訟が終了するという効果を改めて確認したものである。

（訴えの取下げの合意）

> 原告は，被告に対する本件訴えを取り下げ，被告は，これに同意する。

（訴訟終了の合意）

> 原告及び被告は，本日，本件訴訟手続を終了させる。

第5章

企業訴訟における
紛争類型別和解条項

第1節　会社法に関する訴訟

1　会社・株主間の訴訟①—株主権確認訴訟

(1)　株主権確認訴訟における和解の特徴

　株主としての地位を争われている当該株主は，自らが原告となり，株主権を争っている者を被告として，株主権確認請求訴訟を提起することができる。

　この訴訟に関する会社法上の特別の規定はなく，訴訟上の和解についても当事者が自由にすることができる。

(2)　和解条項例

①　株主権の確認と同株式の譲渡について合意する場合（＊1）

1　当事者双方は，原告が別紙保有株式目録記載のとおりの利害関係人Ａ株式会社（以下「利害関係人」という。）の株式（以下「本件株式」という。）を保有していることを確認する。

2　原告は，被告に対し，本日，本件株式全部を金○○万円で譲り渡し，被告は，これを譲り受ける。

3　被告は，本件株式にかかる株券の引渡しを受けるのと引き換えに，原告に

　　　対し，第2項の譲渡代金を，○年○月○日限り，○銀行○支店普通預金口座
　　　に振り込む方法により支払う。但し，振込手数料は被告の負担とする。
　4　原告は，前項の金員の支払いを受けるのと引き換えに，被告に対し，本件
　　　株式にかかる株券を引き渡す。
　5　当事者双方は，第2項の本件株式の譲渡に関して，利害関係人A株式会社
　　　（以下「利害関係人」という。）の株主総会の承認を得る手続を協力して行い，
　　　被告は，利害関係人が行う株主総会の招集手続及び決議の内容について異議
　　　を述べない。（＊2）
　6　原告と被告及び利害関係人は，原告と被告及び利害関係人との間には，本
　　　和解条項に定めるもののほか，何らの債権債務がないことを相互に確認する。
　7　訴訟費用及び和解費用は各自の負担とする。

（＊1）　訴訟における審判の対象は原告の株主権の有無，種類および株式数である
　　　が，株主たる地位の有無が訴訟で争われるケースでは，その背景として，小規模
　　　閉鎖会社において，会社の支配権をめぐって紛争になっていることが多い。その
　　　ため，訴訟終了後の紛争の再発を防ぐために，和解においては，株主権を確認し
　　　た上で，一方が他方の株式を買い取る方法で紛争を解決することがある。本件は，
　　　このような方法による解決を図った例である。
（＊2）　株式譲渡制限会社における株式の譲渡については，取締役会設置会社の場合
　　　には取締役会（会社法416条4項1号・399条の13第5項1号）の，それ以外の
　　　会社の場合には株主総会（会社法139条1項）の決議を要する。この決議につい
　　　ての協力を要する場合には，和解条項にその旨の規定も設けておくべきである。

2　会社・株主間の訴訟②—株券発行・引渡請求訴訟

(1)　株券発行・引渡請求訴訟における和解の特徴

　株券発行会社は，株式を発行した日以後遅滞なく株券を発行する義務がある
（会社法215条1項）。そして，株券発行会社が遅滞なく株券を発行しない場合
（公開会社でない株券発行会社においては，株主が株券の発行を請求したにも
かかわらずこれを遅滞なく発行しない場合）には，株主は，株券の発行を求め
て，会社に対し，訴えを提起することができる（株券発行請求訴訟）。

　また，株券発行会社の株式を譲渡ないし強制執行，競売手続などで取得した
者は，株主権に基づき，株券を権原なく所持する者に対して，当該株券の引渡

しを請求できる（株券引渡請求訴訟）。

株券発行・引渡請求訴訟は，いずれも通常の給付訴訟であり，判決の既判力も当事者間にとどまるから，処分権主義の適用により，訴訟上の和解も可能である。

(2)　和解条項例

①　株券引渡請求訴訟において株券の引渡しと解決金の支払いを約する場合

1　当事者双方は，原告がＡ株式会社の株式100株を所有していることを確認する。(＊1)

2　原告は，被告に対し，本件解決金として金○円の支払義務があることを認める。(＊2)

3　原告は，Ａ株式会社の株式100株についての株券の引渡しを受けるのと引き換えに，被告に対し，前項の金員を，○年○月○日限り，下記（省略）金融機関口座に振り込む方法によって支払う。ただし，振込手数料は原告の負担とする。

4　被告は，第3項の金員の支払を受けるのと引き換えに，原告に対し，Ａ株式会社の株式100株についての株券を引き渡す。

5　当事者双方は，原告と被告との間には，本和解条項に定めるもののほか，何らの債権債務関係がないことを相互に確認する。

6　訴訟費用は各自の負担とする。

（＊1）株券引渡請求訴訟では，原告が当該株券の引渡し請求権を有することを主張立証する必要がある。本和解条項においても，原告が当該株券の引渡し請求権を有することの根拠として，原告の株主権（所有権）を確認する旨の条項を設けている。

（＊2）本和解条項では，原告の請求にかかる株券の引渡しに被告が応じる代わりに，原告は被告に対して一定の解決金を支払うことを合意している。本件では支払われる金員の趣旨を明確にしていないが，売買代金の場合には，その旨を明記することもある。

3　会社・株主間の訴訟③─株主名簿名義書換請求訴訟

(1)　株主名簿名義書換請求訴訟における和解の特徴

　株主名簿名義書換請求訴訟とは，株式の取得者が，株式の譲渡を会社その他の第三者に対抗するため，会社に対し，取得者の氏名または名称および住所を株主名簿に記載・記録するよう請求する訴訟である。なお，株券発行会社の場合と，株券不発行会社の場合とでは，その請求手続が異なっている。

　株主名簿名義書換請求訴訟は通常の給付訴訟であり，処分権主義の適用があり，訴訟上の和解も可能である。

(2)　和解条項例

①　**株券不発行会社で株式取得者が株主名簿に記載された名義人に対して名義書換請求手続を求める場合**

> 1　被告は，別紙物件目録記載の株式についての被告の原告に対する譲渡につき，A株式会社に対し，譲渡承認請求手続をする。(＊1)
> 2　被告は，第1項記載の譲渡承認があることを停止条件として，別紙目録記載の株式につき，A株式会社に対し，原告の名義に書換えを請求する。(＊2)
> 3　当事者双方は，本和解条項に定めるほか，互いに何らの債権債務がないことを相互に確認する。
> 4　訴訟費用は各自の負担とする。

(＊1)　株券不発行会社では，株主名簿に記載された者と共同で譲渡承認請求をする必要がある（会社法137条2項，会社法施行規則24条1項）。そのため，その者が任意に協力しない場合には，まず譲渡承認請求手続をすることを求める訴えを提起する。本和解条項は，被告による譲渡承認請求の意思表示に代わるものとなり，原告は，本和解条項に基づき，A株式会社に対して，譲渡承認手続請求をすることができる（類型別Ⅱ823頁参照）。

(＊2)　株券不発行会社の株式についての株主名簿の名義書換は，法務省令で定める場合を除き，その取得した株式の株主として株主名簿に記載・記録された者と共同して行う必要がある（会社法133条2項）。本条項は，株主名簿の名義人である被告が名義書換請求を行う旨の意思表示を内容とする給付条項である。

4　会社・株主間の訴訟④
―株主総会決議の不存在確認，無効確認および取消しの訴え

(1)　株主総会決議の不存在確認，無効確認および取消しの訴えにおける和解の特徴

株主総会は，会社法および定款に定められた事項について決議をすることができる機関である（会社法295条）。株式会社の重要な事項について決議することになるため，その決議に瑕疵があると，株主などの関係者に与える影響も大きい。そこで，会社法は，株主総会決議について，株主総会決議についての不存在確認（同法830条1項）および無効確認の訴え（同条2項），取消しの訴え（同法831条）を定め，決議の後にその瑕疵を争い，決議の効力を否定できる制度を設けている。

同族会社などの小規模閉鎖会社において，取締役間で経営権や報酬をめぐる紛争が生じた場合に，取締役の地位の不存在や役員報酬請求権の発生，不発生などの具体的な争いの前提として，手続的な瑕疵を主張して，株主総会決議の不存在確認訴訟などが提起されることは実務上よく見られるケースである。かかる紛争を背景とする株主総会決議の不存在確認訴訟などにおいては，株主総会決議が有効に存在することを前提とする一定の法律関係（取締役の地位確認，報酬支払など）の確認などを含む和解を行うことがある。

ただし，株主総会決議の不存在確認の訴え，無効確認の訴えおよび取消しの訴えの認容判決にはいずれも対世効がある（同法838条）。そのため請求の認諾は許されず，認容判決と同様の内容となる和解もできないと解されている（類型別I 389頁）。

一方，対象となる決議の効力自体を否定せずに，株主総会を改めて開催し，一定の決議を成立させるといった内容であれば，和解も可能であり，現にそのような和解は行われている（中村直人編著『会社訴訟ハンドブック』（商事法務，2017）115頁）。

なお，原告が決議の取消事由のないことを認め訴訟を終了させる見返りとし

て，会社が，原告に金銭を支払って和解することも，株主の権利行使に関する利益供与に該当することから許されない。

(2)　和解条項例

①　株主総会決議不存在確認訴訟において，決議の存在を確認する場合

> 1　原告は，本訴でその存否が争われている〇年〇月〇日開催の定時株主総会における決議が存在しており，かつ決議に瑕疵がないことを確認する。(＊1)
> 2　被告は，本件紛争に関する一切の解決金として，原告に対し，金〇円の支払義務があることを認め，これを以下のとおり支払う。(＊2)
> 　(略)
> 3　原告はその余の請求を放棄する。
> 4　原告及び被告は，本和解条項に定めるほか，互いに何らの債権債務関係がないことを相互に確認する。
> 5　訴訟費用は各自の負担とする。

(＊1)　本件は，定時株主総会の終結の時をもって退任することになっていた取締役（原告）が，総会決議の不存在の確認を求めるとともに，同総会における取締役選任決議が存在しないことにより，原告が引き続き取締役の地位にあることを前提に，役員報酬などの支払いを請求する訴訟である。本和解では，株主総会の決議の存在を認めるとともに，一定の解決金を原告に支払う内容の和解をした例である。

(＊2)　本件紛争に関する解決金の支払いを約する条項である。解決金の法的性質は明確にされていないが，実質的に見て原告が取締役を退任することに対する金銭給付が行われることから，その全部または一部が退職慰労金として支給するものと評価される可能性がある。退職慰労金の支給には，株主総会決議を要するため，あらかじめ株主総会の決議を経ておくか，和解条項において，株主総会決議を停止条件とする旨を定める必要がある。

5　会社・取締役間の訴訟①
─取締役の地位の確認または不存在確認訴訟

(1)　取締役の地位の確認または不存在確認訴訟における和解の特徴

会社の取締役に就任したにもかかわらず，その地位に争いがある者は，会社

を被告として，自らが取締役の地位にあることの確認を求めることができる（取締役の地位確認訴訟）。

　一方，会社の取締役に就任していないにもかかわらず，会社から取締役として扱われている者は，会社を被告として，自らが取締役の地位にないことの確認を求めることができる。さらに，会社または取締役の地位に法律上の利害関係を有する第三者は，会社の取締役ではないにもかかわらず，取締役として振る舞っている者を被告として，当該者が取締役の地位にないことの確認を求めることができる（取締役の地位不存在確認訴訟）。

　これらの訴訟に関する会社法上の特別の規定は設けられていない。しかし，会社の取締役が誰であるかは，何人との間でも合一的に確定されるべき事柄であるから，これらの訴訟の確定した認容判決には対世効があると解されている（東京高判平6・5・23判時1544号61頁，最判昭44・7・10判時569号44頁，類型別Ⅰ54頁）。

　これらの訴訟における和解の可否に関しては，否定説と肯定説に分かれているが，確定した認容判決に対世効があることを前提にして，請求の認諾は許されないとする見解が有力である。また，訴訟上の和解についても，訴訟物について放棄や取下げをする内容の和解は可能であるが，訴訟物自体を処分する内容の和解は，請求の認諾と同様の効果が生じるので許されないとする見解が有力である（以上につき，類型別Ⅰ56頁）。

(2)　和解条項例

① 　取締役の地位確認訴訟において，地位が存在しないことの確認と解決金の支払を約する場合

1 　当事者双方は，原告が被告の取締役の地位にないことを確認する。(＊1)
2 　被告は，原告に対し，本件解決金として金〇円の支払義務があることを認め，これを以下のとおり支払う。(＊2)
　 （略）
3 　原告はその余の請求を放棄する。

> 4　当事者双方は，本和解条項に定めるほか，互いに何らの債権債務関係がな
> いことを相互に確認する。
> 5　訴訟費用は各自の負担とする。

（＊1）原告の請求を認諾する内容の和解はできないが，地位の不存在を確認する内
容の和解は可能とされている。

（＊2）原告が取締役の退任を受け入れる代わりに，被告（会社）が一定の解決金の
支払いを約する条項である。この金銭が退職慰労金に該当する場合には，株主総
会の決議を要するため，あらかじめ株主総会決議を経ておくか，株主総会決議を
停止条件とする旨を和解条項において定めておく必要がある。

6　会社・取締役間の訴訟②―取締役解任の訴え

(1)　取締役解任の訴えにかかる和解の特徴

　取締役の職務執行に関し，不正の行為または法令もしくは定款に違反する重
大な事実があったにもかかわらず，①当該取締役を解任する旨の議案が株主総
会において否決された場合（種類株主総会の決議で取締役を選任する種類株式
を発行している場合には，当該取締役の選任権限を有する種類株主総会で解任
の否決決議がされた場合），または，②株主総会で当該取締役を解任する旨の
決議があったにもかかわらず，取締役解任について特定の種類株主総会決議を
要する旨の定めのある種類株式が発行されており，当該種類株主総会で取締役
解任決議がされないために株主総会の解任決議の効力が生じない場合（会社法
323条）には，一定の少数株主は，当該株主総会の日から，30日以内にその取
締役の解任を裁判所に対し請求することができる。

　取締役解任の訴えは，会社と当該取締役の双方を被告とすべき固有必要的共
同訴訟であると解されている（最判平10・3・27民集52巻2号661頁）。

　取締役解任の訴えについては，対世効に関する規定が存在せず，認容判決が
確定しても対世効は生じないと考えられているので，取締役の解任を内容とす
る和解も可能である。

(2)　和解条項例

① 被告である取締役が被告会社の取締役を辞任し，被告会社が取締役に解決金の支払を約する場合

1　被告A（取締役）は，○年○月○日をもって，被告会社Bの取締役を辞任する。(＊1)

2　被告会社Bは被告Aに対し，本件解決金として金○万円の支払義務があることを認め，同金員を○年○月○日限り，被告Aの指定する銀行口座あてに振り込む方法により支払う。振込手数料は被告会社Bの負担とする。

3　原告は，本件訴えを取り下げ，被告らはこれに同意する。

4　原告と被告Aとの間では，本和解条項に定めるほか，互いに何らの債権債務関係がないことを相互に確認する。

5　訴訟費用は各自の負担とする。

（＊1）被告Aが被告会社Bの取締役を辞任することを内容とする給付条項である。

7　会社・取締役間の訴訟③──取締役に対する責任追及訴訟

(1)　取締役に対する責任追及訴訟における和解の特徴

取締役に対して会社法423条1項などの責任を追及する訴訟において，会社と取締役が訴訟上の和解をすることは可能である。この場合に，総株主の同意を得る必要はない（同法850条4項）。

(2)　和解条項例

① 被告である取締役が善管注意義務違反を認めて，損害賠償金を支払うことを約する場合（＊1）

1　被告は，原告に対し，本訴訟に関する損害賠償債務として，本訴請求金額の支払義務があることを認める。

2　被告は，原告に対し，第1項の金員を次のとおり分割して支払う。

①　○年○月から○年○月まで毎月末日限り金○万円ずつ（合計金○万円）

②　○年○月末日限り，第1項の金額から支払済みの金額を控除した残額全

> 部
>
> 3　被告が第2項の分割金の支払いを怠り，その額が○万円に達したときは，被告は，当然に第2項の期限の利益を失う。
>
> 4　被告が第2項①の金員を，期限の利益を失うことなく弁済したときは，原告は，被告に対し，第2項②の金員の支払いを免除する。
>
> 5　原告は，その余の請求を放棄する。
>
> 6　原告及び被告は，原告と被告との間には，本件に関し，本和解条項に定めるもののほかに何らの債権債務がないことを相互に確認する。
>
> 7　訴訟費用は各自の負担とする。

（＊1）被告である取締役の善管注意義務違反を認め，損害賠償金を支払うことを約する和解条項である。会社の被った損害額全額について支払義務を認めつつ，被告が一定の金額（第2項①の合計金額）を約定どおり支払った場合には，その余の債務（第2項②）についての支払いを免除することとし，その履行確保を図っている。

8　株主代表訴訟

(1)　株主代表訴訟における和解の特徴

　株主代表訴訟における和解は，被告たる取締役が和解金その他の一定の金銭支払義務を認め，これを会社に対して履行することが基本形となる。加えて，原告となる株主が株主オンブズマンの場合などには，会社において調査や再発防止などの仕組みを設けることを内容にすることが多い。さらに，原告代理人の弁護士費用の会社負担について定めることもある。

　株主代表訴訟における和解の場合に，会社において必要な手続に関しては，第2章第2節(3)参照。

(2)　和解条項例

① 　会社が和解に利害関係人として参加し，被告である取締役が会社に和解
金を支払うことを約する場合（＊1）

1　被告は，利害関係人に対し，本件解決金として，金○円の支払義務がある
ことを認める。（＊2）

2　被告は，利害関係人に対し，○年○月○日限り，前項の金員を支払う。

3　被告は，前項の支払いを怠った場合には，前項の支払期限の翌日から支払
済みまで年5分の割合による遅延損害金を支払う。

4　原告は本件訴訟を取下げ，被告はこれに同意する。

5　原告と被告，及び利害関係人と被告との間には本件に関し，本和解条項に
定めるほか，互いに何らの債権債務関係がないことを相互に確認する。

6　訴訟費用は各自の負担とする。

（＊1）和解にあたり会社が利害関係人として参加する場合における和解条項例であ
る。

（＊2）和解の趣旨にかんがみ，被告たる取締役の法的責任については明記せず，和
解金という名目で支払義務を認めている。

② 　被告らが善管注意義務違反を認めて陳謝する場合

1　被告らは，被告補助参加人〔注：会社〕とZ社との間の本件取引に基づく
債権○円が現在に至るまで未回収となっている事態を真摯に受け止め，その
責任を踏まえて，原告らを含む被告補助参加人の株主らに対し，陳謝の意を
表する。（＊1）

2　被告らは，被告補助参加人に対し，本件取引に関する和解金として，連帯
して金○円の支払義務のあることを認め，これを○年○月○日限り支払う。

3　被告らは，前項の支払いを怠った場合には，前項の支払期限の翌日から支
払済みまで年5分の割合による遅延損害金を連帯して支払う。

4　補助参加人は，原告らに対し，原告らが本件訴訟に関して支出した費用（訴
訟費用を除く）及び弁護士に支払うべき報酬の一部の相当額として，合計金
○円の支払義務のあることを認め，これを○年○月○日限り，原告ら訴訟代
理人が指定する預金口座に送金して支払う。ただし，送金手数料は，補助参
加人の負担とする。（＊2）

> 5　原告ら，被告ら及び補助参加人は，原告らと被告らとの間及び原告らと補
> 　助参加人との間には，本件取引に関し，本和解条項に定めるもののほか，何
> 　らの債権債務がないことを相互に確認する。
> 6　訴訟費用（補助参加又は和解によって生じた費用を含む）は，各自の負担
> 　とする。

（＊1）被告である取締役が，原告ら株主に対して，当該取引における責任を踏まえ
　　て，謝罪する旨の文言を入れた和解条項である。
（＊2）訴訟上の和解が成立した場合においても，原告となった株主は，勝訴した場
　　合と同様に必要費用（訴訟費用を除く）と弁護士報酬に関して，その費用額およ
　　び報酬額の範囲内で相当と認められる額の支払いを会社に請求することができる
　　と解されている（会社法852条1項）。本条項は，和解条項の中で和解当事者であ
　　る会社と原告との間で必要費用および弁護士費用の負担について合意した例であ
　　る。

③　一定の解決金の支払いと裁判外での真相解明や再発防止策の策定のための調査委員会を設置することを規定する場合（＊1）

> 1　利害関係人は，A事件について，株主に対する説明責任を果たすことを目
> 　的として，その事実関係，発生原因及び責任の所在に関するさらなる調査と
> 　実効的な再発防止策の策定を，本日から1年間を目途に行い，策定された再
> 　発防止策を誠実に実行する。
> 2　利害関係人は，この調査及び再発防止策の策定のために，外部委員により
> 　構成される調査委員会（コンプライアンス検証・提言委員会）を設置する。
> 3　前項の調査委員会は，外部委員3名で構成し，うち1名は利害関係人と原
> 　告が一致して推薦する弁護士を，うち1名は利害関係人の推薦する弁護士を，
> 　残り1名は原告が推薦する弁護士を選任する。
> 4　調査委員会は，発足後6カ月間を目途に調査を行い，調査終了後1か月を
> 　目途に調査報告書を作成して，利害関係人に提出し，利害関係人は，この調
> 　査報告書を受領後速やかに公表する。但し，この委員会は，調査報告書を公
> 　表することにより，利害関係人及び株主に対して著しくかつ具体的な不利益
> 　が生じる可能性がある場合は，公表の時期や方法につき配慮をすることがで
> 　きる。
> 5　利害関係人は，A事件に関する過去の社内調査を含む資料を調査委員会に

　提出するとともに，従業員及び取締役がこの委員会の調査に応じるように命
　じることとし，調査に対して真摯に協力する体制をとる。
6　被告らは，利害関係人に対し，連帯して解決金○円の支払義務があること
　を認め，この解決金全額を連帯して，○年○月○日限り，利害関係人が指定
　する銀行口座に振込入金する方法により支払う。
7　被告らは，前項の支払いを怠った場合には，前項の支払期限の翌日から支
　払済みまで年5分の割合による遅延損害金を連帯して支払う。
8　利害関係人は，上記解決金を，上記委員会に関する費用，内部通報制度の
　外部受付窓口の運営費用，コンプライアンス推進の目的を含むマニュアルの
　整備のための費用，社員の研修プログラム充実のための費用，その他コンプ
　ライアンス体制を推進するために利害関係人が必要と認める施策のための費
　用に充当する。
9　原告は，今後，利害関係人の現在及び過去の取締役，監査役並びにこれら
　の相続人に対して，本和解成立日以前の行為又はそれに起因する事実に関す
　る株主代表訴訟を提起しない。
10　原告と被告ら，及び利害関係人と被告らとの間には，本件に関し，本和解
　条項に定めるほか，何らの債権債務がないことを相互に確認する。
11　訴訟費用及び和解費用は各自の負担とする。

（＊1）原告となる株主が株主オンブズマンの場合，利害関係人たる会社に対して，
　和解条項に原因解明や再発防止策，コンプライアンス体制の確立などを表明させ
　ることを求めることが多い。本和解条項では，再発防止の観点から，調査委員会
　の設置が定められているが，調査委員会の構成や調査期間，公表などの詳細につ
　いて定めており，この点に特徴がある。

第2節　労働に関する訴訟

1　労働契約上の地位確認訴訟

(1)　労働契約上の地位確認訴訟における和解の特徴

　労働契約上の地位確認訴訟とは，使用者たる企業による解雇（普通解雇，懲戒解雇，整理解雇，試用期間中の解雇），有期労働契約の期間満了による雇止めや休職期間満了による退職などを理由に，労働者が労働契約上の地位確認を求める訴訟である。この場合に，解雇を例にとれば，労働者が企業に対して求めるのは，①職場復帰と②復帰までの賃金である。労働者側が勝訴すれば，企業は労働者の職場復帰を受け入れなければならないが，一般に，企業としては解雇した労働者との信頼関係は既に失われており，職場復帰への抵抗感が大きい。他方，労働者側も同様に企業に対する信頼関係は失われていることも多いため，判決に至ることなく，退職を前提として，企業が労働者に対して一定の金銭的支払いをすることにより解決する場合が少なくない。その場合に，合意をしなければならないのは，主として，①労働者が退職するのか否か，②退職する場合にはその退職理由および退職日，③企業からの金銭的支払いの有無，額，内容および名目，④その他の事項となる。

(2)　和解条項例

①　労働者が退職する場合（合意解約と社宅の明渡しを確認）

> 1　被告は，原告に対し，被告が○年○月○日原告に対してした解雇の意思表示を撤回する。
> 2　原告及び被告は，当事者間の労働契約が，○年○月○日（第1項と同じ日とする）限り，合意により終了したことを相互に確認する。(＊1)
> 3　被告は，原告に対し，本件解決金として○円の支払義務のあることを認める。(＊2)(＊3)

4 原告と被告は，被告において○年○月○日に解雇予告手当として○法務局に供託した供託金○円（○年度金第○号）につき，原告が前項の解決金の内金として還付請求するものとし，被告はこれを承諾する。（＊4）

5 被告は，原告に対し，○年○月○日限り，第3項の金員から前項の金員を控除した○円を，原告代理人名義の○銀行○支店の普通預金口座（口座番号○）に振り込む方法で支払う。振込手数料は被告の負担とする。（＊5）

6 原告及び被告は，別紙物件目録記載の建物（以下「本件建物」という。）についての借上社宅契約を○年○月末日限り合意解約したことを確認し，被告は，原告に対し，本件建物の明渡しを○年○月末日まで猶予する。（＊6）（＊7）

7 原告は，被告に対し，前項の期日限り本件建物を明け渡す。

8 原告は，前項により本件建物を明け渡したときに，本件建物内に残置した動産についてはその所有権を放棄し，被告が自由に処分することに異議がない。

9 原告が第6項の本件建物の明渡しを遅滞したときは，原告は，被告に対し，○年○月○日から明渡し済みに至るまで1日当たり○円の割合による金員を支払う。

10 原告及び被告は，今後，互いに誹謗中傷しないことを相互に約束する。

11 原告及び被告は，被告が第三者から原告の退職理由についての問合せを受けたときは，労働契約を合意解約したことのみを回答することとし，それ以外の本和解の内容について，みだりに第三者に口外しないことを相互に約束する。（＊8）

12 原告は，その余の請求を放棄する。

13 原告及び被告は，原告と被告との間には，本和解条項に定めるもののほか，何らの債権債務がないことを相互に確認する。

14 訴訟費用は各自の負担とする。

（＊1） 2項の退職日の日付は解雇日から和解成立日までの間のいずれかの日を設定するのが通常である。和解成立日とする場合には，解雇時点でなされていた社会保険および雇用保険の被保険者資格喪失届の取消手続をするとともに，新たに離職日を本日とする被保険者資格喪失手続を行う必要がある（②の条項例3項参照）。

（＊2） 3項の解決金について，解雇日から和解による退職日の前日までは未払賃金が発生することになるが，これを解決金として処理することも多い。実際の賃金として支払う場合には，源泉所得税などの税金や社会保険料を控除する必要がある。それゆえ，疑義がないように，控除後の賃金額を具体的に特定して記載する

ことも考えられる。なお，控除額を条項そのものから確定できない場合には，執行すべき金額を確定することができず，執行不能となる可能性があるため，留意が必要となる。

（＊3）単に「解決金」とあるにもかかわらず，源泉徴収をして支払うと全額としての支払いにはならない可能性があるので，留意する必要がある（その旨を述べた裁判例として，長崎地判平30・6・8〔平29（ワ）511号〕（LLI／DB・L07350705））。このような事態を回避するために支払う金銭の性格に合わせてその名目を細分化することも考えられる（②の条項例4項参照）。

（＊4）4項は被告が原告に対し解雇予告手当として弁済の提供をし，原告が受領を拒否したため，供託した供託金の還付請求権を原告に帰属させる旨の条項である。本和解では，解雇の意思表示が撤回され，改めて合意解約により労働契約が終了になったことから，供託金の取扱いについて定めたものである。

（＊5）労働基準法24条1項は，賃金の全額を直接労働者に支払わなければならないと定めており，訴訟代理人名義の口座を指定することが，同条に違反しないかが問題となる。同条の趣旨は，代理受領による中間搾取を防止して，労働者に確実に賃金を受領させるために，特例を設けたものとされているところ，実務上，和解において訴訟代理人名義の口座を指定することは同条の立法趣旨には反せず，有効であるとされている（中垣内健治「第9章　労働事件と和解」田中敦編『和解・調停の手法と実践』（民事法研究会，2019））。

（＊6）6項～9項の社宅の利用契約については，雇用契約の終了とともに利用契約も終了し，明渡しの合意がなされることが多い。この場合の明渡条項に関しては，通常の賃貸借契約の終了に基づく場合と同様の条項を盛り込むことになる。なお，社宅の利用契約が有償である場合には借地借家法が適用される可能性があるため，条項例のように占有権原の消滅について規定をしておくことが望ましい。

（＊7）従業員持株が存在しており，退職時に譲渡する必要がある場合には，例えば，以下のような条項を盛り込むことになる。

（＊8）守秘義務条項である。新たな雇用先から問い合わせがなされることも想定されることからその際の回答内容を含めて合意をした例である。

（被告が自ら買い取る場合）

1　原告は，被告に対し，本日，原告所有の被告の普通株式○株を○円で売り，被告はこれを買い受けた。

2　被告は，原告に対し，○年○月○日限り，前項の代金を○銀行○支店の原告名義の普通預金口座（口座番号○）に振り込んで支払う。振込手数料は被

告の負担とする。

（利害関係人が買い取る場合）

1　原告は，利害関係人に対し，本日，原告所有の被告の普通株式○株を○円で売り，利害関係人はこれを買い受けた。
2　利害関係人は，原告に対し，○年○月○日限り，前項の代金を○銀行○支店の原告名義の普通預金口座（口座番号○）に振り込んで支払う。振込手数料は利害関係人の負担とする。

②　労働者が退職する場合（会社都合，競業避止義務を定めた例）

1　被告は，原告に対し，被告が○年○月○日原告に対してした解雇の意思表示を撤回する。
2　原告及び被告は，当事者間の労働契約が，本日，会社都合により終了したことを相互に確認する。(＊1)
3　被告は，本和解成立後速やかに，原告に係る社会保険及び雇用保険の被保険者資格喪失届の取消手続をするとともに，新たに離職日を本日とする被保険者資格喪失手続をする。
4　被告は，原告に対し，賃金として○円（別紙記載の社会保険，源泉所得税などの控除すべき金額○円を控除後の残額），退職金として○円（別紙記載の社会保険，源泉所得税などの控除すべき金額○円を控除後の残額），本件解決金として○円の支払義務のあることを認める。
5　被告は，原告に対し，○年○月○日限り，前項の金員を，原告名義の○銀行○支店の普通預金口座（口座番号○）に振り込む方法で支払う。振込手数料は被告の負担とする。
6　原告は，被告に対し，本日から1年間，○県内において，被告の営業と競合関係に立つ企業に就職し若しくはその役員に就任し，又は被告の営業と競合関係に立つ事業を自ら開業若しくは設立しないことを確約する。(＊2)
7　原告及び被告は，今後，互いに誹謗中傷しないことを相互に約束する。
8　原告及び被告は，本和解成立に至る経緯及び本和解の内容について，みだりに第三者に口外しないことを相互に約束する。

 9　原告は，その余の請求を放棄する。

10　原告及び被告は，原告と被告との間には，本和解条項に定めるもののほか，何らの債権債務がないことを相互に確認する。

11　訴訟費用は各自の負担とする。

（＊1）雇用保険法上の失業給付には，求職者給付などがあり（雇用保険法10条1項），このうち基本手当（同条2項1号）は，「自己の責に帰すべき重大な理由によつて解雇され，又は正当な理由がなく自己の都合によつて退職した場合」には，待期期間の満了日から1カ月以上3カ月以内の間で公共職業安定所長の定める期間は基本手当の支給をしないと定められており（同法33条1項本文），退職が上記事由に該当するものではないことを明らかにする場合には「会社都合による」旨を記載しておく必要がある。

（＊2）6項は，競業避止義務を定めたものである。競業避止義務は労働者の職業選択の自由（憲法22条1項）を制限することから，合意の有効性が争われることも少なくなく，一般に，①目的の正当性，②労働者の地位，③範囲の妥当性，④代償の有無を総合考慮した上で合理性のない制限であれば公序良俗違反で無効になるとされているため，無効とならないような条項とする必要がある。

③　労働者が復職する場合

 1　被告は，原告に対し，被告が○年○月○日原告に対してした予告解雇の意思表示を撤回する。

 2　被告は，原告が，○年○月○日から，○課○係の係員として就労することを認める。

 3　被告は，本和解成立後，速やかに，原告に係る社会保険及び雇用保険の被保険者資格喪失届の取消手続をする。（＊1）

 4　被告は，原告に対し，○年○月○日から○年○月○日までの賃金として，別表賃金計算表記載の金員合計○円の支払義務があることを認める。（＊2）

 5　被告は，原告に対し，○年○月○日限り，前項の金員を，原告名義の○銀行○支店の普通預金口座（口座番号○）に振り込む方法で支払う。振込手数料は被告の負担とする。

 6　被告は，原告に対し，○年○月○日以降の賃金については，被告の給与規程に従い支払うことを認める。

 7　被告は，原告に対し，原告を就業規則，労働契約及び本和解条項の内容に従って，適正に処遇し，本件紛争を理由に昇進，配置転換，賃金及び賞与そ

　の他の処遇に関し，不利益な取扱いを行わないことを約束する。（＊3）

8　原告及び被告は，今後，互いに誹謗中傷しないことを相互に約束する。

9　原告及び被告は，本和解成立に至る経緯及び本和解の内容について，みだりに第三者に口外しないことを相互に約束する。

11　原告は，その余の請求を放棄する。

12　原告及び被告は，原告と被告との間には，本件に関し，本和解条項に定めるもののほか，何らの債権債務がないことを相互に確認する。

13　訴訟費用は各自の負担とする。

（＊1）和解外の事項であるが，労働者が雇用保険の給付を受けていた場合には，それを返還しなければならない場合もあるため，留意が必要である。

（＊2）原告の不就労期間中の賃金（被告が解雇したと主張し，原告の労務の受領を拒否した期間の賃金）については，本来，賃金は労働契約に基づく労働の対償であり（労働基準法11条），後払いが原則であることから（民法624条1項），不就労の場合には原則としてその請求権は発生しないが，無効な解雇に起因する不就労の場合は民法536条2項に該当し賃金請求権を失わないとされる。それゆえ，労働者が復職する場合には，原則として，解雇後，復職までの期間の賃料も支払う必要がある。

（＊3）事案によっては，復職した際の賃金，職位，勤務場所，年次有給休暇付与日数，退職金算定の基礎となる勤続年数をどうするかなどの労働条件についてできる限り詳細に定めておくことが無用の紛争を予防するためにも重要である。

2　賃金等請求訴訟

⑴　賃金等請求訴訟における和解の特徴

　賃金等請求訴訟とは，労働者が，使用者たる企業に対し，未払いの賃金等（典型的には時間外手当）の支払いを求める訴訟である。時間外手当が請求された場合には，未払賃金に加えて，付加金（労働基準法114条）も併せて請求されることが多い。そのため，判決で未払賃金の支払いが認められた場合には，未払賃金と同一額の付加金の支払いが命じられる可能性も高い。また，請求するのが退職した労働者の場合には，退職日の翌日以降の遅延損害金の利率は年14.6％となり（賃金の支払いの確保等に関する法律6条1項，同施行令1条），一般労働者の場合よりも高額となっている。

　これに加えて，企業では，一労働者に未払い賃金が発生している場合には，他の労働者に関しても同様に未払い賃金が発生している可能性もあり，判決で敗訴した場合には，他の労働者からも同様の請求を受けるリスクがある。

　それゆえ，企業の立場からすると，和解による解決を図ることにより，付加金相当額や遅延損害金の支払免除を受けたり，他の労働者から同種訴訟の提起を回避する（この場合には，和解内容の守秘義務を設ける必要がある）との観点から和解により解決することのメリットが大きい。その場合には，企業が労働者に対して一定金額の支払いをする合意に和解が成立することも多いが，場合によっては，金銭の支払いに加えて，労働者側の要望に応じて，労働時間の管理を含む労働環境に関して一定の合意をすることもある。

(2)　和解条項例

①　被告において，未払賃金を支払うことにより合意する場合

> 1　被告は，原告に対し，時間外労働の未払賃金として〇円の支払義務があることを認める。(＊1)
> 2　被告は，原告に対し，〇年〇月〇日限り，前項の金員を，原告名義の〇銀行〇支店の普通預金口座（口座番号〇）に振り込む方法で支払う。振込手数料は被告の負担とする。
> 3　原告は，その余の請求を放棄する。
> 4　原告及び被告は，原告と被告との間には，本件に関し，本和解条項に定めるもののほか，何らの債権債務がないことを相互に確認する。
> 5　訴訟費用は各自の負担とする。

（＊1）被告が原告に対し未払賃金を支払う旨の給付条項である。支払う際には，源泉所得税や社会保険料の控除が必要となるので留意が必要である。

②　被告において，一定額の解決金を支払うとともに，関係法令・ガイドラインなどの遵守を約束し，原告が解決金の受領について守秘義務を負う場合

> 1　被告は，原告に対し，本件解決金として〇円の支払義務があることを認める。

2　被告は，原告に対し，○年○月○日限り，前項の金員を，原告名義の○銀行○支店の普通預金口座（口座番号○）に振り込む方法で支払う。振込手数料は被告の負担とする。

3　被告は，労働基準法，労働安全衛生法などの関係法規及び厚生労働省が策定する労働時間の適正な把握のために使用者が講ずべき措置に関するガイドラインを遵守し，労働時間の適正な把握及び労働時間の設定の改善のために使用者が講ずべき措置を講じ，従業員の長時間労働の抑制に努める。（＊1）

4　原告は，本和解条項第1項及び第2項の内容を，第三者に口外しない。

5　原告は，その余の請求を放棄する。

6　原告及び被告は，原告と被告との間には，本件に関し，本和解条項に定めるもののほか，何らの債権債務がないことを相互に確認する。（＊2）

7　訴訟費用は各自の負担とする。

（＊1）関係法令・ガイドラインなどを遵守することを約する道義条項である。労働者側の要望を踏まえ盛り込むことを検討する場合が多い。

（＊2）従業員が会社を退職していない場合には，雇用関係は継続するため，「本件に関して」との限定を入れる必要がある。

③　**被告が未払賃金を支払うとともに，その発生について遺憾の意を表明し，今後の時間外手当の支払いを約束する場合**

1　被告は，原告に対し，時間外労働の未払賃金として○円の支払義務があることを認める。

2　被告は，原告に対し，○年○月○日限り，前項の金員を，原告名義の○銀行○支店の普通預金口座（口座番号○）に振り込む方法で支払う。振込手数料は被告の負担とする。

3　被告は，原告に対し，時間外手当の未払いが発生したことにつき遺憾の意を表明する。

4　被告は，被告の下で稼動する労働者について，労働時間の正確な管理に努め，就業規則所定の基準時間外に労働者を稼動させた場合には，労働基準法及びに被告就業規則に従い，割増賃金を支給することを約する。（＊1）（＊2）

5　原告は，その余の請求を放棄する。

6　原告及び被告は，原告と被告との間には，本件に関し，本和解条項に定めるもののほか，何らの債権債務がないことを相互に確認する。

> 7　訴訟費用は各自の負担とする。

（＊1）労働時間の管理および関係法規に従い割増賃金の支払いを約する道義条項である。労働者側の要望を踏まえ盛り込むことを検討する場合が多い。
（＊2）このように個別の労働者の問題だけではなく，労働者全体にかかわる事項を和解条項に盛り込む場合は労働組合の意見も聴取しておくことが望ましい。

3　労働条件等に関する訴訟

(1)　労働条件等に関する訴訟における和解の特徴

　労働条件等に係る訴訟とは，労働者が使用者たる企業に対し，提示した労働条件，例えば，一定の職種，勤務地などへの配転命令，降格の無効確認などを求める訴訟である。この訴訟では，概ね，①企業が提示した労働条件を撤回する方向での和解と②労働者が労働条件に従う方向での和解が考えられる。

(2)　和解条項例
①　使用者が配転命令を撤回する場合

> 1　被告は，原告に対し，本件配転命令に基づき，原告が被告○支店○部に勤務すべき労働契約上の義務がないことを確認する。
> 2　原告は，○年○月○日から，従来どおり，被告本店○部にて勤務する。
> 3　被告は，原告に対し，本件訴訟を理由として，被告の原告における処遇について一切不利益な取扱いをしない。
> 4　原告は，その余の請求を放棄する。
> 5　原告及び被告は，原告と被告との間には，本件に関し，本和解条項に定めるもののほか，何らの債権債務がないことを相互に確認する。（＊1）
> 6　訴訟費用は各自の負担とする。

（＊1）和解成立後も雇用関係は維持されるため，清算条項では「本件に関し」との限定を入れる必要がある。

②　労働者が配転命令に従う場合

1　原告は，被告の原告に対する○年○月○日付け被告○部への配置転換の効力を争わない。

2　原告は，本件配転指示に従い，○年○月○日以降被告○部にて勤務する。

3　被告は，前項の日から概ね○年後を目途に，原告の勤務希望を踏まえて原告の勤務すべき場所を検討する。（＊1）

4　原告は，その余の請求を放棄する。

5　原告及び被告は，原告と被告との間には，本件に関し，本和解条項に定めるもののほか，何らの債権債務がないことを相互に確認する。（＊2）

6　訴訟費用は各自の負担とする。

（＊1）配置転換や転勤などは，企業としてローテションで実施している場合があり，その場合には和解で配転命令を撤回するというのは今後の企業での人事管理上の影響が大きい。そのため，一度は配転命令に従い，一定期間の経過後に異動させるという内容とすることも多い。

（＊2）和解成立後も雇用関係は維持されるため，清算条項では「本件に関し」との限定を入れる必要がある。

③　使用者が降格処分を撤回する場合

1　被告は，原告に対し，被告の原告に対する○年○月○日付けの降格処分を撤回する。

2　被告は，原告に対し，従前どおり，被告が○の地位にあることを確認する。

3　被告は，原告に対し，従前どおり，○年○月○日以降の賃金については，被告の給与規程に従い支払う義務があることを認める。

4　原告は，その余の請求を放棄する。

5　原告及び被告は，原告と被告との間には，本件に関し，本和解条項に定めるもののほか，何らの債権債務がないことを相互に確認する。（＊1）

6　訴訟費用は各自の負担とする。

（＊1）和解成立後も雇用関係は維持されるため，清算条項では「本件に関し」との限定を入れる必要がある。

④　労働者が降格処分を受け入れる場合

> 1　原告は，被告の原告に対する○年○月○日付けの降格処分の効力を争わない。
> 2　原告は，本件降格処分に従い，○年○月○日以降被告○部にて勤務する。
> 3　原告は，その余の請求を放棄する。
> 4　原告及び被告は，原告と被告との間には，本件に関し，本和解条項に定めるもののほか，何らの債権債務がないことを相互に確認する。(＊1)
> 5　訴訟費用は各自の負担とする。

（＊1）和解成立後も雇用関係は維持されるため，清算条項では「本件に関し」との限定を入れる必要がある。

4　ハラスメントに関する訴訟

(1)　ハラスメントに関する訴訟における和解の特徴

　労働者が上司や同僚などからセクシャルハラスメントやパワーハラスメントを受けたとして，使用者たる企業や当該ハラスメント行為を行った個人に対し不法行為や債務不履行に基づき損害賠償請求を求める訴訟である。このような訴訟で企業が敗訴すれば，大きく信用を失うことになるし，他方，労働者としても判決の場合には金銭的な支払いを受けることができるにとどまり，謝罪や再発防止などを判決で実現できるわけではない。そこで，和解において謝罪や再発防止などを含めて合意により解決することが考えられる。

(2)　和解条項例

①　今後の職場環境の維持などに努めることを約した場合

> 1　被告は，原告に対し，今後も，その役員・従業員がハラスメント行為に及ぶことのないように必要な研修を行うなどの適正な職場環境の維持に努めることを約する。(＊1)
> 2　原告は，その余の請求を放棄する。
> 3　原告及び被告は，原告と被告との間には，本件に関し，本和解条項に定めるもののほか，何らの債権債務がないことを相互に確認する。

> 4　訴訟費用は各自の負担とする。

（＊1）企業に有利な和解条項の一例である。ハラスメント行為の存在が認められない場合にはその旨の条項を盛り込むことも検討しうるが，労働者側は拒むのが通常であり，結局，ハラスメント行為の存在の有無は曖昧な形での和解になることが多い。その場合でも①ごく少額の解決金の支払いを合意するのみで和解を成立させるほか，②本条項例のように今後の職場環境の維持を約束することを約束することのみで和解を成立させるなどの例がある。

② 　セクシャルハラスメント行為を認め，謝罪および和解金の支払いに合意した場合（企業とハラスメント行為を行った個人とが被告となっている例）

> 1　被告A及び被告会社は，被告Aが原告に対し，○年○月から同年○月にかけて，○回にわたり，セクシャルハラスメント行為に及んだことを認める。
> 2　被告A及び被告会社は，原告に対し，被告Aが前項記載の行為に及んだことを謝罪する。
> 3　被告A及び被告会社は，原告に対し，本件和解金として，連帯して○円の支払義務があることを認める。
> 4　被告A及び被告会社は，原告に対し，前項の金員を，○年○月○日限り，原告名義の○銀行○支店の普通預金口座（口座番号○）に振り込む方法により支払う。振込手数料は被告らの負担とする。
> 5　被告会社は，今後，その役員・従業員がセクシャルハラスメント行為に及ぶことのないよう努めるものとする。（＊1）
> 6　原告は，その余の請求を放棄する。
> 7　原告及び被告らは，原告と被告らとの間には，本件に関し，本和解条項に定めるもののほか，何らの債権債務がないことを相互に確認する。
> 8　訴訟費用は各自の負担とする。

（＊1）今後，その役員・従業員がセクシャルハラスメント行為に及ぶことのないよう努める旨の道義条項である。労働者側の要望を踏まえ盛り込むことを検討する場合が多い。

5　労災に関する訴訟

(1)　労災に関する訴訟における和解の特徴

　過労死などを含む労災が問題となる場合には，使用者たる企業に対する請求（その根拠は安全配慮義務違反）のほか，労働基準監督署への労災の申請もなされることが多い。もっとも，労災の給付金額には限度があるため，労災が認定されたとしても使用者たる企業に対する請求は維持されるのが一般的である。和解に際しては，労災申請との調整を行う必要がある。

(2)　和解条項例

①　労災に該当しないことを前提とする場合

> 1　被告は，原告に対し，被告弔慰金規程に従い，死亡したAの弔慰金として○円の支払義務があることを認める。
> 2　被告は，原告に対し，前項の金員を，○年○月○日限り，原告名義の○銀行○支店の普通預金口座（口座番号○）に振り込む方法により支払う。振込手数料は被告の負担とする。
> 3　原告は，Aに関する労災保険の不支給決定に係る再審査請求を取り下げる。（＊1）
> 4　原告は，その余の請求を放棄する。
> 5　原告及び被告は，原告と被告との間には，本和解条項に定めるもののほか，何らの債権債務がないことを相互に確認する。
> 6　訴訟費用は各自の負担とする。

（＊1）労災申請に係る手続の処理に関する条項である。労災が問題となっている事案ではその処理を忘れないようにする必要がある。

②　労働者災害補償保険法による給付を考慮する場合

> 1　被告は，原告に対し，本件事故に基づく損害賠償債務として○円の支払義務があることを認める。
> 2　被告は，原告に対し，前項の金員を，○年○月○日限り，原告名義の○銀

行○支店の普通預金口座（口座番号○）に振り込む方法により支払う。振込
手数料は被告の負担とする。

3　原告及び被告は，第 1 項の金員が，将来の労働者災害補償保険からの給付
金に何ら影響を及ぼさないことを確認し，被告は原告が上記保険に対し保険
金を請求・取得することに協力する。(＊1)

4　原告は，その余の請求を放棄する。

5　原告及び被告は，原告と被告との間には，本件事故に関し，本和解条項に
定めるもののほか，何らの債権債務がないことを相互に確認する。

6　訴訟費用は各自の負担とする。

（＊1）被害者は，その請求によって，労災給付金を受領できるが（労働者災害補償
保険法12条の8），労災給付金が支給された限度で使用者が行うべき損害賠償から
控除されることになる。もっとも，労災給付金はすべての損害賠償金をカバーす
るものではなく，労災給付金でカバーされない部分の損害を使用者が支払う場合
もある。その場合に，被告が原告に対し支払う金員が労災給付金によって填補で
きない損害であることを明確にし，原告が円滑に労災給付金の支給が受けられる
ように被告が協力する旨を定めた任意条項である。

③　労災事故について会社側が責任を認め，謝罪などをした場合

1　被告は，Aの死亡について，安全配慮義務違反があったことを認める。

2　被告は，原告らに対し，原告らが労働者災害補償保険法に基づき受領した
遺族補償給付及び葬祭料を除き，前項に基づく損害賠償金として，○円の支
払義務があることを認める（連帯債権）。(＊1)

3　被告は，原告らに対し，○年○月○日限り，前項の金員を，原告ら指定の
銀行口座に振り込む方法で支払う。振込手数料は被告の負担とする。

4　被告は，原告らに対し，過重な業務に従事させたことが原因で，Aを死に
至らせたことについて，謝罪する。

5　被告は，労働基準法及び労働安全衛生法を遵守し，従業員の労働環境，健
康状態に配慮することに努める。(＊2)

6　原告らは，その余の請求を放棄する。

7　原告ら及び被告は，原告らと被告との間には，本和解条項に定めるものの
ほか，何らの債権債務がないことを相互に確認する。

8　訴訟費用は各自の負担とする。

（＊1）労災の遺族補償給付や葬祭料とは別に，損害賠償金を支払う旨の給付条項である。被害者は，その請求によって，労災給付金を受領できるが（労働者災害補償保険法12条の8），労災給付金が支給された限度で使用者が行うべき損害賠償から控除されることになるため，被告が原告に対し支払う金員が労災給付金によって填補できない損害であることを明確する必要がある。

（＊2）従業員の労働環境，健康状態に配慮することに努める旨の道義条項である。労働者側の要望を踏まえ盛り込むことを検討する場合が多い。

6　労働保全事件

(1)　労働保全事件における和解の特徴

労働者が解雇無効を訴訟で争う場合に，従業員たる地位の保全仮処分および解雇前に支給を受けていた賃金の仮払いを求める賃金仮払仮処分が申し立てられ，当該仮処分手続内での暫定的な和解をすることがある。

(2)　和解条項例

① 賃金の仮払いをする場合

> 1　債権者は，本和解成立後2週間以内に，債務者を被告として債権者についての労働契約上の地位確認を請求する本案訴訟を提起する。
> 2　債務者は，○年○月から1年間，1ヵ月当たり債権者に対し，○円を，毎月末日限り，債務者宛に送金して仮に交付する。（＊1）
> 3　前項に基づき，債権者が受領した金員は，本案訴訟判決確定時において，全額清算する。
> 4　債権者は，本申立てを取り下げる。（＊2）
> 　　但し，債権者が第2項の期間後の賃金の支払について再度仮処分の申立てをすることを妨げない。
> 5　申立費用は各自の負担とする。（＊3）

（＊1）賃金仮払いの仮処分で認容決定が出される場合でも本訴の結論が出るまでの期間の仮払いが認められることはなく，一定の期間に制限されるのが通常である。東京地裁では1年，大阪地裁では第1審判決言渡し時までとする例が多い（内藤裕之「労働仮処分―地位保全，賃金仮払い，使用者側の仮処分」山川隆一＝渡辺

弘編『最新裁判実務大系⑼労働関係訴訟Ⅲ』（青林書院，2018）1351頁）。それ
ゆえ，和解においても仮払いは一定の期間に限定されるのが通常である。仮払金
に源泉徴収義務を認めた裁判例として，岐阜地判昭58・2・28行集34巻 2 号327
頁があるので，実際の仮払金の支払いに際しては源泉徴収が必要となるので留意
が必要である。
（＊ 2 ）実務上，保全事件の和解では，「債権者は本申立てを取り下げる。」と記載す
ることが少なくない。民事保全手続では，被保全権利自体は訴訟物ではないから，
被保全権利に関する和解が成立しても民事保全手続の終了効はないとして，取下
げ条項の必要性を説く見解もあるが，このような条項がなくても，訴訟終了効を
排除する特段の表示がない限り，和解の成立により民事保全手続は当然終了した
ものと解される（八木一洋＝関述之編著『民事保全の実務（第 3 版増補版）（上）』
（きんざい，2015）171頁）。
（＊ 3 ）仮処分手続であるため，「訴訟費用」ではなく「申立費用」とする。

7　不当労働行為救済手続

⑴　不当労働行為救済手続における和解の特徴

　使用者による不当労働行為（労働組合法 7 条）がなされた場合には，労働組
合や労働者は労働委員会に対し救済を申し立てることができる（同法27条）。
具体的には，①都道府県の労働委員会に申立てを行う初審手続，②（①の命令
に不服の場合になされる）中央労働委員会に申立てを行う再審査手続，③（①
②の命令が不服の場合になされる）救済命令の取消訴訟の各手続が存在する。
　このうち，①②の労働委員会による審査の途中で，労働委員会はいつでも当
事者に和解を勧めることができるとされており（同法27条の14第 1 項），実際
の運用上も和解が勧められ，当事者間で和解が成立することも少なくない。そ
して，救済命令等が確定するまでの間に当事者間で和解が成立し，当事者双方
の申立てがあった場合において，労働委員会が当該和解の内容が当事者間の労
働関係の正常な秩序を維持させ，または確立させるため適当と認めるときは，
審査の手続は終了し（同法27条の14第 2 項），既に発せられている救済命令等
は，その効力を失うことになる（同法27条の14第 3 項）。また，労働委員会は，
和解に金銭の一定額の支払いまたはその他の代替物もしくは有価証券の一定の
数量の給付を内容とする合意が含まれる場合は，当事者双方の申立てにより，

当該合意について和解調書を作成することができ（同法27条の14第4項），強制執行に関しては債務名義とみなされ（同法27条の14第5項），債務名義についての執行文の付与は，労働委員会の会長が行う（同法27条の14第6項）。

また，③救済命令取消訴訟は，労働委員会を被告とする行政訴訟であり，救済命令という行政処分は公権力の行使として行政庁の一方的判断により行われる性質のものであることからすると，救済命令の取消し，変更，撤回などの効力に抵触する和解はできず，合意し得る事項は，訴えの取下げとその同意および訴訟費用の各自負担程度に留まる。もっとも当該和解に際して，労使間の合意事項を盛り込むことは可能であるとされており（原告とはなっていない労働組合・労働者または使用者は，被告側に補助参加することが多い），実務上は，①和解調書に労使間の合意内容を記載する方法，②労使間の合意は別途書面化する方法，③労使間の合意内容を経過調書に記載する方法があるとされている（司法研修所編『救済命令等の取消訴訟の処理に関する研究（改訂版）』（法曹会，2009）113頁）。

(2)　和解条項例

①　誠実に団体交渉に応じる旨を合意した場合

> 1　被申立人（注：使用者）は，申立人（注：組合）が，基本給に関する事項その他労働条件及び労使関係の運営に関する団体交渉を申し入れたときは，誠実に団体交渉に応じることを約する。(＊1)
> 2　申立人及び被申立人は，労働組合法・その他の諸法令を遵守し，相互理解と尊重の精神に従い，健全な労使関係の構築及び維持に努める。(＊2)
> 3　申立人及び被申立人は，申立人及び被申立人との間には，本件に関し，本和解条項に定めるほか，何らの債権債務が存在しないことを相互に確認する。

(＊1)　団体交渉に応じる旨の道義条項である。
(＊2)　健全な労使関係の構築および維持のために努力する旨を定めた道義条項である。

②　労働組合の組合員に対する懲戒処分を取り消し，解決金を支払う場合

1　被申立人（注：使用者）は，○年○月○日付けの申立人（注：組合）組合員である別紙組合員一覧表記載の組合員ら（以下「本件組合員ら」という。）に対する懲戒処分の理由が存在しなかったことを認め，当該処分の決定を取り消す。（＊1）

2　被申立人は，前項の懲戒処分の決定が労働組合法第7条第1号及び第3号の不当労働行為に該当することを認め，申立人及び本件組合員らに謝罪するとともに，今後，同様の不当労働行為を行わないことを誓約する。（＊2）

3　被申立人は，申立人に対し，本件解決金として○円の支払義務があることを認める。

4　被申立人は，申立人に対し，前項の金員を，○年○月○日限り，申立人名義の○銀行○支店の普通預金口座（口座番号○）に振り込む方法により支払う。振込手数料は被申立人の負担とする。

5　被申立人は，申立人から団体交渉の申入れがあったときは，誠実にこれに応じることを約する。

6　申立人及び被申立人は，申立人及び被申立人との間には，本件に関し，本和解条項に定めるほか，何らの債権債務が存在しないことを相互に確認する。

（＊1）懲戒処分の理由がなかったことを認めるとともに，懲戒処分を取り消す旨の給付条項である。

（＊2）不当労働行為であることを認めるとともに，謝罪をするとともに，今後同様の不当労働行為を行わないことを約する道義条項である。

第3節　売買契約に関する訴訟

1　売買代金請求訴訟

(1)　売買代金請求訴訟における和解の特徴

　売買代金請求訴訟は，売買契約に基づく代金の支払いを請求する訴訟である。

　売買代金の請求が訴訟の場で争われるケースとしては，売買契約の成立や効力が争われるケース，売買契約の成立に争いはないが，買主に代金を支払う資力がなく，代金を支払えないケース，買主が売主に対して何らかの抗弁を主張して支払いを拒んでいるケースなどがある。

　このうち買主に代金を支払う資力がないケースでは，当事者間に請求原因事実についての争いはなく，直ちに判決が言い渡されることも多いが，被告側で代金の分割による支払いを求め，原告側もこれに応じて和解で解決することもある（和解条項例①）。

　これに対し，買主が売主に対して何らかの抗弁を主張して支払いを拒んでいるケースでは，請求原因事実（売買契約の成立）については当事者間に争いがなく，抗弁事実についての審理が中心となるのが通常である。そして，例えば，買主が売買の目的物に契約不適合があることを主張して支払いを拒んでいる場合に，審理の結果，契約不適合の可能性があり，買主が契約の解除ではなく，代替品の引渡しに応じるという場合には，売主が代替品を引き渡し，買主がその代金を支払うという内容による和解が成立することがある（和解条項例②）。

(2)　和解条項例

①　売買代金について分割払いの給付を約する場合

1　被告は，原告に対し，本件売買代金として（＊1），金○円の支払義務があることを認める。（＊2）

2　被告は，原告に対し，前項の金員を，次のとおり分割して，原告の指定する銀行口座あてに振り込む方法によって支払う。但し，振込手数料は被告の負担とする。

(1)　○年○月から○年○月まで毎月末日限り　金○万円

(2)　○年○月○日限り　金○万円

3　被告が前項の分割金の支払いを怠り，その額が金○万円に達したときは，当然に期限の利益を失い，被告は原告に対して，前項の金員の残金に対する期限の利益を喪失した日の翌日から支払い済みまで年6分の割合による遅延損害金を支払う。

4　原告及び被告は，原告と被告との間には，本和解条項に定めるもののほか何らの債権債務がないことを相互に確認する。

5　訴訟費用は各自の負担とする。

(＊1)　被告が確認の主体であるから，「本件売買代金」ではなく，「本件買掛金債務」と記載するのが妥当とする考え方もあるが（実証的研究），実務上はいずれの記載もあるようである。また，当事者間に複数の売買契約がある場合には，該当する売買契約を特定する必要がある。この場合，清算条項においても，清算の対象の記載に注意する必要がある。

(＊2)　確認条項は，留保をつけない限り，現在の権利関係または事実の確認であると解されるが，取引が継続することによって，将来も継続して当事者間に債権債務の発生が想定される場合には，和解成立の日の時点における権利関係の存否であることにつき念を押す意味で「本日現在で」と記載することもある。

② 売買代金の支払いと，契約不適合の目的物の代替品による引渡しを約する場合

1　被告は，原告に対し，本件売買契約に基づく代金として，金○円の支払い義務があることを認める。

2　原告は，被告に対し，本件売買契約に基づき引き渡した別紙物件目録記載の商品（以下「本物件」という）に引渡し前から契約不適合があったことを認める。(＊1)

3　原告は，被告に対し，○年○月○日限り，本件売買契約に基づく債務の履行として，本物件と同種，同型の契約に適合する商品を引き渡す。

4　前項により商品の引渡しを受けたときは，被告は，原告に対し，直ちに第

> 　　1項の金員を支払うとともに本物件を返還する。本物件の返還にかかる費用
> 　は原告の負担とする。（＊2）
> 　5　原告及び被告は，当事者間には，本件売買に関し，本和解条項に定めるも
> 　　ののほか，何らの債権債務がないことを相互に確認する。
> 　6　訴訟費用は各自の負担とする。

（＊1）本和解条項では，原告が契約不適合を認める旨を記載しているが，契約不適
　　合の存否について争いを残したままで和解することも多く，その場合には，契約
　　不適合の存否に触れない内容の和解条項となる。
（＊2）本和解条項では，代金の支払いよりも代替品の引渡しを先履行としているが，
　　引き換え給付の和解条項とすることも考えられる。

2　売買目的物の引渡し請求訴訟

(1)　売買目的物の引渡し請求訴訟における和解の特徴

　売買目的物の引渡し請求訴訟は，買主が売買契約に基づく目的物の引渡請求
権を根拠として，売主に対し目的物の引渡しを求める訴訟である。

　この類型の訴訟において，目的物の引渡しを内容とする和解をする場合には，
和解条項としては，売主が買主に対して目的物を引き渡す旨の給付条項を定め，
かつ引渡し義務が履行されない場合の対応を取り決めることが基本となる。
もっとも，当該訴訟において売買契約の効力や代金の支払いの有無が争点と
なっている場合には，和解の前提となる法律関係（売買契約の有効性，代金支
払いの有無など）についての確認条項を入れることもある。

(2)　和解条項例

①　目的物の引渡しのほか，売買代金が支払われたことの確認をする場合

> 　1　原告と被告とは，原告が被告に対し，別紙物件目録記載の自動車（以下「本
> 　　件自動車」という）にかかる売買契約に基づく売買代金を支払い済みである
> 　　ことを確認する。
> 　2　被告は，原告に対し，本件自動車を〇年〇月〇日限り，引き渡す。

> 3 被告は，原告に対し，本件自動車につき，○年○月○日限り，○年○月○
>   日売買を原因とする所有権移転登録手続をする。ただし，登録手続費用及び
>   登録に伴う公租公課は，原告の負担とする。
> 4 被告が第2項の期限までに本件自動車の引渡しを行わなかった場合には，
>   原告は，催告を要せずして売買契約を解除することができる。
> 5 原告及び被告は，本件に関し，本和解条項に定めるもののほか，何らの債
>   権債務がないことを相互に確認する。
> 6 訴訟費用は各自の負担とする。

3 売買契約上の契約不適合責任に基づく損害賠償請求訴訟

(1) 契約不適合責任訴訟における和解の特徴

売買契約の目的物の性能が契約の内容に適合していない場合には，買主は売主に対して債務不履行責任（契約不適合責任）に基づく損害賠償請求権を有する。この類型の訴訟は，買主たる原告が売主たる被告に対し，売買契約上の契約不適合責任に基づき，契約内容の不適合によって生じた損害について賠償を請求するものである。

この類型の訴訟では，目的物の性能が契約の内容に適合しているか適合していないかが争点となり，審理の中心となることが多い。しかし，契約適合性の判断は，目的物によっては専門性が高く，技術的な内容について微妙で難しい問題を含むことから，当事者双方にとって判決の結論を予測しがたいというリスクがある。また，裁判所としても，この点の判断に踏み込まないで，当該事案において妥当な解決案を提示できる場合には，判決によるよりも和解によって紛争の解決を図るほうが訴訟経済的に見て合理的ということができる。

このようなことから，この類型の紛争でも，和解による解決を試みることがある。その場合，和解による解決策としては，一定の契約不適合の存在を前提として，代替品を納入するか，または契約不適合状態を修補するなどの非金銭的解決を図る方法と，契約不適合の存否は必ずしも明確にしないで，もっぱら紛争解決のために一定の金銭を支払うことによって解決を図る方法の大きく2

つの方向性が考えられる。

　ただし，訴訟提起後の和解の場合には，契約上の納期から相当期間が経過しており，あえて代替品の納入を受ける実益もないことが多いので，実務上は，（契約不適合の有無を問わず）金銭的な解決を図ることが多いと思われる。

　金銭解決の場合には，和解における協議の中心は支払われる具体的金額である。そして，この点は，契約不適合の有無についての裁判所のその段階における心証の度合いを基本として協議されることが多い。

　金額面で合意に達すれば，訴訟における主たる争点である契約不適合の有無は，明示的に判断を示す必要がなくなり，和解による解決であることを踏まえ，和解条項においてもこの点にはあえて触れないことが多い。ただし，当事者が，契約不適合の有無やこれに基づく責任の有無を明確にすることにこだわる場合，証拠調べの結果や裁判所の心証を踏まえ，契約不適合の事実の存否について和解条項でも明示的に言及することもある。例えば，賠償責任保険の適用上，損害賠償責任の有無を和解条項上も明確にすることが必要な場合などである。また，支払われる金銭の名称（和解金，損害賠償金など）を巡り，協議が難航することもある。

　非金銭解決の場合には，その具体的な解決方法として，代替品の納入，契約不適合状態の修補などを合意することになり，事案に応じた具体的な給付条項の内容を検討する必要がある。

　製品の契約不適合を認める和解の場合には，契約不適合とされた目的物の回収についても協議を要することがある。

(2)　和解条項例
①　売買目的物の修補を約する場合

1　被告は，原告に対し，別紙物件目録記載の○について，別紙修補作業仕様書のとおり修補義務があることを認める。(＊1)

2　被告は，原告に対し，○年○月○日限り，自己の費用をもって前項の修補

> 作業を行う。(＊2)
>
> 3　被告が，前項の義務を遅滞した場合には，修補作業の完了までの間，遅延損害金として1日あたり○円を支払う。
>
> 4　原告及び被告は，本件に関し，本和解条項に定めるもののほか，何らの債権債務がないことを相互に確認する。
>
> 5　訴訟費用は各自の負担とする。

(＊1) 修補作業を行うことの前提として，被告に修補義務があることの確認条項である。本条項では，修補義務の前提として，契約不適合の存在を前提としているか否かについては触れていない。

(＊2) 作為を内容とする給付条項である。修補義務の不履行の場合に代替執行を予定しているときは，別紙の仕様書において，代替執行が可能な程度に修補作業の内容・方法を具体的に特定しておく必要がある。

②　代替品の納入を約する場合

> 1　被告は，原告に対し，本件売買契約に基づき原告から引渡しを受けた目的物の代替品として，○年○月○日限り，別紙物件目録記載の製品を引き渡す。(＊1)
>
> 2　原告は，前項に基づく引渡しを受けた後，速やかに当該製品の受入検査を行い，製品に契約不適合の事実があったときは，引渡しを受けてから○日以内にこれを被告に対して通知する。(＊2)
>
> 3　前項の期間内に原告からの通知がなかったときは，本件売買契約に基づく目的物の引渡しは完了したものとし，以後，被告は，事情のいかんを問わず，本件売買契約に基づく責任を負わないものとする。(＊3)
>
> 4　原告及び被告は，本件に関し，本和解条項に定めるもののほか，何らの債権債務がないことを相互に確認する。
>
> 5　訴訟費用は各自の負担とする。

(＊1) 代替品を引き渡すことを約する給付条項である。本和解条項では，代替品の引渡し義務の前提として，契約不適合の存在を前提としているか否かについては触れていない。

(＊2) 第1項に基づく代替品の引渡し義務の履行によって生じる新たな紛争を防止するため，引渡し後の検査，契約不適合の事実の通知義務について規定している。

(＊3) 第1項に基づく代替品の引渡し義務の履行後の法律関係の早期安定のため，

商人間の売買に関する検査・通知義務の規定（商法526条1項・2項）に準じた規定を設けている。

第4節　金融取引に関する訴訟

1　貸金返還請求訴訟

(1)　貸金返還請求訴訟における和解の特徴

　貸金返還請求訴訟の多くは，請求原因事実（貸主と借主間の金銭の返還合意，金銭の交付，弁済期の到来）に争いがなく，早期に判決が言い渡されることも少なくない。

　もっとも借主に弁済の意思および資力がある場合には，判決に基づく強制執行を避けるために借主が和解による解決を希望することも多い。貸主としても，強制執行による回収の可能性やコストを勘案して，受入れ可能な返済案が提示されれば，和解に応じることも合理的な選択肢であり，通常は分割弁済を内容とする和解が成立することも多い。

(2)　和解条項例

①　貸金債務について一時払いの給付を約する場合

1　被告は，原告に対し，○年○月○日付金銭消費貸借契約に基づき，本日現在，次の金員の合計○円の支払義務があることを認める。(＊1)
　(1)　元金　○円
　(2)　利息　○円
　(3)　遅延損害金　○円
2　被告は，原告に対し，前項の金員を，○年○月○日限り，原告名義の下記金融機関口座に振り込む方法によって支払う。振込手数料は被告の負担とする。(＊2)

記

　金融機関名　（略）
　支店名　（略）
　預金種別・口座番号　（略）

　　口座名義　（略）
3　被告が前項の金員の支払いを怠ったときは，被告は，原告に対し，第1項(1)の元金の残金に対する第2項の支払期限の翌日から支払い済みまで年○％の割合による遅延損害金を支払う。
4　原告は，その余の請求を放棄する。
5　原告及び被告は，原告と被告との間には，本和解条項に定めるもののほか，何らの債権債務関係がないことを相互に確認する。
6　訴訟費用は各自の負担とする。

（＊1）金銭債務の弁済については，給付条項に先立ち，債務確認条項（債務承認条項）を設けるのが一般的である。
（＊2）金融機関の口座に振り込む方法によって支払う場合の典型的な記載例である。

②　貸金債務について分割払いの給付を約する場合

1　被告は，原告に対し，○年○月○日付金銭消費貸借契約に基づき，本日現在，次の金員の合計○円の支払義務があることを認める。
　(1)　元金　　○円
　(2)　利息　　○円
　(3)　遅延損害金　　○円
2　被告は，原告に対し，前項の金員のうち元金○円を次のとおり分割して，原告名義の下記口座に振り込む方法により支払う。振込手数料は被告の負担とする。
　(1)　○年○月から○年○月まで毎月末日限り金○万円
　(2)　○年○月○日限り金○万円
　　　　　　　　　　　　　　　記
　　金融機関名　（略）
　　支店名　（略）
　　預金種別・口座番号　（略）
　　口座名義　（略）
3　被告が前項の分割金の支払いを2回以上怠り，かつ，その額が○万円に達したときは，当然に同項の期限の利益を失い，被告は，原告に対し，第1項(1)の元金の残金に対する期限の利益喪失の日から支払い済みまで年○％の割合による遅延損害金を支払う。

4　被告が第2項の分割金をすべて遅滞なく支払った場合には，原告は被告に対し，第1項(2)及び(3)の金員の支払いを全て免除する。

5　原告は，その余の請求を放棄する。

6　原告及び被告は，原告と被告との間には，本和解条項に定めるもののほか，何らの債権債務関係がないことを相互に確認する。

7　訴訟費用は各自の負担とする。

③　貸金債務について利害関係人が参加し，被告と連帯して分割払いの給付を約する場合

1　被告は，原告に対し，○年○月○日付金銭消費貸借契約に基づき，本日現在，次の金員の合計○円の支払義務があることを認める。

  (1)　元金　○円
  (2)　利息　○円
  (3)　遅延損害金　○円

2　利害関係人は，原告に対し，被告の前項の債務について連帯保証をする。

3　被告及び利害関係人は，原告に対し，連帯して，第1項の金員のうち元金○円を次のとおり分割して，原告名義の下記口座に振り込む方法により支払う。振込手数料は被告の負担とする。

  (1)　○年○月から○年○月まで毎月末日限り金○万円
  (2)　○年○月○日限り金○万円

記

　　金融機関名　（略）

　　支店名　（略）

　　預金種別・口座番号　（略）

　　口座名義　（略）

4　被告及び利害関係人が前項の分割金の支払いを2回以上怠り，かつ，その額が○万円に達したときは，当然に同項の期限の利益を失い，被告及び利害関係人は，原告に対し，連帯して，第1項(1)の元金の残金に対する期限の利益喪失の日から支払い済みまで年○％の割合による遅延損害金を支払う。

5　被告及び利害関係人が第2項の分割金をすべて遅滞なく支払った場合には，原告は被告及び利害関係人に対し，第1項(2)及び(3)の金員の支払いを全て免除する。

186 第5章 企業訴訟における紛争類型別和解条項

> 6　原告は，その余の請求を放棄する。
> 7　原告，被告及び利害関係人は，原告と被告及び利害関係人との間には，本和解条項に定めるもののほか，何らの債権債務関係がないことを相互に確認する。
> 8　訴訟費用及び和解費用は，各自の負担とする。

2　金融商品訴訟

(1)　金融商品訴訟における和解の特徴

　金融商品の取引に関する紛争としては，株式，投資信託，先物，仕組債などの金融商品の取引により損失を被った顧客が，取引を勧誘した金融機関などに対して，取引の仕組みや内容，危険性に関する説明に誤りないし不十分な点があったと主張して，損害賠償を求めるものが代表的である。

　このような紛争において，金融機関側が一定の金銭を支払う形の和解により解決される例も少なくないが，和解金などの支払いにより解決する場合には，金融商品取引法により禁じられる損失補填（同法39条1項）を損害賠償の名目で行うことにならないよう，顧客の損失が金融機関側の違法・不当な行為による「事故」により生じたものであることについての内閣総理大臣の確認が必要とされる（同条3項）。

　ただし，裁判上の和解，民事調停法上の調停，指定紛争解決機関のADR手続による和解などについては，裁判所の確定判決による場合と同様に，内閣総理大臣の上記確認を要しないものとされている（同項但書，金融商品取引業等に関する内閣府令119条1項）。

(2)　和解条項例

①　被告の行為に違反がないことを確認しつつ解決金の給付を約する場合

1　原告と被告は，本件取引に関する一切の被告の行為が適法かつ有効に行われたものであることを相互に確認する。（＊1）

2　被告は，原告に対し，本件解決金として，金○円の支払義務があることを認める。

3　被告は，原告に対し，前項の金員を，○年○月○日限り，原告名義の下記金融機関口座に振り込む方法によって支払う。なお，振込手数料は被告の負担とする。

4　原告及び被告は，第三者に対し，本和解が成立したことを除き，本和解条項の内容を開示又は漏洩しない。但し，法令により開示が求められる場合及び株主に開示する場合を除く。（＊2）

5　原告は，その余の請求を放棄する。

6　原告及び被告は，原告と被告との間には，本和解条項に定めるもののほか，本件に関し，何らの債権債務関係がないことを相互に確認する。（＊3）

7　訴訟費用は，各自の負担とする。

（＊1）金融商品取引業者や登録金融機関は，従業員などの法令等違反行為があったことを知った場合は当局に届出を提出する必要がある（金融商品取引法50条1項2号，金融商品取引業等に関する内閣府令199条7号・200条6号）。そのため，金銭の支払名目は，「損害賠償金」とはせず，「解決金」や「和解金」とする場合が大半であるが，さらに加えて，事故に該当しないということを一層明確にするための確認条項を設ける場合もある。

（＊2）同様の金融商品に関する紛争の帰趨に影響しまたは同様の金融商品に関する紛争を誘発することを避けるため，守秘義務条項を設ける場合も多い。守秘義務条項に関しては第4章第5節2参照。

（＊3）金融機関と顧客との間に複数の商品取引があるときに，紛争はその一部について生じており，当該顧客は当該金融機関の口座に金融商品をなお保有し続けているという場合も少なくない。このような場合の清算条項は，「本件に関し」「本件投資信託の取引に関し」などと清算の対象範囲を明確に限定しておく必要がある。

②　原告保有の金融商品について売却手数料の支払免除を約する場合

1　原告は，被告に対し，本和解の成立をもって，令和〇年〇月〇日，原告が保有する本件債券を市場価格で売却することを注文する。(＊1)
2　被告は，原告に対し，前項の注文に基づく売却が成立した場合，直ちに，本件債券の売却代金全額を原告届出口座に振込支払するものとする。
3　被告は，原告に対し，前項の注文に基づく売却が成立した場合であっても，被告約款に定める売却手数料の支払義務を免除する。(＊2)
4　原告及び被告は，第三者に対し，本和解が成立したことを除き，本和解条項の内容を開示又は漏洩しない。但し，法令により開示が求められる場合及び株主に開示する場合を除く。
5　原告は，その余の請求を放棄する。
6　原告及び被告は，原告と被告との間には，本和解条項に定めるもののほか，本件に関し，何らの債権債務関係がないことを相互に確認する。
7　訴訟費用は，各自の負担とする。

（＊1）紛争の解決方法として，被告である証券会社から原告に対しては金銭給付をしない代わりに，紛争の対象となった原告保有の金融商品を被告の手配で早期売却しつつ，当該売却に伴い通常は必要となる，被告に対する売却手数料の支払義務を免除する例である。株式などのように市場価格がめまぐるしく変化しうる場合には，売却をする日付のみならず，時間帯を定めることも考えられる。
（＊2）手数料額が金融商品によって一義的に決まる場合には，「売却手数料金〇円」と明示的に特定することが望ましい。

第5節　不動産に関する訴訟

1　不動産明渡請求訴訟

(1)　不動産明渡請求訴訟の特徴

　不動産明渡請求訴訟は，紛争の対象となる不動産の権利者（所有者など）が原告となり，当該不動産を占有している被告に対し，不動産の返還を求める訴訟である。

　典型的な紛争事案としては，第3章の例のように，被告側が賃借権に基づいて不動産を占有していたものの，賃借権の根拠となる賃貸借契約が解除などにより終了したか否かについて当事者間の主張に食い違いがある場合などが挙げられる。

(2)　条項例

① 　賃貸借契約を合意解除し，一定の猶予期間を設けて明渡しを合意する場合

1　原告及び被告は，別紙物件目録記載の建物（以下「本件建物」という）にかかる原告被告間の○年○月○日付け賃貸借契約を合意解除する。(＊1)

2　原告は，被告に対し，本件建物の明渡しを，○年○月○日まで猶予する。(＊2)

3　被告は，原告に対し，前項の期日限り，本件建物を明け渡す。(＊3)

4　被告は，原告に対し，○年○月○日から本件土地の明渡済みまで，賃料相当損害金として，1箇月○円の割合による金員の支払義務があることを認める。(＊4)

5　被告は，原告に対し，○年○月○日限り，前項の金員を，原告名義の○○銀行○○支店の普通預金口座（○○○○）に振り込み送金する方法により支払う。振込手数料は原告の負担とする。(＊5)

6　被告は，本件建物の明渡しに際して本件建物内に残置した動産については，

　　その所有権を放棄する。(＊6)

7　原告は，その余の請求をいずれも放棄する。

8　原告及び被告は，本和解条項に定めるほか，原告と被告との間において，何ら債権債務のないことを相互に確認する。

9　訴訟費用は，各自の負担とする。

（＊1）和解成立の日をもって，賃貸借契約を合意解除により終了させる形成条項である。敢えて「本日」と記載する例もあるが，記載しなくても和解成立日を意味することになる。なお，「合意解約」と表記する場合も，「合意解除」と表記する場合もあるが，実務上は，いずれも将来に向かって賃貸借契約を終了させる趣旨と解される。

（＊2）被告による明渡しについて期限を猶予する旨の形成条項である。和解成立の日をもって賃貸借契約を解除することを合意した場合には，被告に即時明渡しの義務が発生することになるが，通常は和解成立日に即時の明渡しを行うことは不可能な場合が多いため，明渡しを完了するまでの合理的な猶予期間を定めるためのものである。本和解条項では，明渡しを一定期間猶予しつつ，猶予期間中は，従前の賃料と同額を賃料相当損害金として支払うこととしている。

（＊3）本件建物の明渡しの給付条項である。強制執行に必要となる債務名義となる条項のため，特定性，明確性が特に問題となる。特定性に関しては，「本件建物」が指す対象が第1項で明確に定められているかを確認する必要がある。また明確性に関しては，「前項に定める期日限り，本件建物を明け渡す義務を負う。」などと記載することは，確認条項と誤解されやすいため，避ける必要がある。

（＊4）明渡しを完了するまでの期間に被告から原告に支払うべき金員に関する確認条項である。和解成立の日をもって原告（貸主）と被告（借主）との間の賃貸借契約を解除した場合，契約解除後も本件建物を占有する被告が原告に支払うべき金員の性質は，「賃料」ではなく「賃料相当損害金」であり，本項に起算点として記載する日付は契約解除日（この例では和解成立日）の翌日ということになる。なお，「明渡し済みまで」という記述は不確定期限ではあるが，現実に明渡しがなされることにより，明渡しの日が確定することになるから，債務の内容としては確定しているといえる。

（＊5）無事に明渡しが履行されれば免除する場合については，②（＊5）参照。

（＊6）被告が建物内に残した動産の所有権を放棄する旨の形成条項である。建物内に被告所有の動産類が残っている場合に，原告が当該動産を勝手に処分をすることは被告の所有権を侵害したか否かという別途の問題を惹起することになりかねない。所有権の放棄ではなく無償で譲渡すると記載する例もあるが，会計処理上の検討が必要になる場合もあることから，残置された動産類を処分することを前

提としている場合には，単に放棄とするほうが望ましい。また，実務上は「所有権を放棄し，原告の処分に異議を述べない」などと付け加えている例も多い。

② 契約が終了済みであることを確認し，明渡履行されれば賃料相当損害金の支払いを免除することを合意する場合

1　原告及び被告は，別紙物件目録記載の建物（以下「本件建物」という）にかかる原告被告間の○年○月○日付け賃貸借契約が，○年○月○日の経過をもって期間満了により終了したことを確認する。（＊1）

2　原告は，被告に対し，本件建物の明渡しを○年○月末日まで猶予する。（＊2）

3　被告は，原告に対し，前項に定める期日限り，本件建物を明け渡す。（＊3）

4　被告は，原告に対し，本件建物の賃料相当損害金として，○年○月○日から本件建物の明渡済みまで，1日当たり金○円の割合による金員の支払義務があることを認める。（＊4）

5　被告が本件建物を第3項の期限までに明け渡したときは，原告は，被告に対し，前記金員について支払義務を免除する。（＊5）

6　被告は，原告に対し，本件建物の明渡しに際して，本件建物について原状に回復すべき義務を負うことを確認する。（＊6）

7　原告は，その余の請求をいずれも放棄する。

8　原告及び被告は，本和解条項に定めるほか，原告と被告との間において，何ら債権債務のないことを相互に確認する。

9　訴訟費用は，各自の負担とする。

（＊1）和解成立の日よりも以前に賃貸借契約が解除により終了したことの確認条項である。民事訴訟においては，原則として，現在の特定の法律関係または権利義務の存在・不存在の確認をすることしか許容されていないが，訴訟上の和解においては，過去の事実の確認を内容とすることもできる。

　なお，原告が期間満了による終了を主張し，被告が終了を否定し争っていた場合などには，確認の主体を被告のみとして，「被告は，原告に対し，……終了したことを認める」とする例も多い。

（＊2）被告による明渡しについて期限を猶予する旨の形成条項である。第1項において既に賃貸借契約が終了していることが確認されたことにより，和解成立の時点で既に被告には本件建物の占有権原がないとの帰結が導かれるため，被告に占有権原がないことを前提とした上で，その処理を明確にする必要がある。

（＊3）明渡し給付条項については，①（＊3）参照。

（＊4）第1項で賃貸借契約の終了を確認した日の翌日以降も賃料相当損害金が発生していたことについての確認条項であり，本項に記載する日付は，第1項で確認された契約終了日の翌日となる。本和解条項では，約定どおりに明渡しがなされれば過去の賃料相当損害金についても免除するという明渡しについてのインセンティブを設定し，別途の給付条項を設けていないが，明渡しの履行に疑義がある場合などには，執行に備えて別途給付条項を記載することが望ましい。

（＊5）明渡しを履行するインセンティブを与えるため，和解条件に従った明渡しが履行されれば，第4項で確認した賃料相当損害金の支払いを免除する旨の条件付き形成条項である。明渡しの時期が遅延し，賃料相当損害金の支払いもなされなかった場合に，賃料相当損害金の支払いを強制執行するためには，賃料相当損害金についての給付義務が別途必要となる。

（＊6）原状回復義務の範囲が問題になりそうな場合には別紙添付するなどして明確化するようにすべきである。

③　立退料の支払いと引換えに明渡しを合意する場合

1　原告及び被告は，別紙物件目録記載の建物（以下「本件建物」という）にかかる原告被告間の○年○月○日付け賃貸借契約を，○年○月○日限り，本件賃貸借契約を合意解除する。（＊1）

2　原告は，被告に対し，本件建物の立退料として，金○万円の支払義務があることを確認する。（＊2）

3　原告は，被告に対し，前項の立退料を，○年○月○日限り，被告名義の○○銀行○○支店の普通預金口座（○○○○）に振り込み送金する方法により支払う。振込手数料は原告の負担とする。

4　被告は，第2項の立退料全額の支払いを受けるのと引換えに，原告に対し，本件建物を明け渡す。（＊3）

5　原告は，その余の請求をいずれも放棄する。

6　原告及び被告は，本和解条項に定めるほか，原告と被告との間において，何ら債権債務のないことを相互に確認する。

7　訴訟費用は，各自の負担とする。

（＊1）特定の期限をもって，賃貸借契約を合意解除により終了させる期限付きの形成条項である。①や②のように，過去の契約の終了を確認または和解の成立をもって契約を終了させつつ明渡しを猶予する場合と，外観上は同じ事象が生じる

ものの，期限までは従前の賃貸借契約が従前の契約条件のまま有効に継続していることを前提としている点で異なる。合意解除期日までの期間が長い場合などには，当該期日までの賃料支払いについて別途給付条項化する必要があるかについても検討する必要がある。

（＊2）立退料に関する確認条項である。立退料とは，一般に，賃貸借契約を賃貸人側から終了させる場合に必要とされる正当事由を補完するものと位置付けられるものである。原告から被告に払われる金員の性質に争いがある場合などには，あえて「立退料」との名目を避けて「解決金」や「和解金」などの別の名目とする場合もある。

（＊3）引換給付条項については，第4章第5節1⑼参照。

④　一時的な占有継続を合意する場合

1　原告と被告は，別紙物件目録記載の建物（以下「本件建物」という）にかかる原告被告間の○年○月○日付け賃貸借契約が，○年○月○日の経過をもって期間満了により終了したことを確認する。（＊1）

2　原告は，被告に対し，本件建物を次の条件で一時的に賃貸し，被告はこれを賃借する。（＊2）

　⑴　使用目的　　被告の事業所移転準備期間中の一時使用のため

　⑵　賃貸借期間　○年○月○日から○年○月○日まで6か月間

　⑶　賃料　　　　1カ月あたり○万円

　⑷　支払方法　　当月末日限り，翌月分を送金支払

3　被告は，原告に対し，前項に定める翌月分賃料を，毎月末日限り，原告名義の○○銀行○○支店の普通預金口座（○○○○）に振り込む方法により支払う。（＊3）

4　被告は，原告に対し，○年○月○日限り，本件建物を明け渡す。（＊4）

5　原告は，その余の請求をいずれも放棄する。

6　原告及び被告は，本和解条項に定めるほか，原告と被告との間において，何ら債権債務のないことを相互に確認する。

7　訴訟費用は，各自の負担とする。

（＊1）過去の一定の期日の経過をもって賃貸借契約が解除により終了したことの確認条項である。②（＊1）参照。本和解条項では，一旦賃貸借契約は終了させた上で，新たに次項で借地借家法の適用が排除される一時使用の賃貸借契約を成立させている。そのため，第2項⑵の賃貸借期間の開始日は，第1項の日付の翌日

とすることが想定される。

（＊2）一時使用貸借契約の形成条項である。一時使用貸借は，短期間に限って賃貸借を存続させるものであり，例外的に，借地借家法の適用が排除される（借地借家法40条）。そのため，確実に借地借家法の適用を排除し，契約の更新なく明渡しを履行を受けられるようにするためにも，一時使用目的であることについては，文言として明記するのみならず，賃貸借期間などの契約条件から客観的に明らかにしておく必要がある。同様に，一旦従前の賃貸借契約を終了させた上で，定期建物賃貸借契約に切り替える場合も，定期建物賃貸借契約としての要件を満たすよう留意する必要がある。

（＊3）第2項で定められた賃料に関する給付条項である。賃料および支払い方法については，第2項(3)(4)で定めているが，あくまで形成条項の一部であり，賃料支払いについての給付条項ではない。そのため，賃料支払いについて強制執行のために必要な債務名義とするためには，形成条項とは別途，給付条項を設ける必要がある。

（＊4）明渡しの給付条項については，①（＊3）参照。本項の日付は，第2項(2)の賃貸借期間終了日とすることが想定される。

⑤　新たな賃貸条件による賃貸借契約の更新を合意する場合

1　原告と被告は，別紙物件目録記載の建物（以下「本件建物」という）にかかる原告被告間の○年○月○日付け賃貸借契約を，次の条件により更新する。（＊1）

  (1)　使用目的　　　事務所

  (2)　賃貸借期間　　○年○月○日から3年間

  (3)　賃料　　　　　1カ月金○円

  (4)　支払方法　　　毎月末日限り，翌月分払い

  (5)　その他　　　　平成○年○月○日付け本件賃貸借契約書に定めるところに従う

2　次の各号のいずれかに該当したときは，原告は，何らの催告を要しないで，第1項の賃貸借契約を解除することができる。（＊2）

  (1)　被告が前項の賃料の支払いを怠り，その額が2か月分以上に達したとき

  (2)　被告が本件建物を居住用その他第1項①に定める使用目的以外の目的に使用したとき

3　前項により解除の意思表示があったときは，被告は，原告に対し，本件建物を明け渡す。（＊3）

4　被告は，原告に対し，更新料として金○万円の支払義務があることを認める。

5　被告は，原告に対し，前項の金員を，○年○月○日限り，原告名義の○○銀行○○支店の普通預金口座（○○○○）に振り込む方法により支払う。（＊4）

6　原告は，その余の請求をいずれも放棄する。

7　原告及び被告は，本和解条項に定めるほか，原告と被告との間において，何ら債権債務のないことを相互に確認する。

8　訴訟費用は，各自の負担とする。

（＊1）従前の賃貸借契約を合意により更新する旨の形成条項である。(2)賃貸借期間においては，従前契約の期間満了などの時期と，更新の合意時とにずれがある場合などに備え，更新後の契約の始期を明確にしておくことが望ましい。本和解条項においては，(3)賃料についての合意も，あくまで形成条項の一部としているに過ぎないため，強制執行に備えて債務名義とする必要がある場合には，別途，給付条項を設ける必要がある。

（＊2）解除権を留保する旨の特約条項である。第4章第5節1(7)参照。

（＊3）第2項により解除がなされた場合の，建物明渡しの給付条項である。本項について明渡し強制執行のための執行文の付与を受けるためには，原告が解除の意思表示を行った旨を証明する必要がある。そのため当該解除の意思表示は内容証明郵便などにより行うことが望ましい。

（＊4）第3項で支払義務が確認された金員に関する給付条項である。前項の確認条項と，給付条項については，性質が異なることから，異なる条文に記載することが望ましく，また，実務上も分けて記載する例が多い。

⑥　土地上建物の占有者を利害関係人として和解に参加させる場合

1　被告は，原告に対し，別紙物件目録1記載の土地（以下「本件土地」という）にかかる原告被告間の○年○月○日付け賃貸借契約（以下「本件契約」という）が，○年○月○日，被告の債務不履行による解除により終了したことを認める。（＊1）

2　原告は，被告に対し，本件土地の明渡しを，○年○月○日まで猶予する。（＊2）

3　被告は，原告に対し，前項の期日限り，本件土地を，別紙物件目録2記載の建物（以下「本件建物」という）を収去して明け渡す。（＊3）

4　利害関係人は，原告に対し，第2項の期日限り，本件建物から退去する。

（＊4）

5 被告は，原告に対し，本件土地にかかる未払賃料及びこれに対する本件契約に基づく約定遅延損害金として，金○円及び内金○円に対する○年○月○日から，内金○円に対する○年○月○日から，内金○円に対する○年○月○日から，それぞれ支払済みまで，年14．6％の割合による金員の支払義務があることを認める。（＊5）

6 被告は，原告に対し，○年○月○日から本件土地の明渡し済みまで，賃料相当損害金として，1か月あたり金○円の割合による金員の支払義務があることを認める。（＊6）

7 利害関係人は，原告に対し，前2項に定める被告の債務を連帯保証する。（＊7）

8 被告及び利害関係人は，原告に対し，連帯して，第5項及び第6項の金員を，次の通り分割して，原告名義の○○銀行○○支店の普通預金口座（○○○○）に振り込み送金する方法により支払う。（＊8）

(1) ○年○月○日限り　金○円

(2) ○年○月○日限り　金○円

(3) ○年○月○日限り　残全額

9 原告は，その余の請求をいずれも放棄する。

10 原告及び被告は，本和解条項に定めるほか，原告と被告との間において，何ら債権債務のないことを相互に確認する。

11 訴訟費用は，各自の負担とする。

（＊1）和解成立の日よりも以前に賃貸借契約が解除により終了したことの確認条項については，②（＊1）参照。

（＊2）明渡期限を猶予する旨の形成条項については，①（＊2）参照。

（＊3）建物収去土地明渡しの債務名義となる給付条項である。建物の収去は，土地の明渡し方法の手段ないし履行の態様であるが，和解調書に土地明渡しについてしか記載されていない場合，建物の収去の強制執行（代替執行）をすることが許されないため（上田正俊「不動産に関する権利の実行手続」『不動産訴訟の実務（7訂版）』（新日本法規，2010）798頁），「建物を収去して土地を明け渡す」という形で記載することが不可欠である。

（＊4）土地賃借人の被告が，土地上建物をテナントに転貸している場合などには，明渡しの実効性を確保するため，当該テナントについても利害関係人として和解に加える場合がある。なお，当該テナントが本件建物の占有を通じて敷地である

本件土地も占有していると捉え，「利害関係人は，原告に対し，……本件建物から退去し，本件土地を明け渡す」と記載する例もある。

（＊5）第1項により確認された契約解除日までの賃料未払額についての確認条項である。未払期間が長く，各未払賃料額ごとの遅延損害金についても確認する場合などについては，条項内に箇条書きにする場合もある。

（＊6）契約解除日の翌日以降の賃料相当損害金についての確認条項については，②（＊4）参照。

（＊7）利害関係人を連帯保証人とする連帯保証契約の形成条項である。

（＊8）被告および利害関係人の各給付条項である。債務者が2名であることから，連帯債務であることを明記する必要がある。第4章第2節参照。

⑦　建物および地上工作物の収去を合意する場合

1　原告及び被告は，○年○月○日限り，別紙物件目録1記載の土地（以下「本件土地」という）にかかる原告被告間の○年○月○日付け賃貸借契約を合意解除する。（＊1）

2　被告は，原告に対し，前項の期日限り，本件土地を，別紙物件目録2記載の建物その他本件土地明渡時に本件土地上に存する一切の工作物を収去して明け渡す。（＊2）

3　原告は，その余の請求をいずれも放棄する。

4　原告及び被告は，本和解条項に定めるほか，原告と被告との間において，何ら債権債務のないことを相互に確認する。

5　訴訟費用は，各自の負担とする。

（＊1）特定期限をもって賃貸借契約を合意解除により終了させる期限付きの形成条項でについては，③（＊1）参照。

（＊2）建物など収去土地明渡しの債務名義となる給付条項である。和解成立時に存在する建物を収去させる場合については，収去の対象物の特定性に疑義を生じさせないためにも，単に「本件土地上の建物」とするのではなく，別紙などによって特定する必要がある。土地上の工作物についても「本件土地上に存する一切の工作物」では特定が不十分であるという見解もあるが，和解成立後に工作物が設置される工作物も念頭に置いている場合，和解成立時において具体的に特定することは困難であるから，本件土地の特定と相俟って特定されていると解される（実証的研究106頁）。

2　不動産登記手続請求

(1)　登記手続請求訴訟の特徴

　権利に関する登記は，虚偽登記を防止するため，登記法上の権利者と義務者との共同申請によることが原則とされている（不動産登記法60条）。そのため，登記義務者が登記申請に協力しない場合は，登記権利者には，登記義務者に対して，登記申請に協力すべきことを求める実体法上の請求権がある。このような登記権利者が登記義務者に対し，登記官に登記申請という公法上の意思表示をすべきことを求める権利を，登記請求権という。登記請求権の存否が争点となる登記手続請求訴訟としては，例えば，不動産の売買がなされたのに売主が所有権移転登記申請に協力しない場合や，不動産の売買が解除されたのに買主が抹消登記または抹消登記に代わる所有権移転登記に協力しない場合などがある。

　ただし，必ずしも登記請求権が争点となる紛争だけではなく，その他が主たる争点とされた紛争であっても，和解の一条件として，登記に関する合意がなされる場合も多く，かつ，様々な類型があり得る。以下においては，登記に関する極めて典型的な条項例を取り上げる。

(2)　条項例

①　売買による所有権移転登記手続を合意する場合

1　被告は，原告に対し，本件土地につき原告が所有権を有することを確認する。

2　被告は，原告に対し，本件土地につき，○年○月○日売買を原因とする所有権移転登記手続をする。登記手続に要する費用は原告の負担とする。(＊1)

3　原告は，その余の請求をいずれも放棄する。

4　原告及び被告は，本和解条項に定めるほか，原告と被告との間において，何ら債権債務のないことを相互に確認する。

5　訴訟費用は，各自の負担とする。

（＊１）登記申請手続をする旨の意思表示をする給付条項である。第４章第２節２(5)参照。

　　　また，第２文の登記手続費用の定めは形成条項であることから，第１文の給付条項と分けて記載することが望ましいが，実務上は，給付条項と形成条項との区別が容易であり，かつ，非常に密接な関係にある条項であることから，文章を分けつつ同じ条項内で記載される例が多い。

②　農地法許可申請手続および所有権移転登記手続を合意する場合

1　被告は，原告に対し，本件土地につき，○○県知事の農地法第５条の規定による許可を条件として金○円で売却し，原告はこれを買い受ける。（＊１）
2　被告は，原告に対し，○年○月○日限り，本件土地につき，○○県知事に対し，農地法第５条の規定による所有権移転許可申請手続をする。（＊２）
3　前項の許可があったときは，原告は，被告に対し，本件土地につき，上記許可の日の売買を原因とする所有権移転登記手続をする。この登記手続費用は原告の負担とする。（＊３）
4　第２項の許可があったときは，原告は，被告に対し，第１項の代金○円を，被告名義の○○銀行○○支店の普通預金口座（○○○○）に振り込み送金する方法により支払う。
5　原告は，その余の請求をいずれも放棄する。
6　原告及び被告は，本和解条項に定めるほか，原告と被告との間において，何ら債権債務のないことを相互に確認する。
7　訴訟費用は，各自の負担とする。

（＊１）条件付きの売買契約の形成条項である。農地については，知事などの許可を受けないでした売買は効力を生じないため（農地法４条・５条），知事の許可を条件としているものである。
（＊２）許可申請手続をする旨の意思表示をする給付条項である。第４章第２節(5)参照。
（＊３）登記申請手続をする旨の意思表示をする給付条項である。①（＊２）参照。

③　抵当権設定登記を合意する場合

1　被告は，原告に対し，本件代金債務として，金○円の支払義務があることを認める。

2　被告は，原告に対し，前項の金員を次のとおり分割して，被告名義の○○銀行○○支店の普通預金口座（○○○○）に振り込む方法により支払う。
(1)　○年○月○日限り　金○円
(2)　○年○月○日限り　金○円
3　被告は，原告の前項の債務の支払を担保するため，別紙物件目録記載の土地につき，次のとおり抵当権を設定する。(＊1)
　　債権額　　金○円
　　債務者　　被告
　　抵当権者　原告
　　設定者　　被告
4　被告は，原告に対し，前項の土地について，前項の抵当権設定契約に基づき，平成○年○月○日和解同日設定を原因とする抵当権設定登記をする。(＊2)
5　原告は，その余の請求をいずれも放棄する。
6　原告及び被告は，本和解条項に定めるほか，原告と被告との間において，何ら債権債務のないことを相互に確認する。
7　訴訟費用は，各自の負担とする。
（以下略）

（＊1）抵当権設定の合意に関する形成条項である。
（＊2）前項で設定された抵当権について，登記申請手続をする旨の意思表示をする給付条項である。第4章第2節2(5)および①（＊2）参照。

④　不動産売買契約の解除による抹消登記手続を合意する場合

1　原告及び被告は，別紙物件目録記載の土地についての，被告を売主，原告を買主とする平成○年○月○日付け売買契約を，合意解除する。
2　原告は，被告に対し，前項土地についてされている○○法務局○年○月○日受付第○号所有権移転登記手続について，抹消登記手続をする。登記手続費用は被告の負担とする。(＊1)
3　原告は，その余の請求をいずれも放棄する。
4　原告及び被告は，本和解条項に定めるほか，原告と被告との間において，何ら債権債務のないことを相互に確認する。
5　訴訟費用は，各自の負担とする。

（＊1）登記申請手続をする旨の意思表示をする給付条項である。抹消すべき登記については，物件と登記の名称，管轄法務局の表示，受付日付，受付番号をもって特定する。

⑤　債務弁済を条件とする抵当権設定登記の抹消登記手続を合意する場合

1　被告は，原告に対し，本件代金債務として金○円の支払義務があることを認める。

2　被告は，原告に対し，前項の金員を，○年○月○日限り，原告名義の○○銀行○○支店の普通預金口座（○○○○）に振り込む方法により支払う。

3　被告が前項の金員を支払ったときは，原告は，被告に対し，別紙物件目録記載の土地についてされている○○法務局○年○月○日受付第○号所有権移転登記手続について，抹消登記手続をする。登記手続費用は被告の負担とする（＊1）。

4　原告は，その余の請求をいずれも放棄する。

5　原告及び被告は，本和解条項に定めるほか，原告と被告との間において，何ら債権債務のないことを相互に確認する。

6　訴訟費用は，各自の負担とする。

（＊1）被告による債務弁済を条件として，登記申請手続をする旨の意思表示をする給付条項である。(1)（＊2）参照。

3　賃料増減額請求

(1)　賃料増減額請求訴訟の特徴

賃料増減額請求は借地非訟の一つである。

非訟事件とは，当該事件の処理について非訟事件手続法によるべきことが実体法上規定されている事件のことであり，その多くは，手続構造においても職権主義および職権探知主義が採られている。そのため，手続の対象が当事者の自由処分に適するとはいえないことから，明文の規定がない限り，民事訴訟法の和解に関する規定の準用は認められず，和解はできないとする見解が多い。但し，非訟事件の中でも借地非訟事件については，非訟事件手続法を準用するものの，明文規定があることから（借地借家法42条），和解が可能とされてい

る。

　借地借家法11条，32条による賃料増減額請求は，通説判例によると形成権であるとされており，増減額の一方的意思表示により，その意思表示が相手方に到達したときから，従前の賃料が相当額まで当然に増減額されると解されている。しかし，相手方が増減額請求の事由の存否または増額の範囲を争うときは，増減額請求後の賃料額が事実上確定しないことになるので，裁判による確定が必要となる。その裁判がいわゆる賃料増減額請求訴訟である。

(2)　条項例

① 賃料増額意思表示以降の賃料増額を合意する場合

1　原告及び被告は，原告が被告に賃貸している別紙物件目録記載の土地（以下「本件土地」という）の賃料が，○年○月○日以降，1か月○円に改定されたことを確認する。(＊1)

2　原告及び被告は，被告が前項による賃料として，○法務局に○年○月から○年○月まで1か月○円ずつ供託した金員について，原告が還付請求をするものとし，被告はこれを承諾する。(＊2)

3　被告は，原告に対し，第1項の改定賃料額と前項の供託金との差額合計○円を，○年○月○日限り，原告名義の○○銀行○○支店の普通預金口座（○○○○）に振り込む方法により支払う。(＊3)

4　原告は，被告に対し，前項の差額金についての各支払期日の翌日から支払い済みまで，借地借家法所定の年1割の割合による各利息の支払義務を免除する。(＊4)

3　原告は，その余の請求をいずれも放棄する。

4　原告及び被告は，本和解条項に定めるほか，原告と被告との間において，何ら債権債務のないことを相互に確認する。

5　訴訟費用は，各自の負担とする。

(＊1)　賃料増額の意思表示が被告に到達した過去の特定の日から，従来の賃料が相当賃料に増額されたことを確認する条項である。

(＊2)　賃借人である被告が増額前の賃料を弁済供託していた場合，誰が供託所から供託金の払渡しを受けるかについても定めておく必要がある。本項は，第1項に

より改定賃料が合意されたため，従前賃料として供託されていた金員について，賃貸人である原告が払渡しを受けること定めたものである。

（＊3）第1項により，賃借人である被告が供託していた従前賃料は，改定後賃料に比し不足していたことになるため，その不足額についての給付条項である。

（＊4）借地借家法は，賃借人が賃貸人から増額請求を受けた場合，増額を正当とする判決が確定するまでは，賃借人が相当と認めて支払った賃料額が不足している場合でも，債務不履行解除はされないことを認め，他方，増額を正当とする判決が確定した場合は，改定後賃料額と賃借人が支払っていた賃料額との差額について，各支払期後年1割の利息の支払義務が生じる旨を定めている。本条項は，当該利息支払義務を免除する旨の形成条項である。

②　和解により今後の賃料増額改定の合意をする場合

1　原告及び被告は，原告が被告に賃貸している別紙物件目録記載の土地（以下「本件土地」という）の賃料を，○年○月○日以降，1か月○円に改定する。（＊1）

2　原告及び被告は，被告が前項による賃料として，○○法務局に○年○月から○年○月まで1か月○円ずつ供託した金員について，原告が還付請求をするものとし，被告はこれを承諾する。（＊2）

3　被告は，原告に対し，○年○月分から第1項による改定賃料額を，毎月末日限り翌月月分を，原告名義の○○銀行○○支店の普通預金口座（○○○○）に振り込む方法により支払う。（＊3）

4　原告は，その余の請求をいずれも放棄する。

5　原告及び被告は，本和解条項に定めるほか，原告と被告との間において，何ら債権債務のないことを相互に確認する。

6　訴訟費用は，各自の負担とする。

（＊1）将来の特定の日を賃料改定日として定める形成条項である。

（＊2）①（＊2）参照。賃借人である被告が増額前の賃料を弁済供託していた場合，本和解条項の場面においては，将来の賃料改定日前である弁済供託済みの金額については不足額は生じていないことになる。

（＊3）本項は，将来的な賃料の支払義務について，強制執行に備え給付条項としたものである。

第6節 継続的取引をめぐる訴訟

1 継続的供給契約の存続をめぐる訴訟

(1) 継続的供給契約の存続をめぐる訴訟における和解の特徴

売買などの継続的供給契約の終了をめぐり，供給者と被供給者間で訴訟となることがある。

具体的な訴訟の態様としては，供給者側が継続的供給契約を解約したことに対して，被供給者側が解約の効力を争い，引き続き契約上の地位があることを確認する訴訟や，解約の無効を主張して損害賠償を請求する訴訟などがある。

和解の場面では，まず，契約の継続を前提とするか，契約の終了を前提とするかが問題となる。契約を終了させる場合には，即時の終了とするか，一定の猶予期間を設けた上で終了とするかなど，契約の存続期間の点が問題となる。その上で，契約の終了にあたっての具体的な事情を踏まえて，補償の趣旨で一定の金銭が授受されることがある。

(2) 和解条項例

① 継続的契約の終了を確認し，解決金を支払う場合（＊1）

1　原告と被告とは，当事者間で締結された○年○月○日付売買基本契約書が○年○月○日をもって終了したことを確認する。（＊2）

2　被告は，原告に対し，本件解決金として，金○円の支払義務があることを認める。（＊3）

3　被告は，原告に対し，前項の金員を○年○月○日限り，原告の指定する金融機関口座に振り込む方法によって支払う。振込手数料は被告の負担とする。

4　被告が前項の支払いを怠った場合には，前項の支払期限の翌日から支払済みまで年○％の割合による遅延損害金を支払う。

5　原告はその余の請求を放棄する。

> 6　原告及び被告は，本件に関し，本和解条項に定めるもののほか，何らの債権債務がないことを相互に確認する。
> 7　訴訟費用は各自の負担とする。

（＊1）被告（供給者）側による継続的供給契約の解約に対し，原告（被供給者）側がその効力を争い，契約上の地位確認を求める訴訟における和解条項例である。この類型の紛争は，時間の経過とともに事実上契約の継続が困難となるため，訴訟よりもまずは仮処分（仮の地位を定める仮処分）で争われることが少なくない。また，訴訟の場合でも，いずれにせよ早期に解決の方向性を出さなければ紛争の妥当な解決が図れないことも多い。そのような性質から，実務上も，裁判所の暫定的な心証を前提に早期に和解を試みている。本和解条項例は，継続的供給契約の終了を前提とした上で，一定の金銭解決を図るものである。

（＊2）本条項は継続的供給契約の終了を確認する条項である。終了原因については，長期間にわたる事実関係の有無や評価の争いが生じやすい反面，和解では，このことに必ずしも言及せずに合意によって契約を終了させることが可能であるため，特に必要でない限り記載しないことが多い。他のパターンとしては，契約は終了させずに，供給条件を見直した上で，一定期間の契約の存続を確認する方向での和解例もある。

（＊3）金銭解決を図る場合には一定期間の損失（営業利益の喪失分など）を金銭で補償することが多いが，当該契約打ち切りの違法性の有無，程度，当事者の被った損害額などの諸事情を踏まえて金額を算出することが多い。前条項で契約終了までに一定の猶予期間を設ける場合には，解決金の支払いを規定しないこともある。金額の他に和解条項に盛り込むべき事項として，継続的供給契約の終了に伴う残存在庫や資材などの処分（買取）を定める条項，顧客リストなどの引継ぎを定める条項，継続的供給契約終了後の地位（競業避止義務の存否）を定める条項などが考えられる。

②　継続的契約の存続を確認し，取引条件の変更を合意する場合（＊1）

> 1　原告と被告とは，当事者間で締結された○年○月○日付売買基本契約書（以下「本件売買契約」という。）が有効に存続していることを確認する。
> 2　被告は，原告に対する○年○月○日付の解約通知を撤回する。
> 3　原告と被告とは，○年○月○日以降，本件売買契約における取引条件を以下のとおり変更する。
> 　　（略）
> 4　原告はその余の請求を放棄する。

> 5　原告及び被告は，本件に関し，本和解条項に定めるもののほか，何らの債
> 権債務がないことを相互に確認する。
> 6　訴訟費用は各自の負担とする。

（＊1）被告（供給者）側による継続的供給契約の解約に対し，原告（被供給者）側
がその効力を争い，契約上の地位確認を求める訴訟において，継続的契約の存続
を確認し，取引条件の変更を行うことを合意する内容の条項例である。

2　フランチャイズ契約をめぐる訴訟

(1)　フランチャイズ契約をめぐる訴訟における和解の特徴

　フランチャイズ契約（FC契約）の当事者である本部と加盟店との間での訴
訟は多種多様である。

　FC契約は継続的契約であるが，その契約期間中に生じる紛争もあれば，契
約終了後に生じる紛争もある。加盟店側が営業継続を予定しない場合には，本
部から加盟店に対しては，FC契約に基づくロイヤリティ，違約金等の金銭の
支払請求訴訟が起こされ，逆に加盟店から本部に対しては，売上・収益予測と
のかい離（本部の情報提供義務違反，契約締結上の過失）を理由とする損害賠
償請求訴訟，加盟金の返還請求訴訟などが起こされ，和解が成立する場合はい
ずれも金銭解決となることが多い。これに対し，契約の継続中はもちろんのこ
と，その終了後であっても，加盟店が営業を継続しており，引き続き継続を希
望している場合には，営業の継続を前提とするのか否か，営業を終了させるの
であれば，それに伴う様々な清算のための行為，契約終了後の競業避止義務の
内容など，幅広い事項について和解条項に盛り込むことを検討する必要がある。

(2)　和解条項例

① 　エリアFC契約の中途解約をめぐる訴訟において，FC契約の終了，加盟店からの解決金の支払いを条件とする競業避止義務の免除などを約する場合（＊1）

1　原告と被告は，当事者間で締結した○年○月○日付FC契約（以下「本件契約」という）が○年○月○日まで有効に存続し，同日をもって期間の満了により終了することを相互に確認する。

2　被告は，原告に対し，本件契約の存続期間中及び終了後○年間（○年○月○日から○年○月○日まで），本件契約に定める競業避止義務を負っていることを認める。

3　被告は，原告に対し，本件解決金として○円の支払義務があることを認める。

4　被告は，原告に対し，前項の金員を○年○月○日限り，原告の指定する銀行口座に振り込む方法によって支払う。但し，振込手数料は被告の負担とする。

5　被告が前項の支払いを怠った場合には，被告は，原告に対し，前項の支払期限の翌日から支払済みまで年○％の割合による遅延損害金を支払う。

6　被告が第4項の義務を期限どおりに履行した場合には，原告は，本件契約に定める被告の競業避止義務のうち，○年○月○日から○年○月○日までの期間に係る部分を免除する。（＊2）

7　原告は，その余の請求を放棄する。

8　原告と被告とは，本件に関し，本和解条項に定めるもののほか，何らの債権債務がないことを相互に確認する。

9　訴訟費用は各自の負担とする。

（＊1）エリアFC契約とは，本部が特定の地域（エリア）で開発力を有すると見込まれる者（エリア・フランチャイザー）に対し，そのエリア内で加盟店を募集し，または直営店を運営する権利を与えることを主たる内容とする契約をいう。当該エリアにおける有力な事業者であり，その中途解約は本部にとっても事業上の影響が大きいため，紛争となることがある。

（＊2）権利消滅条項である。詳細は第4章第4節2(3)参照。本条項では，第3項の和解金の支払いを条件として，契約期間満了後の競業避止義務を免除する内容となっている。契約終了後直ちに別の競合するFCチェーンに加盟する場合などは，FC契約に基づく競業避止義務の免除について同意を得ておく必要があり，一定の和解金の支払いによりその同意を得ることが考えられる。

第7節　知財に関する訴訟

1　特許権侵害訴訟

(1)　特許権侵害訴訟における和解の特徴

　特許権侵害訴訟とは，特許権者（原告）が，侵害者（被告）に対し，侵害者の製品などが特許権の技術的範囲に属するとして，侵害行為の差止め，損害賠償などを請求する類型の訴訟である。

　通常の民事訴訟の場合には，争点整理後に証人尋問を集中的に実施し，和解・判決に至るという流れになり，そこでは，損害賠償の責任論と損害論とが同時並行的に審理される。これに対し，特許権侵害訴訟の場合には，まず特許権侵害の成否に関して集中的に審理を行い，裁判所が特許権侵害の成否（無効論を含む）について心証を固め，その心証を当事者に明らかにした上で損害論の審理に進む（非侵害の場合には和解ができなければそのまま請求棄却の判決に至る）という，侵害論と損害論とに分けて審理する二段階方式が採用されている（東京地方裁判所民事第29部・第40部・第46部・第47部「特許権侵害訴訟の審理要領」(http://www.courts.go.jp/tokyo/saiban/singairon/index.html)，大阪地方裁判所知的財産権専門部（第21・26民事部）「特許・実用新案権侵害事件の審理モデル」(http://www.courts.go.jp/osaka/vcms_lf/sinrimoderu2013331.pdf))。

　そのため，特許権侵害訴訟では，侵害論の審理が終了して損害論に入るか否かの段階で，裁判所が具体的な心証を基にした和解を勧告することも少なくない。

(2)　和解条項例

①　製造販売を中止する場合（和解成立時に製品を廃棄済みの例）

1　被告は，原告に対し，別紙物件目録記載の製品（以下「被告製品」という。）が，別紙特許権目録記載の特許権（以下「本件特許権」という。）の請求項1に係る特許発明の技術的範囲に属することを認める。(＊1)(＊2)

2　被告は，被告製品を製造又は販売しない。(＊3)

3　被告は，原告に対し，被告製品の在庫を全て廃棄したことを確認する。(＊4)

4　被告は，本件特許権に対する無効審判請求（無効○―○号）を取り下げ，原告は，これを承諾する。(＊5)

5　被告は，本件特許権の有効性を争わず，今後，自ら又は第三者をして，本件特許権につき無効審判請求をしない。(＊6)

6　被告は，原告に対し，本件和解金として○円の支払義務があることを認め，○年○月○日限り，原告名義の預金口座（○銀行○支店普通○○）に振り込む方法により支払う。振込手数料は被告の負担とする。

7　当事者双方は，本件和解の成立の事実を除き，本和解条項の内容を第三者に開示しない。

8　原告は，その余の請求を放棄する。

9　当事者双方は，原告と被告との間には，本和解条項に定めるもののほか，何らの債権債務がないことを相互に確認する。

10　訴訟費用は各自の負担とする。

（別紙）

物件目録（略）

特許権目録

　　特許番号　　特許第○○○○○○○号

　　発明の名称　○○○○○

　　出願日　　　○年○月○日

　　登録日　　　○年○月○日

(＊1)　本和解条項は，侵害論について特許権者に有利な心証が裁判所に形成されたことを前提とする和解条項案の一例である。

(＊2)　1項は，特許権などの権利侵害・非侵害を確認する条項である。侵害行為の

停止，金銭給付などの前提事項として設けられる条項であるが，実務上は，権利侵害の有無を明確にしない形で和解をすることも少なくなく，その場合には，本条項のような条項は和解条項として盛り込まれないことになる。

（＊3）　2項は，侵害行為の停止などを定める給付条項であり，製造販売などの中止は間接強制により実現されることになるため，対象製品・対象行為を厳密に特定する必要がある。実際には行われていない実施行為に関しては，訴訟提起の段階で，差止請求の対象行為から除外することも多く，和解条項でも同様の観点から不作為義務の対象となる行為を限定することも多い。

　また，侵害行為の停止などを定める給付条項は，物の発明（特許法2条3項1号），方法の発明（同項2号），物を生産する方法の発明（同項3号）により規定の仕方が異なるため，注意が必要である。

（物の発明の場合）

> 被告は，被告製品を製造し，使用し，譲渡し，貸渡し，譲渡若しくは貸渡しのための申出をし，又は輸出若しくは輸入しない。

（方法の発明の場合）

> 被告は，被告方法により〇を行わない。

（物を生産する方法の発明の場合）

> 被告は，被告方法を用いて被告製品を製造し，又は被告方法により製造した被告製品を使用し，譲渡し，貸渡し，譲渡若しくは貸渡しのための申出をし，又は輸出若しくは輸入しない。

（＊4）　3項は，侵害品の在庫，回収，廃棄などの状況に関して和解成立時点における事実関係を当事者間で確認する条項である。

（＊5）　4項は，無効審判の取下げであり，実際には特許庁に取下書を提出する必要がある。無効審判請求に関して答弁書の提出があった後は，取下げには相手方の承諾が必要である（特許法155条2項）。また，審決取消訴訟が提起されている場合には，審決取消訴訟を先に取り下げると無効審決が確定してしまうため，先に無効審判請求を取り下げる必要がある。この場合には，以下のように規定することになる。

（無効審判請求・審決取消訴訟の取下げ）

> 被告は，本件特許権に対する無効審判請求（無効〇—〇号）を取り下げ，原告は，これを承諾する。その後，被告は，知的財産高等裁判所〇年（行ケ）第〇号審決取消請求事件を取り下げ，原告は，これに同意する。

（＊6）　5項は，不争条項である。被告の他の製品に対する原告の訴訟提起などが想

定される場合には，以下のように規定する例もある。

> 原告が被告に対し本件特許権に基づく侵害訴訟の提起又は仮処分の申立てをしたときを除き，被告は，本件特許権の有効性を争わず，今後，自ら又は第三者をして，本件特許権につき無効審判請求をしない。

②　製造販売を中止する場合（和解成立後に製品の廃棄をする例）

1　被告は，原告に対し，別紙物件目録記載の製品（以下「被告製品」という。）が，別紙特許権目録記載の特許権（以下「本件特許権」という。）の請求項1に係る特許発明の技術的範囲に属することを認める。（＊1）

2　被告は，被告製品を製造又は販売しない。

3　被告は，原告に対し，本日現在，被告の倉庫にある被告製品が○個であることを保証し，これを○年○月○日限り廃棄する。（＊2）

4　被告は，原告に対し，○年○月○日限り，廃棄を依頼した○株式会社の廃棄証明書を送付する。

5　被告は，本和解成立後直ちに，被告の取引先に対して被告製品の販売の停止を求めるとともに，同取引先が管理保管する被告製品の回収に努め，回収した被告製品を速やかに廃棄することを約する。（＊3）

6　被告は，原告に対し，本件和解金として○円の支払義務があることを認め，○年○月○日限り，原告名義の預金口座（○銀行○支店普通○○）に振り込む方法により支払う。振込手数料は被告の負担とする。

7　原告及び被告は，何らかの理由により本件特許権が無効とされたときも，原告には前項の和解金を返還する義務がないことを確認する。（＊4）

8　被告は，本件特許権に対する無効審判請求（無効○─○号）を取り下げ，原告は，これを承諾する。その後，被告は，知的財産高等裁判所○年（行ケ）第○号審決取消請求事件を取り下げ，原告は，これに同意する。（＊5）

9　原告が被告に対し本件特許権に基づく侵害訴訟の提起又は仮処分の申立てをしたときを除き，被告は，本件特許権の有効性を争わず，今後，自ら又は第三者をして，本件特許権につき無効審判請求をしない。

10　原告及び被告は，本件和解の成立の事実を除き，本和解条項の内容を第三者に開示しない。

11　原告は，その余の請求を放棄する。

12　原告及び被告は，原告と被告との間には，本和解条項に定めるもののほか，

> 何らの債権債務がないことを相互に確認する。
>
> 13　訴訟費用は各自の負担とする。

（＊1）本和解条項は，侵害論について特許権者に有利な心証が裁判所に形成されたことを前提とする和解条項案の一例である。

（＊2）3項および4項は，在庫を廃棄することおよび廃棄証明を提出することを規定している。廃棄については，代替執行により実現されることになるため，対象製品・対象行為を厳密に特定する必要がある。また，在庫数量を保証させているが，ここでいう「保証」とは表明保証の趣旨であり，民法上の「保証」ではない。

（＊3）5項は，取引先からの回収および廃棄を求める任意条項である。強制執行における対象は，被告の占有保管に係る製品であるが，和解においては，本項のように，取引先から回収して廃棄する努力義務を課すことも可能である。

（＊4）7項は，特許権が何らかの理由により無効となった場合でも，受領した和解金の返還義務がない旨の確認条項である。一般的なライセンス契約では，後に特許権が無効となったときのライセンス料の返還について規定しておくことも少なくないが，和解の場合には，この点に関する特段の定めをしないことも多い。このように特段の定めをせず，他方で清算条項を定めたときは，後に特許権が無効となった場合であっても，錯誤無効を主張して，ライセンス料の返還や支払いを拒否することはできないと考えられる（沖中康人＝廣瀬達人「28　知的財産侵害訴訟における和解について」内田貴＝門口正人編集代表『講座　現代の契約法各論2』（青林書院，2019）163頁）。

（＊5）前述のとおり，審決取消訴訟が提起されている場合に，審決取消訴訟を先に取り下げると無効審決が確定することになるため，先に無効審判請求を取り下げる必要があり，和解条項もその順序を意識して記載しておく必要がある。

③　ライセンスを受けて製造販売を継続する場合

> 1　被告は，原告に対し，別紙物件目録記載の製品（以下「被告製品」という。）が，別紙特許権目録記載の特許権（以下「本件特許権」という。）の請求項1に係る特許発明の技術的範囲に属することを認める。（＊1）
>
> 2　原告は，被告に対し，本件特許権について，次のとおり通常実施権を許諾する。（＊2）
>
> 　　　地域　日本国内
> 　　　期間　存続期間満了まで
> 　　　特約　別紙契約書のとおり

3　被告は，原告に対し，前項の通常実施権の許諾の対価として，〇円の支払
　義務があることを認め，〇年〇月〇日限り，原告名義の預金口座（〇銀行〇
　支店普通〇〇）に振り込む方法により支払う。振込手数料は被告の負担とする。
　（＊3）

4　被告は，本件特許権に対する無効審判請求（無効〇ー〇号）を取り下げ，
　原告は，これを承諾する。その後，被告は，知的財産高等裁判所〇年（行ケ）
　第〇号審決取消請求事件を取り下げ，原告は，これに同意する。

5　被告は，本件特許権の有効性を争わず，今後，自ら又は第三者をして，本
　件特許権につき無効審判請求をしない。

6　当事者双方は，本件和解の成立の事実を除き，本和解条項の内容を第三者
　に開示しない。

7　原告は，その余の請求を放棄する。

8　当事者双方は，原告と被告との間には，本和解条項に定めるもののほか，
　何らの債権債務がないことを相互に確認する。

9　訴訟費用は各自の負担とする。

（＊1）本和解条項は，侵害論について特許権者に有利な心証が裁判所に形成された
　　ことを前提とする和解条項案の一例であり，権利侵害があることを前提として，
　　原告の特許権に関するライセンス契約を締結する和解条項例である。

（＊2）本件和解は，ライセンス契約そのものを和解調書に盛り込む形の事例である。
　　ライセンス契約の具体的な内容などは，一般に和解条項と比べると相当詳細なも
　　のになることなどから，和解条項には基本的な合意内容だけを定めておき，その
　　詳細は訴訟外で別途締結する契約書において定める場合も少なくない。

（＊3）ライセンスの対価は，売上や利益に応じたランニングフィーの支払いとする
　　のが権利者の納得を得やすいものの，侵害者としては，売上や利益の開示に抵抗
　　があるため，実際の和解条項では，一括払いの条項として定められることが多い
　　（沖中康人＝廣瀬達人「28　知的財産侵害訴訟における和解について」内田貴＝門
　　口正人編集代表『講座　現代の契約法　各論2』（青林書院，2019）163頁）。
　　　その他，ライセンス契約を定めるにあたっては独占禁止法との関係，より具体
　　的には，公正取引委員会のガイドラインである「知的財産の利用に関する独占禁
　　止法上の指針」（https://www.jftc.go.jp/dk/guideline/unyoukijun/
　　chitekizaisan.html）に留意する必要がある。

④　特許権者が権利行使しない旨を約束する場合

1　原告は，被告に対し，別紙特許権目録記載の特許権（以下「本件特許権」という。）を行使しない。（＊1）（＊2）

2　被告は，本件特許権に対する無効審判請求（無効○－○号）を取り下げ，原告は，これを承諾する。

3　被告は，本件特許権の有効性を争わず，今後，自ら又は第三者をして，本件特許権につき無効審判請求をしない。

4　被告は，原告に対し，本件和解金として○円の支払義務があることを認め，○年○月○日限り，原告名義の預金口座（○銀行○支店普通○○）に振り込む方法により支払う。振込手数料は被告の負担とする。（＊3）

5　原告及び被告は，相手方を誹謗中傷し，また，誹謗中傷と疑われる行為をしないことを相互に約する。（＊4）

6　原告は，その余の請求を放棄する。

7　原告及び被告は，原告と被告との間には，本和解条項に定めるもののほか，何らの債権債務がないことを相互に確認する。

8　訴訟費用は各自の負担とする。

（＊1）本和解条項は，侵害論について特許権者に不利な心証が裁判所に形成されたことを前提とする和解条項案の一例である。

（＊2）1項は，被告だけではなく，その取引先にも権利行使しない旨を定める例もあり，その場合には，例えば「被告及びその取引先に対し」と規定する。

　被告の製品の販売に関して権利行使しない旨をより具体的に定める場合には，以下のように規定することが考えられる。

原告は，被告が被告商品を販売することについて異議を述べない。

（＊3）侵害論について特許権者に不利な心証であったとしても，判決となった場合に，控訴がなされ，控訴審対応に要する時間・費用をふまえて，被告側が名目的な金額を支払うこともある。

（＊4）5項は相互に誹謗中傷行為をしない旨を誓約した条項である。

2 著作権侵害訴訟

(1) 著作権侵害訴訟における和解の特徴

　著作権侵害訴訟とは，著作権者（原告）が，侵害者（被告）に対し，侵害者の製品などが原告の著作権を侵害するとして，侵害行為の差止め，損害賠償などを請求する類型の訴訟である。著作権侵害訴訟も，特許権侵害訴訟と同様に，侵害論と損害論とを分けた二段階の審理方式が原則として採用されており，侵害論の審理が終了して損害論の審理に入るか否かの段階で，裁判所が具体的な心証を基にした和解を勧告することも少なくない。

　もっとも，著作権侵害訴訟は，特許侵害訴訟とは異なり，必ずしも企業間紛争ではなく，一方当事者は個人という場合も少なくないことから，裁判所が不利な心証を開示しても，当事者が感情的に反発して必ずしも和解が成立するとは限らない。

(2) 和解条項例

① 著作権侵害を認め，ネットゲームの配信を中止する場合

1　被告は，原告に対し，別紙被告ゲーム目録記載のゲーム（以下「被告ゲーム」という。）を複製又は公衆送信したことが，別紙原告ゲーム目録記載のゲーム（以下「原告ゲーム」という。）に係る原告の著作権を侵害していることを確認する。（＊1）（＊2）（＊3）

2　被告は，今後，被告ゲームを複製又は公衆送信しない。

3　被告は，被告ゲームを記録したコンピュータ及びサーバ内の記録媒体から当該記録を抹消済みであることを確認する。

4　被告は，原告に対し，本件解決金として○円の支払義務があることを認める。

5　被告は，原告に対し，前項の金員を，○年○月○日限り，原告名義の預金口座（○○銀行○○支店普通○○○○）に振り込む方法により支払う。振込手数料は，被告の負担とする。

6　原告は，その余の請求を放棄する。

7　原告及び被告は，原告と被告との間には，本和解条項に定めるもののほか，

> 何らの債権債務がないことを相互に確認する。
> 8　訴訟費用は各自の負担とする。
> （別紙）
> 原告ゲーム目録
> 名　　称
> ジャンル
> Ｏ　　Ｓ
> 被告ゲーム目録（略）

（＊1）本和解条項は，侵害論について著作権者に有利な心証が裁判所に形成された ことを前提とする和解条項案の一例である。

（＊2）1項は，著作権の権利侵害・非侵害を確認する条項である。侵害行為の停止， 金銭給付などの前提事項として設けられる条項であるが，実務上は，権利侵害の 有無を明確にしない形で和解をすることも少なくなく，その場合には，本条項の ような条項は和解条項として盛り込まれないことになる。なお，単に「著作権を 侵害する」と記載するのではなく，例えば，「著作権（複製権）を侵害する」とし て，支分権の内容を明記する例もある。

（＊3）対象となる物品は，別紙目録において特定する例が多く，本書で採り上げた 物品以外のものに関しては，櫻林正己「著作権訴訟の主文例と差止対象の特定」 斉藤博＝牧野利秋編『裁判実務大系27　知的財産関係訴訟法』（青林書院，1997） の記載例が参考となる。

②　著作権侵害・著作者人格権侵害を認め，書籍の販売を中止などする場合

> 1　被告は，原告に対し，別紙被告書籍目録記載の書籍（以下「被告書籍」と いう。）を印刷，出版，販売又は頒布したことが，別紙原告書籍目録記載の書 籍に係る原告の著作権及び著作者人格権を侵害していることを確認する。 （＊1）
> 2　被告は，今後，被告書籍を印刷，出版，販売又は頒布しない。（＊2）
> 3　被告は，被告の費用負担で，出荷した被告書籍の回収に努め，回収した被 告書籍を廃棄する。（＊3）
> 4　被告は，原告に対し，本件の損害賠償金として〇円を支払義務があること を認める。
> 5　被告は，原告に対し，前項の金員を，〇年〇月〇日限り，原告名義の預金 口座（〇〇銀行〇〇支店普通〇〇〇〇）に振り込む方法により支払う。振込

手数料は，被告の負担とする。

6　被告は，○年○月○日限り，別紙謝罪文記載のとおりの謝罪文を別紙掲載
　条件目録記載のとおりの条件で掲載する。(＊4)

7　原告は，本和解成立後直ちに，被告及び被告代表取締役○に係る○警察署
　に対する著作権法違反の刑事告訴についての取消手続を行う。(＊5)

8　原告は，その余の請求を放棄する。

9　原告及び被告は，原告と被告との間には，本和解条項に定めるもののほか，
　何らの債権債務がないことを相互に確認する。

10　訴訟費用は各自の負担とする。

（別紙）

原告書籍目録

　題　名

　著　者

　発行者

　発行所

　型　式

被告書籍目録（略）

謝罪文（略）

掲載条件目録（略）

（＊1）本和解条項は，侵害論について著作権者に有利な心証が裁判所に形成された
　ことを前提とする和解条項案の一例である。

（＊2）2項は，侵害行為の停止などを定める給付条項である。製造販売などの中止
　は間接強制により実現されることになるため，対象製品・対象行為を厳密に特定
　する必要がある。

（＊3）3項は，取引先からの回収および廃棄を求める任意条項である。強制執行に
　おける対象は被告が占有保管する物品であるが，和解においては，本項のように，
　取引先から回収し廃棄する努力義務を課すことも可能である。

（＊4）6項の謝罪文掲載は，著作者人格権の侵害に基づく名誉回復などの措置請求
　（著作権法115条）を根拠とするものである。

（＊5）7項は，刑事告訴の取消手続を行う旨の給付条項である。

③ 参考にしたとの限度で原告の請求を認め，書籍の販売を中止などする場合

> 1 被告A（注：被告書籍の著作者）は，別紙被告書籍目録記載の書籍（以下「被告書籍」という。）において，別紙原告目録記載の書籍を参考としたことを認める。(＊1)(＊2)
> 2 被告B（注：出版社）は，今後，被告書籍を印刷，出版，販売又は頒布しない。
> 3 原告及び被告らは，いずれも第三者に対し，本和解の内容を一切開示又は漏洩しない。
> 3 原告は，その余の請求を放棄する。
> 4 原告及び被告らは，原告と被告らとの間には，本和解条項に定めるもののほか，何らの債権債務がないことを相互に確認する。
> 5 訴訟費用は各自の負担とする。

(＊1) 本和解条項は，侵害の事実をあいまいな形にした和解条項案の一例である。
(＊2) 1項は，著作権の侵害という事実自体を認めるのではなく，「参考にした」という限度で認める確認条項である。

④ 製造販売の継続を認める場合

> 1 原告は，被告が別紙被告DVD目録記載のDVDを製造又は販売することについて異議を述べない。(＊1)
> 2 当事者双方は，互いに相手方が保有する著作権その他の知的財産権を尊重し，相手方の権利を侵害することがないように努めるものとする。(＊2)
> 3 原告は，その余の請求を放棄する。
> 4 当事者双方は，原告と被告との間には，本和解条項に定めるもののほか，何らの債権債務がないことを相互に確認する。
> 5 訴訟費用は各自の負担とする。
> （別紙）
> 被告DVD目録
> 商品名

(＊1) 本和解条項は，侵害論について著作権者に不利な心証が裁判所に形成された

ことを前提とする和解条項案の一例であり，被告が製造販売の継続を認められた
内容である。
（＊2）　2項は，相互に知的財産権を尊重し，相手方の権利を侵害することがないよ
うに努める旨の道義条項である。

3　商標権侵害訴訟

(1)　商標権侵害訴訟における和解の特徴

　商標権侵害訴訟とは，商標権者（原告）が，侵害者（被告）に対し，侵害者
の製品などが原告の商標権を侵害するとして，侵害行為の差止め，損害賠償な
どを請求する類型の訴訟である。商標権侵害訴訟でも，特許権侵害訴訟と同様
に，侵害論と損害論とを分けた二段階の審理方式が原則として採用されており，
侵害論の審理が終了して損害論の審理に入るか否かの段階で，裁判所が具体的
な心証を基にした和解を勧告することも少なくない。

(2)　和解条項例

①　標章の使用禁止を約束した場合

　1　被告は，原告に対し，被告が，過去において，別紙商標権目録記載の原告
　　の登録商標（以下「本件商標」という。）と類似する別紙標章目録記載の各標
　　章を別紙商品目録記載の各商品（以下「被告商品」という。）に付して販売し
　　ていたことを確認するとともに，現在は，被告商品の在庫を一切保有してい
　　ないことを確認する。（＊1）
　2　被告は，別紙標章目録記載の各標章その他「○」という文字を含む標章及
　　び本件商標（以下，総称して「本件標章」という。）を，被告商品若しくはそ
　　の包装に付し，又は被告商品若しくはその包装に本件標章を付したものを譲
　　渡し，引渡し，譲渡若しくは引渡しのために展示しない。（＊2）
　3　被告は，被告商品に関する広告，価格表若しくは取引書類に，本件標章を
　　付して展示し，若しくは頒布し，又はこれらを内容とする情報に本件標章を
　　付して電磁的方法により提供しない。
　4　原告は，その余の請求を放棄する。
　5　当事者双方は，原告と被告との間には，本和解条項に定めるもののほか，

　　何らの債権債務がないことを相互に確認する。

6　訴訟費用は各自の負担とする。

（別紙）

商標権目録

　　登録番号　第○○○○○○号

　　出願日　　○年○月○日

　　登録日　　○年○月○日

　　商品及び役務の区分　　第○類

　　指定商品及び指定役務　○○○○

標章目録（略）

商品目録（略）

（＊1）本和解条項は，侵害論について商標権者に有利な心証が裁判所に形成されたことを前提とする和解条項案の一例である。

（＊2）商標権侵害を前提とした場合に，権利者は，侵害者に対して，現に使用している標章のみならず，それと類似する標章の使用差止めも和解の対象とすることを求める場合がある（例えば，「○標章又はこれと類似する標章」）。もっとも，類似か否かの判断を執行機関がすることは事実上困難であり，和解条項に入れても実効性に乏しい場合が多いであろう（中平健「知的財産権侵害訴訟と和解・調停・仲裁」牧野利秋＝飯村敏明編『新・裁判実務大系4　知的財産関係訴訟法』（青林書院，2001）110頁））。

　　他方，「その他「○」という文字を含む標章」という特定方法であれば，明確性に欠けるものではないと考えられる（判決主文の例であるが，東京地判平14・4・25〔平14（ワ）第3764号〕（裁判所ウェブサイト）は「被告は，その営業上の施設又は活動に，「三菱クオンタムファンド株式会社」その他の「三菱」という文字を含む商号，標章または別紙目録記載の標章を使用してはならない。」としている）。

② 　製造販売を中止する場合（和解成立後に廃棄作業を行う例）

1　被告は，本日以降，別紙標章目録記載の標章を付した衣服（以下「本件衣服」という。）を製造又は販売しない。（＊1）

2　被告は，○年○月○日限り，その保有する本件被服の在庫を廃棄する。（＊2）

3　被告は，別紙商標権目録記載の商標権（以下「本件商標権」という。）に関する無効○－○号商標登録無効審判請求を取り下げ，原告は，これを承諾する。

（＊3）

4　被告は，本件商標権の有効性を争わず，今後，自ら又は第三者をして，本件商標権につき無効審判請求をしない。

5　被告は，原告に対し，本件和解金として〇円の支払義務があることを認め，〇年〇月〇日限り，原告名義の預金口座（〇銀行〇支店普通〇〇）に振り込む方法により支払う。振込手数料は被告の負担とする。

6　原告及び被告は，本件和解の成立の事実を除き，本和解条項の内容を第三者に開示しない。

7　原告は，その余の請求を放棄する。

8　原告及び被告は，原告と被告との間には，本和解条項に定めるもののほか，何らの債権債務がないことを相互に確認する。

9　訴訟費用は各自の負担とする。

（＊1）本和解条項は，侵害論について商標権者に有利な心証が裁判所に形成されていることを前提とする和解条項案の一例である。

（＊2）2項は，在庫の廃棄を規定している。廃棄については，代替執行により実現されることになるため，対象製品・対象行為を厳密に特定する必要がある。

（＊3）3項は，無効審判の取下げであり，実際には特許庁に取下書を提出する必要がある。無効審判請求に関して答弁書の提出があった後の取下げについては相手方の承諾を要する（商標法56条1項が準用する特許法155条2項）。また，審決取消訴訟が提起されている場合に，審決取消訴訟を先に取り下げると無効審決が確定してしまうから，先に無効審判請求を取り下げる必要がある。

③　ライセンスを受けて製造販売を継続する場合

1　被告は，原告に対し，別紙商品目録記載の各商品に付された別紙標章目録記載の標章が，別紙商標権目録記載の商標権（以下「本件商標権」という。）と類似することを認める。（＊1）

2　原告は，被告に対し，本件商標権につき，以下の約定で通常使用権を設定する。（＊2）

　　地域　全国
　　期間　存続期間満了まで
　　特約　別紙契約書のとおり

3　被告は，原告に対し，前項の通常実施権の設定の対価として，〇円の支払

義務があることを認め，○年○月○日限り，原告名義の預金口座（○銀行○支店普通○○）に振り込む方法により支払う。振込手数料は被告の負担とする。

4　被告は，本件商標権に対する無効審判請求（無効○一○号）を取り下げ，原告は，これを承諾する。その後，被告は，知的財産高等裁判所○年（行ケ）第○号審決取消請求事件を取り下げ，原告は，これに同意する。(＊3)

5　被告は，本件商標権の有効性を争わず，今後，自ら又は第三者をして，本件商標権につき無効審判請求をしない。

6　当事者双方は，本件和解の成立の事実を除き，本和解条項の内容を第三者に開示しない。

7　原告は，その余の請求を放棄する。

8　当事者双方は，原告と被告との間には，本和解条項に定めるもののほか，何らの債権債務がないことを相互に確認する。

9　訴訟費用は各自の負担とする。

（＊1）本和解条項は，侵害論について商標権者に有利な心証が裁判所に形成されていることを前提とする和解条項案の一例であり，権利侵害の存在を前提として，ライセンス契約を新たに締結する内容の和解条項例である。

（＊2）本件和解は，ライセンス契約そのものを和解調書に盛り込む形の事例である。ライセンス契約の具体的な内容などは，一般に和解条項と比べると相当詳細なものになることなどから，和解条項には基本的な合意内容だけを定めておき，その詳細は訴訟外で別途締結する契約書に委ねる場合も少なくない。

（＊3）前述のように，審決取消訴訟が提起されている場合に，審決取消訴訟を先に取り下げると無効審決が確定してしまうから，先に無効審判請求を取り下げる必要があり，それを意識して記載する必要がある。

④　標章を変更し，販売を継続する場合

1　被告は，本日以降，別紙標章目録1記載の標章を付した衣服（以下「本件衣服」という。）を製造又は販売しない。ただし，被告は，本日までに製造し，在庫となっている商品に限り，○年○月○日まで販売を継続することができるものとし，原告は，同日までは，この在庫商品の販売に対して異議を述べない。(＊1)(＊2)

2　原告は，被告が○年○月○日以降，別紙標章目録2記載の標章を付した衣服を製造販売することに異議を述べない。(＊3)

3　当事者双方は，互いに相手方が保有する商標権その他の知的財産権を尊重し，相手方の権利を侵害することがないように努めるものとする。(＊4)

4　原告は，その余の請求を放棄する。

5　当事者双方は，原告と被告との間には，本和解条項に定めるもののほか，何らの債権債務がないことを相互に確認する。

6　訴訟費用は各自の負担とする。

(＊1)　本和解条項は，侵害論について商標権者に不利な心証が裁判所に形成されていることを前提とする和解条項案の一例である。

(＊2)　1項は，今後の製造販売を中止するとともに，製造済みの在庫に関しては一定の期間内に限り販売を認めるという条項である。

(＊3)　2項は，変更後の標章を付した製品の製造販売に関して原告が異議を述べない旨の給付条項である。

(＊4)　3項は，相互に知的財産権を尊重し，相手方の権利を侵害することがないように努める旨の道義条項である。

4　意匠権侵害訴訟

(1)　意匠権侵害訴訟における和解の特徴

意匠権侵害訴訟とは，意匠権者（原告）が，侵害者（被告）に対し，侵害者の製品などが原告の意匠権を侵害するとして，侵害行為の差止め，損害賠償などを請求する類型の訴訟である。意匠権侵害訴訟でも，特許権侵害訴訟と同様に，侵害論と損害論とを分けた二段階の審理方式が原則として採用されており，侵害論の審理が終了して損害論の審理に入るか否かの段階で，裁判所が具体的な心証を基にした和解を勧告することも少なくない。

(2)　和解条項例

①　製造販売を中止し，製品の廃棄を約する場合

1　被告は，別紙被告商品目録記載の椅子（以下「本件椅子」という。）の意匠が原告の有する別紙意匠権目録記載の意匠権の登録意匠の範囲に属することを認める。(＊1)(＊2)

2　被告は，今後，本件椅子を製造，複製又は頒布しない。

3　被告は，被告の費用負担により出荷した本件椅子の複製物の回収に努め，回収した複製物を廃棄する。(＊3)

4　被告は，原告に対し，本件損害賠償金として○円の支払義務があることを認める。

5　被告は，原告に対し，前項の金員を，○年○月○日限り，原告名義の預金口座（○○銀行○○支店普通○○○○）に振り込む方法により支払う。振込手数料は，被告の負担とする。

6　原告は，その余の請求を放棄する。

7　当事者双方は，原告と被告との間には，本和解条項に定めるもののほか，何らの債権債務がないことを相互に確認する。

8　訴訟費用は各自の負担とする。

（別紙）

被告商品目録

商品名

添付図面記載の形状を有する商品

（別紙）

意匠権目録

　　登録番号　　意匠登録第○○○○○○○号

　　意匠に係る物品　　○○○○○

　　出願日　　○年○月○日

　　登録日　　○年○月○日

（＊1）本和解条項は，侵害論について意匠権者に有利な心証が裁判所に形成されていることを前提とする和解条項案の一例である。

（＊2）対象となる物件は，別紙において図面などにより意匠の内容である形状，模様，色彩などが明確になるように特定する必要がある。

（＊3）3項は，在庫の廃棄を規定している。廃棄については，代替執行により実現されることになるため，対象製品・対象行為を厳密に特定する必要がある。強制執行の対象は，被告が占有する物品であるが，和解においては，本例のように，取引先から回収し廃棄する努力義務を被告に課すことも可能となる。

② 　今後の製造販売の中止を約する場合

1　被告は，本日以降，別紙被告商品目録記載の商品（以下「被告商品」という。）を製造しない。

2　被告は，本日までに製造し，在庫となっている被告商品に限り，販売を継続することができるものとし，原告は，被告商品の販売に対して異議を述べない。（＊1）

3　原告及び被告は，互いに相手方が保有する意匠権その他の知的財産権を尊重し，相手方の権利を侵害することがないように努めるものとする。（＊2）

4　原告は，その余の請求を放棄する。

5　原告及び被告は，原告と被告との間には，本和解条項に定めるもののほか，何らの債権債務がないことを相互に確認する。

6　訴訟費用は各自の負担とする。

（＊1）本和解条項は，侵害論において意匠権者に不利な心証が裁判所に形成されていることを前提とする和解条項案の一例であり，被告は，今後の製造をしないことに応じる一方で，在庫品の販売についての継続は原告が認めるという内容である。

（＊2）3項は，相互に知的財産権を尊重し，相手方の権利を侵害することがないように努める旨の道義条項である。

5　不正競争防止法に係る訴訟

(1)　不正競争防止法に係る訴訟における和解の特徴

　不正競争防止法において規制の対象となる不正競争行為は，同法2条1項各号に定められており，その行為態様は様々であるが，いずれの場合における不正競争防止法に係る訴訟も，特許権侵害訴訟と同様に，二段階の審理方式が原則として採用されており，侵害論の審理が終了して損害論の審理に入るか否かの段階で，裁判所が具体的な心証を基にした和解を勧告することも少なくない。

(2)　和解条項例

①　周知表示または著名表示（不正競争防止法2条1項1号または2号）に関して和解をする場合

1　被告は，別紙標章目録記載の標章を付した衣服（以下「本件衣服」という。）を製造又は頒布しない。(＊1)

2　被告は，本件衣服の在庫を全て廃棄したことを確認する。

3　被告は，原告に対し，本件損害賠償金として〇円の支払義務があることを認める。

4　被告は，原告に対し，前項の金員を，〇年〇月〇日限り，原告名義の預金口座（〇〇銀行〇〇支店普通〇〇〇〇）に振り込む方法により支払う。振込手数料は，被告の負担とする。

5　原告は，その余の請求を放棄する。

6　当事者双方は，原告と被告との間には，本和解条項に定めるもののほか，何らの債権債務がないことを相互に確認する。

7　訴訟費用は各自の負担とする。

（＊1）不正競争防止法2条1項1号（周知表示混同惹起行為）または2号（著名表示冒用行為）に基づく請求に関する和解条項例であり，商標権侵害訴訟とほぼ同様の形式で和解条項は定められる。商標権侵害の場合と同様に，現に使用している標章のみならず，それと類似する標章の差止めも和解の対象とすることを求められる場合もあるが（例えば，「〇標章又はこれと類似する標章」），類似か否かの判断を執行機関がすることは事実上困難であり，和解条項に入れても実効性に乏しい場合が多いであろう。他方，「その他「〇」という文字を含む標章」という特定方法であれば，明確性に欠けるものではないと考えられる。

②　商品形態の模倣（不正競争防止法2条1項3号）に関して和解をする場合

1　被告は，本日から〇年〇月〇日までの間，別紙商品形態目録記載の形態の商品（以下「本件商品」という。）を販売しない。(＊1)(＊2)

2　被告は，本件商品の在庫を全て廃棄したことを確認する。

3　被告は，原告に対し，本件の損害賠償金として〇円の支払義務があることを認める。

4　被告は，原告に対し，前項の金員を，○年○月○日限り，原告名義の預金口座（○○銀行○○支店普通○○○○）に振り込む方法により支払う。振込手数料は，被告の負担とする。

5　原告は，その余の請求を放棄する。

6　当事者双方は，原告と被告との間には，本和解条項に定めるもののほか，何らの債権債務がないことを相互に確認する。

7　訴訟費用は各自の負担とする。

（＊1）不正競争防止法2条1項3号（形態模倣行為）に基づく請求に関する和解条項例である。対象となる形態は別紙において図面などにより特定する必要がある。

（＊2）不正競争防止法2条1項3号の形態模倣行為の保護期間は，日本国内において最初に販売された日から起算して3年を経過するまでとされており（同法19条1項5号イ），この保護期間に揃えるとすると，1項の販売禁止には期限の定めが必要となる。

③　営業秘密たる顧客名簿の使用を中止し，廃棄することなどを約する場合

1　被告は，本日以降，別紙目録記載の顧客名簿（以下「本件名簿」という。）に記載された顧客に対し，挨拶状，ダイレクトメール又は電子メールの各送付若しくは架電その他の方法による営業行為をしない。（＊1）

2　被告は，本件名簿を廃棄する。（＊2）

3　被告は，原告に対し，本件の損害賠償金として○円の支払義務があることを認める。

4　被告は，原告に対し，前項の金員を，○年○月○日限り，原告名義の預金口座（○○銀行○○支店普通○○○○）に振り込む方法により支払う。振込手数料は，被告の負担とする。

5　原告は，その余の請求を放棄する。

6　当事者双方は，原告と被告との間には，本和解条項に定めるもののほか，何らの債権債務がないことを相互に確認する。

7　訴訟費用は各自の負担とする。

（＊1）不正競争防止法2条1項4号〜10号（営業秘密侵害行為）に基づく請求に関する和解条項例である。1項は，営業秘密である顧客名簿の使用を禁止する給付条項であり，これらの行為は間接強制により実現されることになるから，対象行為を厳密に特定する必要がある。

（＊2）2項は，顧客名簿の廃棄を定めた給付条項である。

④　一定期間，顧客名簿の使用を中止することを約する場合

> 1　被告は，○年○月○日まで，別紙目録記載の顧客名簿（以下「本件名簿」
> という。）に記載された顧客に対し，挨拶状，ダイレクトメール又は電子メー
> ルの各送付若しくは架電その他の方法による営業行為をしない。ただし，顧
> 客の側から被告に取引を求めてきたときは，この限りではない。（＊1）
> 2　被告は，原告に対し，本件の解決金として○円の支払義務があることを認
> める。
> 3　被告は，原告に対し，前項の金員を，○年○月○日限り，原告名義の預金
> 口座（○○銀行○○支店普通○○○○）に振り込む方法により支払う。振込
> 手数料は，被告の負担とする。
> 4　原告は，その余の請求を放棄する。
> 5　当事者双方は，原告と被告との間には，本和解条項に定めるもののほか，
> 何らの債権債務がないことを相互に確認する。
> 6　訴訟費用は各自の負担とする。

（＊1）不正競争防止法2条1項4号～10号（営業秘密侵害行為）に基づく請求に関
する和解条項例である。1項は，営業秘密である顧客名簿を一定期間使用禁止す
る給付条項であり，これらの行為は間接強制により実現されることになるから，
対象行為を厳密に特定する必要がある。

⑤　信用棄損行為（不正競争防止法2条1項21号）に関して和解をする場合

> 1　被告は，別紙物件目録記載の商品を製造販売している原告の行為が登録第
> ○○○○号特許権（以下「本件特許権」という。）を侵害している旨を告知又
> は流布しない。（＊1）
> 2　原告及び被告は，営業活動などそれぞれの事業に関する一切の活動におい
> て，今後，相互に相手方を誹謗中傷する行為又はこれに類する行為をしない
> ことを約する。
> 3　原告は，本件特許権に対する無効審判請求（無効○―○号）を取り下げ，
> 被告は，これを承諾する。（＊2）
> 4　原告及び被告は，本件和解の成立の事実を除き，本和解条項の内容を第三
> 者に開示しない。

5　原告は，その余の請求を放棄する。

6　原告及び被告は，原告と被告との間には，本和解条項に定めるもののほか，何らの債権債務がないことを相互に確認する。

7　訴訟費用は各自の負担とする。

（＊1）不正競争防止法2条1項21号（信用毀損行為）に基づく請求に関する和解例である。請求の対象となっている権利侵害告知・流布行為の停止（1項）に加え，2項において，相互に誹謗中傷行為を行わないことを約した道義条項を設けている。

（＊2）3項は，無効審判の取下条項であるが，侵害訴訟における取下条項とは異なり，原告が無効審判を請求しているのが通常であるから，当事者の記載を逆にしないように注意をする必要がある。

第8節　インターネット，名誉毀損に関する訴訟

1　インターネットに関する訴訟①—発信者情報開示請求

(1)　発信者情報開示請求における和解の特徴

　プロバイダ責任制限法に基づき，権利侵害者の氏名・住所などの開示を求める発信者情報開示請求においては，通常，①コンテンツプロバイダ（匿名掲示板など）に対し，当該発信者による情報発信の日時や使用したIPアドレスなどの情報の開示を請求し（第1段階），その後，開示を受けたIPアドレスから割り出された経由プロバイダ（最終的に不特定の者に受信されることを目的として特定電気通信設備の記録媒体に情報を記録するためにする発信者とコンテンツプロバイダとの間の通信を媒介するプロバイダ，携帯電話会社，インターネットプロバイダなどがこれに当たる）に対し，氏名および住所の開示を求める（第2段階）という2つのステップを取ることが必要になる。

【図表5-1　インターネット上での投稿記事掲載の過程】

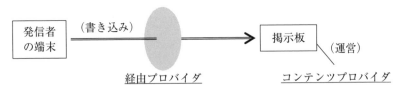

【図表5-2　発信者情報開示請求の手順】

第1段階	請求者　⇒　コンテンツプロバイダ	IPアドレスなどの開示を求める仮処分
第2段階	請求者　⇒　経由プロバイダ	発信者情報開示訴訟＋消去禁止の仮処分

　2つのステップを取るのは，コンテンツプロバイダ自身は発信者の氏名およ

び住所の情報を保有していないことが多いのに対し，発信者との間でインターネット接続契約を締結した経由プロバイダは，利用料金請求のために発信者の氏名および住所の情報を保有しているからである。そして，発信者がどの経由プロバイダを利用しているかはIPアドレスなどの情報がなければ分からないため，まずはコンテンツプロバイダに対しIPアドレスなどの情報の開示を求めることになる。このうち，第2段階の手続である経由プロバイダに対する発信者情報開示請求訴訟では，経由プロバイダにおける通信ログの保存期間が比較的短いこともあり，本案訴訟で争っている間に通信ログが消去されてしまうことを防ぐ目的で仮処分を申し立てることが通常である。この場合，通信ログの保存に関して和解をすることがあり，その場合には，①ログの保存，②保存期間の合意をすることが多い。

　なお，名誉毀損などの権利侵害が明らかな事案であったとしても，後日，投稿者から損害賠償が請求されることを避けるため，発信者情報を開示する旨の和解が成立することは稀であり，通常は判決に従って開示がされることになる。

(2)　和解条項例

①　経由プロバイダがログ保存に合意した場合（発信者情報消去禁止仮処分）

　1　債務者は，債権者に対し，債務者が別紙発信者情報目録記載の各情報（以下「本件発信者情報」という。）を現在保管していることを確認する。

　2　債務者は，債権者に対し，本件仮処分命令申立事件の本案訴訟に係る判決が確定するまでの間又は和解が成立するまでの間，本件発信者情報を保管することを約する。但し，○年○月○日までに，本件仮処分命令申立事件の本案訴訟が提起されなかったときは，この限りではない。

　3　債権者は，本件仮処分命令申立てを取り下げる。（＊1）

　4　申立費用は，各自の負担とする。（＊2）

（別紙）発信者情報目録（＊3）

別紙投稿記事目録記載のIPアドレスを同目録記載の投稿日時頃に使用して同目録記載のURLに接続した者に関する情報であって，次に掲げるもの

　1　氏名又は名称

```
2　住所
3　電子メールアドレス
（別紙）投稿記事目録（＊4）
URL：http://＊＊＊＊＊/
スレッドタイトル：
投稿番号：
投稿日時：○年○月○日　　○時○分○秒
投稿内容：○○○○○
```

（＊1）実務上，保全事件の和解では，「債権者は本件申立てを取り下げる。」と記載することが少なくない。民事保全手続では，被保全権利自体は訴訟物ではないから，被保全権利に関する和解が成立しても民事保全手続の終了効はないとして，取下げ条項の必要性を説く見解もあるが，このような条項がなくても，訴訟終了効を排除する特段の表示がない限り，和解の成立により民事保全手続は当然終了したものと解される（八木一洋＝関述之編著『民事保全の実務（第3版増補版）（上）』（きんざい，2015）171頁）。

（＊2）仮処分手続であるため，「訴訟費用」ではなく「申立費用」とする。

（＊3・4）発信者情報目録では，対象となる投稿記事を特定するに当たり，投稿用URLと閲覧用URLとが異なる場合には，経由プロバイダによっては，投稿用URLの特定を求められることがあり，留意を要する。なお，発信者情報目録および投稿記事目録はプロバイダにより異なり，本書掲載以外の具体的な記載例は，関述之＝小川直人編著『インターネット関係仮処分の実務』（きんざい，2018）310頁以下を参照。

2　インターネットに関する訴訟②—投稿記事削除（侵害情報送信防止措置）請求

(1)　投稿記事削除（侵害情報送信防止措置）請求における和解の特徴

　名誉を毀損するインターネット上の記載により，日々侵害状態が拡大するとして，本訴によることなく，プロバイダ責任制限法に基づく侵害情報送信防止措置（投稿記事削除）請求権を被保全債権とする投稿記事の削除を求める仮処分が申し立てられることがある。このような仮処分では，債務者となるコンテンツプロバイダ各社の方針により，決定による削除が命じられない限り削除し

ない場合と，和解による削除に応じる場合とに分かれる。和解による削除に応じるコンテンツプロバイダ各社との和解条項には，①投稿記事の削除，②削除と引換えに今後の請求をしないことの確認を盛り込むことが多い。

⑵　和解条項例

①　全部削除したことを確認する場合

> 1　債権者は，債務者に対し，別紙投稿記事目録記載の記事（以下「本件記事」という。）が削除済みであることを確認する。
> 2　債務者は，債権者に対し，以後，本件記事を表示しないことを約する。
> 3　債権者は，債務者が第2項に違反した場合を除き，債務者に対し，本件記事について，裁判上又は裁判外を問わず，送信防止措置請求，発信者情報開示請求，損害賠償請求その他の請求を行わないことを約する。
> 4　債権者は，本件仮処分命令の申立てを取り下げる。(＊1)
> 5　申立費用は，各自の負担とする。
> （別紙）投稿記事目録
> URL：http://＊＊＊＊＊/
> スレッドタイトル：
> 投稿番号：
> 投稿日時：○年○月○日　○時○分○秒
> 投稿内容：○○○○○

(＊1)　1⑵①の（＊1）参照。

②　全部削除することを約束する場合

> 1　債務者は，債権者に対し，○年○月○日限り，別紙投稿記事目録記載の記事（表題を含む。）を削除する。
> 2　債権者及び債務者は，前項の記事に関し，名目の如何を問わず，金銭その他一切の請求をしないことを相互に確認する。
> 3　債権者は，本件仮処分命令の申立てを取り下げる。(＊1)
> 4　申立費用は，各自の負担とする。
> （別紙）投稿記事目録

```
URL：http://＊＊＊＊＊/
スレッドタイトル：
投稿番号：
投稿日時：○年○月○日　○時○分○秒
投稿内容：○○○○○
```

（＊1）1(2)①の（＊1）参照。

3　名誉毀損に関する訴訟

(1)　名誉毀損訴訟における和解の特徴

　名誉毀損訴訟とは，名誉を毀損された被害者が，名誉を毀損した侵害者（例えば，出版社）に対して損害賠償や謝罪広告などの名誉回復措置（民法723条）を請求する訴訟である。当事者間の感情的な問題もあり，和解することなく，判決に至る場合も少なくないが，和解に至る場合には，①金銭的な支払いの合意に加え，②名誉回復措置に関する合意がなされる場合もある。

(2)　和解条項例

①　謝罪広告を新聞に掲載する場合

```
1　被告は，原告に対し，被告が○年○月○日に発行した週刊誌「○」の○頁
　から○頁に掲載した記事により多大な迷惑をかけたことを深く陳謝する。
2　被告は，原告に対し，○年○月末日までに，○新聞全国版の朝刊に，被告
　の費用により，次の要領で別紙記載の謝罪文を掲載する。（＊1）
　(1)　掲載する紙面　社会面
　(2)　見出しは○号，本文は○号活字とする。
　(3)　掲載回数　1回
3　原告は，その余の請求を放棄する。
4　当事者双方は，原告と被告との間には，本和解条項に定めるもののほか，
　何らの債権債務がないことを相互に確認する。
5　訴訟費用は各自の負担とする。
```

（＊1）謝罪広告を新聞に掲載することを和解条項に盛り込む場合には，実際に掲載が可能な条件（見出し・本文のサイズなど）を確認した上で，和解条項に記載する必要がある。なお，全国紙の場合，広告が，全国版，東京本社版などに分かれており，疑義が生じないように，明確に記載をする必要がある。

②　謝罪広告を自社ホームページに掲載する場合

1　被告は，原告に対し，被告が○年○月○日に発行した雑誌「○」○頁から○頁に掲載した記事により，原告に多大な迷惑をかけたことを深く陳謝する。

2　被告は，○年○月末日限り，別紙謝罪文のとおりの謝罪広告を，次の掲載条件により掲載する。

（掲載条件）

⑴　掲載場所（＊1）

　被告の公式ウェブサイトのトップページ（URL○）の別紙ページ記載の「（掲載箇所）」の部分

⑵　大きさ及びフォント

　別紙謝罪文中，見出しは，ゴシック体により○ピクセル又はポイントの大きさで，本文は，明朝体により○ピクセル又はポイントの大きさとする。

⑶　掲載期間

　謝罪広告の掲載を開始した日から1か月間

3　原告は，その余の請求を放棄する。

4　当事者双方は，原告と被告との間には，本和解条項に定めるもののほか，何らの債権債務がないことを相互に確認する。

5　訴訟費用は各自の負担とする。

（＊1）ウェブサイトに謝罪文を掲載する場合には，上記条項例のように該当ページを別紙として添付するなどにより掲載箇所の疑義が生じないように具体的に特定しておくことが望ましい。

③　訂正記事を掲載することを約する場合

1　被告は，原告に対し，被告発行に係る雑誌「○」○年○月号（○頁）に掲載した記事において，事実と異なる部分があったことを認め，謝罪する。

2　被告は，原告に対し，被告発行に係る雑誌「○」に次の要領で，別紙目録記載の訂正記事を掲載する。（＊1）

(1) 掲載する紙面
　　○年○月号（○月○日発行）の「○」欄
(2) 記事の大きさ
　　○
(3) 使用する活字
　　見出しは○号，本文は○号活字
3　被告は，今後記事の掲載に当たって，事実の確認に努め，不適切な報道をしないことを確約する。(＊2)
4　原告は，その余の請求を放棄する。
5　当事者双方は，原告と被告との間には，本和解条項に定めるもののほか，何らの債権債務がないことを相互に確認する。
6　訴訟費用は各自の負担とする。

(＊1)　2項は，被告が自社の媒体に掲載するものであるが，原告としては，和解条項記載の条件で掲載された場合には，事前にどのようなイメージとなるのかを確認して，認識の相違がないようにしておく必要がある。
(＊2)　3項は，今後記事の掲載に当たって，事実の確認に努め，不適切な報道をしないことを確約した旨の道義条項である。

第9節　消費者契約関連訴訟

1　適格消費者団体による差止請求訴訟

(1)　適格消費者団体による差止請求訴訟における和解の特徴

　適格消費者団体は，消費者契約法，特定商取引に関する法律（特商法），不当景品類及び不当表示防止法（景表法）などに基づき差止請求訴訟を提起することができることとされているところ（詳細は第2章参照），この差止請求訴訟では，和解による訴訟の終了が認められている。

(2)　和解条項例

①　不実告知を理由とする差止請求訴訟（＊1）における和解の場合

1　被告は，今後，その主催にかかるイベントに参加を申し込んだ消費者について，イベント参加の同意書への同意又は署名を求める場合において，原告に対し，下記のことを約する。（＊2）
　(1)　別紙目録1ないし4記載の文言を使用しないこと。
　(2)　別紙「同意書」記載の文言を使用すること。
2　原告は，被告に対し，本件訴訟の結果を，自らが開設し運営管理するホームページにおいて公表する場合には，別紙「ホームページでの公表に当たっての前書き」（筆者注：省略）を使用する。（＊3）
3　原告はその余の請求を放棄する。
4　原告と被告とは，原告と被告との間には，本件に関し，本和解条項に定めるほか，何らの債権債務のないことを相互に確認する。
5　訴訟費用は，各自の負担とする。

別紙

目録

1　私は，Aのイベントに付随する危険を十分理解かつ認識し，万が一，私自身の生命・身体又は財産に対して被害が生じた場合は，貴社の故意又は過失による場合を除き，貴社に対する責任追及は放棄し，すべて自己責任とすることに同意します。

但し，募集型企画旅行契約の場合には，私は，標準旅行約款に基づき貴社の定める国内（または海外）募集型企画旅行条件書に規定される特別補償に関する請求権を放棄するものではありません。

2　（以下，略）

（別紙「同意書」）

私は，Aのイベントは自然の中での活動であり，予測不能な危険を伴うこと，私自身の生命・身体・財産を守るための危機管理は自己責任をもって行わなければならないことを十分理解かつ認識し，ここに同意します。但し，私は，貴社が負う法的責任を免除するものではなく，私の法的権利を何ら放棄するものではありません。

（＊1）本件は，原告が，登山などを行う募集型企画旅行を催行する被告に対し，「被告との間で募集型企画旅行契約を締結した消費者に対し，別紙目録1，2，3又は4記載の内容の条項を含む，同旅行契約の契約条件に関する特約の締結を勧誘するに際し，以下の各事項を告げる行為は，消費者契約法4条1項1号に規定する不実告知に該当するため，これを行ってはならない。」として，「ア　当該特約を締結しなければ募集型企画旅行契約に基づく旅行サービスの提供を受けることができないこと」「イ　当該特約の締結が消費者の任意に委ねられたものではなく，これを締結しなければならないこと」「ウ　当該特約のうち別紙目録1，2，3又は4記載の内容の条項が有効であって，当該特約の締結後において消費者がこれを遵守しなければならないこと」といった事項を告げる行為の差止めを請求した事案である。

（＊2）被告が不実告知を認めて，これを是正することを確約する条項である。

（＊3）原告は，適格消費者団体として，和解の内容を開示する必要があるが，開示の内容によっては被告の社会的評価に影響を及ぼすおそれがあることから，その公表内容についてあらかじめ合意しておくこととしたものである。

② 解約料条項を内容とする意思表示の差止めなどを求めた訴訟（＊1）における和解の場合

1　被告は，○年○月○日以降，消費者との間で貸衣裳契約を締結するにあたり，消費者からの申し入れによる解約に伴い消費者が負担すべき金銭（以下「取消料」という。）について，別紙契約条項（変更前）（筆者注：省略）記載の条項を内容とする契約を締結しない。（＊2）

2　被告は，○年○月○日限り，貸衣裳契約に係る取消料についての約定を，別紙契約条項（変更後）（筆者注：省略）記載のとおり変更する。（＊3）

3　被告は，原告に対し，○年○月○日限り，第1項の契約条項が記載された契約書用紙（「ご契約規定」と題する書面）を廃棄し，同日以後これを使用しない。（＊4）

4　被告は，原告に対し，本和解成立の日の翌日から起算して7日以内に，被告の従業員に対し，書面を交付するなどして，以下の事項を周知させる。（＊5）

⑴　消費者との間の貸衣裳契約について，○年○月○日限り，取消料についての約定を，第2項の契約条項に変更すること

⑵　消費者との間の貸衣裳契約について，第1項の契約条項が記載された契約書用紙（「ご契約規定」と題する書面）を○年○月○日以降使用しないこと，及び同契約書用紙を同日限り速やかに廃棄すること

5　被告は，第1項ないし第3項のいずれかの義務に違反した場合には，原告に対し，第1項ないし第3項のそれぞれの義務の違反に応じて，以下の金員を支払う。

⑴　被告が，第1項と異なり，○年○月○日以降，貸衣裳契約に係る取消料について，消費者との間で別紙契約条項（変更前）記載の条項を内容とする契約を締結した場合，当該契約の当事者となった消費者1人当たり10万円。

⑵　被告が，第2項と異なり，○年○月○日限り，貸衣裳契約に係る取消料についての約定を別紙契約条項（変更後）記載のとおり変更しなかった場合，同月○日以降，第2項に従い取消料についての約定の変更を行うまで，1日当たり10万円。

⑶　被告が，第3項と異なり，○年○月○日限り，第1項の契約条項が記載された契約書用紙（「ご契約規定」と題する書面）を廃棄しなかった場合，同月○日以降，同契約書用紙を廃棄するまで，1日当たり10万円。

6 被告は，原告に対し，今後も消費者から貸衣裳契約に関して苦情や相談などがあった場合には，その解決に向け，真摯に対応する。

7 原告は，その余の請求を放棄する。

8 原告と被告は，原告と被告との間には，本件に関し，本和解条項に定めるもののほか，何らの債権債務がないことを相互に確認する。

9 訴訟費用は，各自の負担とする。

（＊1）本件は，原告が被告に対し，ウェディング用衣装のレンタル契約が消費者の都合により，契約日から挙式日30日前までに解約された場合に，被告が契約金額の30％の解約料を申し受ける旨の契約条項（本件解約料条項）が消費者契約法9条1号の規定により無効であるとして，本件解約料条項を内容とする意思表示の差止めなどを求めた事案における和解条項である。

（＊2）本件解約料条項の使用の差止めを認める条項である。

（＊3）本件解約料条項の使用に代えて，新たに設ける条項に関する条項である。

（＊4）本件解約料条項が記載された契約書の廃棄と不使用を確約する条項である。

（＊5）被告の従業員に対して本件解約料条項を使用しないことなどについて周知することを確約する条項である。

③ 有利誤認表示を理由とする景表法に基づく差止請求訴訟（＊1）における和解の場合

1 被告は，下記の対象となる表示に記載する表示を行わない。（＊2）

記

（表示媒体）

被告ウェブサイト

（対象となる商品）

ABCサプリメント

（表示内容）

上記対象となる商品が，「1,000円」と表示されている直前に，「1,000円」の表示の少なくとも半分以上のポイントで，3,000円での，さらに4回の購入が義務付けられ，最低支払総額が1万3,000円となることを表示せずに，対象となる商品が「1,000円」であると示す表示

2 被告は，被告ウェブサイト上の本件商品の申込画面において，本件商品を

> 「キレイ痩せコース」で購入する場合の総額が1万3,000円（税別）であること
> を表示し，当該表示の直後に，申込画面から入力確認画面に進むためのハイ
> パーリンクを張った表示をする。（＊3）
> 3　被告は，被告ウェブサイト上の本件商品の入力確認画面において，定期購
> 入及び2回目以降の価格が通常価格であることを明示し，これらの条件を反
> 映させた契約内容を表示する。（＊4）
> 4　原告は，その余の請求を放棄する。
> 5　訴訟費用は，各自の負担とする。

（＊1）本件は，適格消費者団体である原告が，被告に対し，被告の販売する「ABC
サプリメント」について，被告の商品販売用のウェブサイトの以下①の内容の表
示は，②の内容を条件としているものであるが，定期購入条件の記載は，本件商
品の購入手続に進むためのハイパーリンクのある表示の下にあり，一般消費者の
目に留まりにくく，一般消費者において「キレイ痩せコース」で，本件商品を単
価1,000円で購入することができるという印象・認識を払しょくできているとはい
えないとして，これらは一般消費者に誤認される表示であり，不当景品類及び不
当表示防止法30条1項2号に規定する有利誤認表示にあたるとして，同項の規定
に基づき，当該表示を行わないことを求めた訴訟における和解条項である。
①本件商品を「キレイ痩せコース」で購入する場合，通常価格3,000円（税別）の
66%オフの特別価格1,000円（税別）
②最低5回5か月以上の継続の購入が必要となること及び2回目以降の購入では
通常価格3,000円（税別）となること
（＊2）被告が本件表示を行わないことを約する条項である。
（＊3・4）誤認解消措置として，被告が本件表示に代わる表示方法を具体的に約す
る条項である。

2　消費者裁判手続特例法による集合訴訟

(1)　消費者裁判手続特例法による集合訴訟における和解の特徴

(i)　共通義務確認訴訟における和解

　特定適格消費者団体は，共通義務確認訴訟において，当該共通義務確認訴訟
の目的である消費者裁判手続特例法2条4号に規定する義務の存否について，
和解をすることができることとされているところ（同法10条，消費者の財産的
被害の集団的な回復のための民事の裁判手続の特例に関する規則5条），考え

られる裁判上の和解の内容は，以下のとおりである。

⒜　**共通義務について被告が全面的にその存在を認める和解**

⒝　**共通義務についてその存在を一切認めない旨の和解**

　共通義務確認訴訟に関しては，請求を放棄することもできる（消費者裁判手続特例法78条1項7号）ため，このような和解も可能と解される。

⒞　**共通義務の一部のみを認める和解**

　消費者裁判手続特例法10条の規定からすれば，「義務の存否」にとどまる限り，特定適格消費者団体は，裁判上の和解をすることが可能である。したがって，特定適格消費者団体が，共通義務の一部について認める旨の裁判上の和解をすることも可能と解される。訴訟の目的である義務が可分な場合に，その一部に限定する裁判上の和解（例えば，学納金返還義務確認訴訟において，授業料についてのみ支払義務を認め，入学金については認めない旨の和解）や，対象となる消費者を一部に限定する裁判上の和解（例えば，当初の請求の対象消費者が1年間に販売された商品を購入した消費者である場合に，前半の半年間に商品を購入した消費者に対象を限定して共通義務を認める和解）は可能と考えられる。これに対し，割合的に共通義務を認める旨の裁判上の和解の可否については議論が分かれている（山本和彦『解説消費者裁判手続特例法〔第2版〕』（弘文堂，2016）191頁）。

⒟　**共通義務の存否とともに，それ以外の事項についてする和解など**

　それ以外の事項としては，合意の対象となっている事項が，共通義務の存否に付随するものであり，対象消費者の権利義務に直接かかわらないものであれば併せて合意することができると考えられる。例として，共通義務の存否について定めた和解による紛争解決の実効性を確保するために，付随的に情報開示について一定の合意をしたり，共通義務の背景にある問題について事業者が謝罪をしたり，問題となった約款の事後の不使用を合意したりすることが考えられる（消費者庁消費者制度課『一問一答 消費者裁判手続特例法』（商事法務，2013）Q42）。「被告は，法27条に基づく公表につき，自社のホームページで掲載するほか，各店舗の掲示板においても掲載する。」「被告は，本件約款○条を

以後使用しない。」などの条項が挙げられる（後藤健ほか「共通義務確認訴訟と異議後の訴訟について」判タ1429号27頁）。

また，口外禁止条項，秘匿条項を付す和解はすべきではないと解されている（前掲・後藤ほか27頁）。

(ii)　**簡易確定手続における和解**

債権届出団体は，簡易確定手続において，届出債権について和解をすることができる（消費者裁判手続特例法37条）。

法律上，和解の内容に特段の制限はない。したがって，債権届出団体は，届出消費者の債権を放棄する内容の和解をすることも可能である。また，届出消費者表に記載されている届出債権は，届出消費者を債権者とする個別の債権の集合体であると考えられるため，一部の届出消費者についてのみまたは届出消費者の届出債権の一部についてのみ和解をすることも可能であると解される。

法律上和解を行うことのできる者の範囲にも制限はなく，通常の訴訟上の和解と同様に，利害関係人を含めて和解を成立させることができると解される。利害関係人としては，届出消費者や債権届出をしていない対象消費者などが考えられる。

(2)　**和解条項例**

①　**不実告知を理由とする不当利得返還にかかる共通義務確認訴訟（＊1）における和解の場合**

1　原告と被告は，被告が別紙対象消費者目録記載Ⅰの対象消費者に対し，個々の消費者の事情によりその金銭の支払請求に理由がない場合を除いて，受講契約に基づき支払われた入会金及び受講料相当額の別紙共通原因目録記載の原因による不当利得返還義務並びに同義務に係る金員に対する入会金及び受講料納付日から支払済みまで民法704条前段所定の利息支払義務を負うことを確認する。（＊2）

2　原告は，その余の請求を放棄する。

　3　原告と被告は，本件に関し，被告が別紙対象消費者目録記載Ⅱの対象消費者に対し，本和解条項に定めるもののほかに，共通義務を負わないことを相互に確認する（＊3）。

　4　訴訟費用は，各自の負担とする。

（＊1）本件は，消費者に対して2種類のパンフレット（パンフX，パンフY）が交付されていた事実が判明し，パンフXを交付された消費者に対する不実告知を理由とする不当利得返還にかかる共通義務に限り認める和解が成立した場合における和解条項例である（前掲・後藤ほか28頁以下）。

（＊2）共通義務の確認を行う条項である。

（＊3）清算条項については，第4章第6節参照。3項は被告が1項の義務以外に共通義務を負わないことの包括的確認条項である。実務上一般に行われている清算条項の形式（「本件に関し，本和解条項に定めるほか，何ら債権債務がないことを相互に確認する」）を用いた場合にも，原告たる団体が，被告に対し，本件（被告が対象消費者との関係で共通義務を負うことの確認を求める請求）について，当該和解で認められた共通義務以外の権利義務たる共通義務の不存在を確認したとみる余地もある。訴訟の目的が可分で，その一部についてのみ義務を認める場合には，包括的確認条項に代えて，残部を特定し，その義務を認めない旨の条項とすることも考えられる（以上につき，前掲・後藤ほか29頁）。

対象消費者目録

　Ⅰ　被告との間で，○年○月○日から○年○月○日までの間，パンフXの交付による勧誘を受けて受講契約を締結し，同契約に基づき入会金及び受講料を支払った消費者

　Ⅱ　被告との間で，○年○月○日から○年○月○日までの間，パンフX又はパンフYの交付による勧誘を受けて受講契約を締結し，同契約に基づき入会金及び受講料を支払った消費者

共通原因目録

　Ⅰ　民法96条1項（詐欺）に基づく取消し

　　被告は，真実は，受講日及び受講時間があらかじめ受講者のコースに応じて定められており，またカリキュラムも約10日前になってようやく半月分が発表されるにもかかわらず，いつでも好きなときに受講できる旨説明することで，

別紙対象消費者目録記載Ⅰの対象消費者を欺いて錯誤に陥れ，もって受講契約の意思表示をさせたものである。

　したがって，受講契約は，別紙対象消費者目録記載Ⅰの対象消費者が詐欺に基づく取消しの意思表示をすることにより，遡及的に無効となる。

Ⅱ　消費者契約法4条1項1号（不実告知）に基づく取消し

　被告は，真実は，受講日及び受講時間があらかじめ受講者のコースに応じて定められており，またカリキュラムも約10日前になってようやく半月分が発表されるにもかかわらず，いつでも好きなときに受講できる旨説明することで，別紙対象消費者目録記載Ⅰの対象消費者を誤認させ，もって受講契約の意思表示をさせたものである。

　したがって，受講契約は，別紙対象消費者目録記載Ⅰの対象消費者が消費者契約法4条1項1号に基づく取消しの意思表示をすることにより，遡及的に無効となる。

第10節　製品安全を巡る訴訟

1　製造物責任訴訟

(1)　製造物責任訴訟における和解の特徴

　製造物の欠陥によって事故が生じた場合には，その被害者が原告となり，製造メーカーを被告として，製造物責任法に基づき，あるいは不法行為を理由として損害賠償請求訴訟が提起される。

　この類型の訴訟では，製品の欠陥の有無を主要な争点とすることが多く，和解によって解決が図られる場合にも，製品の欠陥の存在を認めて和解をする場合と，欠陥の存在を前提とせずに和解をする場合とが考えられる。

　また，製品事故により被害を受けた消費者との訴訟においては，欠陥の存在を前提とするか否かによっても異なるが，和解条項に製造者側の謝罪文言や再発防止策を入れるか否かも論点となることがある。さらに，この種の事案では，相互に守秘義務を負わせるか否かも論点となることが少なくないので留意を要する。

(2)　和解条項例

①　製品の欠陥を認め，謝罪する場合

> 1　被告は，原告に対し，原告が別紙○（筆者注：省略）の使用によって発生した事故（以下「本件事故」という）による損害賠償として金○円の支払義務があることを認める。(＊1)
> 2　被告は，原告に対し，前項の金員を，○年○月○日限り，原告名義の下記（省略）金融機関口座に振り込む方法によって支払う。但し，振込手数料は被告の負担とする。
> 3　被告は，本件事故が別紙○についての設計上の欠陥によって発生したものであることを認め，本件事故によって原告に多大の損害を被らせたことにつ

> いて，深く陳謝するとともに，再発防止に努めるものとする。（＊2）
> 4 原告はその余の請求を放棄する。
> 5 原告及び被告は，本件に関し，本和解条項に定めるもののほか，何らの債権債務がないことを相互に確認する。
> 6 訴訟費用は，各自の負担とする。

（＊1）支払義務の確認条項であり，その発生根拠は，当事者間で特定可能な程度に具体的に記載する。被告の責任原因について具体的に記載することもある。

（＊2）被告が，製品の欠陥を認め，謝罪と再発防止を約する条項である。本条項のうち再発防止を約する部分は努力条項であり，これにより直ちに当事者間で具体的な権利義務関係を生じさせるものではない。

2 製造業者間での責任分担をめぐる訴訟

(1) 責任分担訴訟における和解の特徴

製品事故をめぐる損害賠償請求訴訟には，消費者が原告となって提起する訴訟類型だけでなく，例えば，完成品メーカーがリコールを実施し，その費用の全部または一部を原因を作った者である部品メーカーに対して請求する訴訟など，事業者間での責任分担をめぐり事業者間で争われるものもある。

このような事業者間での訴訟では，再発防止に関する具体的な条項，製品の回収などの措置や費用負担についての条項が入れられることもある。

和解に至る経緯や和解の内容について守秘義務を課すか否かも論点となる。

(2) 和解条項例

① 被告（部品メーカー）が原告（完成品メーカー）の行う将来の回収・交換費用の一部を負担することを約する場合

> 1 被告は，原告に対し，被告が製造したXについて欠陥があることを認め，原告がXの回収・交換に要した費用として，金○円の支払義務があることを認める。（＊1）
> 2 被告は，原告に対し，前項の金員を，○年○月○日限り，原告の指定する金融機関口座に振り込む方法によって支払う。但し，振込手数料は被告の負

担とする。

3　被告は，原告に対し，本和解成立後，○年○月○日までの間に原告がＸの回収・交換に要した費用のうち○割を負担する。(＊2)

4　原告は，被告に対し，○年○月○日までに前項の費用についての明細を添付して請求を行うものとし，被告は同請求書を受領後○日以内に同請求金額を支払う。(＊3)

5　原告はその余の請求を放棄する。

6　原告及び被告は，本件に関し，本和解条項に定めるもののほか，何らの債権債務がないことを相互に確認する。

7　訴訟費用は，各自の負担とする。

(＊1)　本件は，被告（部品メーカー）が製造した製品Ｘを，原告（完成品メーカー）が組み込んで販売した製品について，Ｘに欠陥があり，原告は，販売した製品の回収・交換を要したことから，その費用を被告に請求する訴訟である。

(＊2・3)　原告による製品の回収・交換作業が和解後も発生することから，和解後においても一定期間内に発生する費用について負担することとその支払方法を合意している。「支払う」との文言になっているが，本和解条項では将来発生分についての具体的な被告の債務額は確定しておらず，あくまでも清算義務の確認の趣旨にとどまっており，金銭の給付条項とはなっていない。そのため，その部分に不履行があった場合でも，直ちに本和解条項に基づく強制執行はできないことに留意が必要である。

第11節　建築に関する訴訟

1　施工不良に関する訴訟

(1)　施工不良に関する訴訟の特徴

　建築関係訴訟には，建物の設計監理，施工に関する事件や，工事に伴う振動や地盤沈下に基づく損害賠償事件など，施工不良の有無，追加変更工事，出来高評価，工事の完成・未完成などの専門的事項が問題となる事件が多数含まれている。

　東京地方裁判所の場合，これらの専門的事項が争点となる建築関係訴訟については，建築集中部である民事第22部に集中的に配てんされる運用がなされている（中古物件の売買事件など，必ずしも専門的事項が争点となるわけではない事案については民事第22部に配てんされないものもある）。

　同部では，建築関係訴訟について，調停に付されるか否かとは別に，専門委員（民事訴訟法92条の2）制度が広く活用されており，これらの専門家が専門的事項について説明することも行われている。さらに，調停に付される場合も多く，この場合，訴訟手続における専門委員が，調停委員としても手続に関与しつつ，調停と訴訟の期日が同時並行で行われることもある。

(2)　条項例

① 　区分所有建物（マンション）管理組合に対して解決金を支払う場合

1　被告は，原告に対し，本件訴訟の解決金として金○円の支払義務があることを認める。(＊1)
2　被告は，原告に対し，前項の金員を○年○月○日限り，原告名義の○○銀行○○支店の普通預金口座（○○○○）に振り込む方法により支払う。なお，振込手数料は被告の負担とする。
3　原告及び被告は，本件訴訟について，本件訴訟が和解により円満に解決済

みであることを除いては，正当な理由なく，○○管理組合各区分所有者以外の第三者に対して開示してはならないものとし，原告は○○管理組合各区分所有者に対しても本項を遵守させるものとする。(＊2)

4　原告は，その余の請求をいずれも放棄する。

5　原告と被告は，原告及び○○管理組合各区分所有者と被告との間には，原告が建物の区分所有等に関する法律26条2項により代理することができる各区分所有者の権利に関し，本和解条項に定めるもののほかに何らの債権債務がないことを相互に確認する。(＊3)

6　訴訟費用は，各自の負担とする。

(＊1)　被告の修補義務などの責任の存否については明確にせず，解決金名目で支払う場合である。

(＊2)　原告がマンション管理者の場合を想定した条文である。原告自身に守秘義務を課しても，原告が報告義務を負う各区分所有者が第三者に開示することを防げないのであれば空文化しかねないので，原告自身に対して区分所有者に遵守させることを義務付ける例もある。

　　　また，区分所有者が区分所有権の売買にあたり，購入希望者に対して売主として説明義務を尽くすことは「正当な理由」に含まれることを明記する例もある。

(＊3)　管理者または管理組合法人は権利帰属主体ではないので，清算条項は必ず区分所有者と被告との間の債権債務を清算する旨を定めなければならない。清算の範囲は「本件訴訟に関し」「本件に関し」とされるのが通常であるが，管理者が授権を得られる限りにおいて清算することができる（その旨の授権を得ている）場合には，例示のように「区分所有法26条2項（管理組合法人の場合は同法47条6項）により代理することができる各区分所有者の権利に関し」とすることが考えられる。

②　修補義務に代わる損害賠償を約束する場合

1　被告は，原告に対し，原告被告間の○年○月○日付け請負契約（以下「本件請負契約」という）に基づく工事のうち，○○部分に施工不良があったことを認める。(＊1)

2　被告は，原告に対し，前項の施工不良部分の修補に代えて，金○円の損害賠償金の支払義務があることを認める。

3　被告は，原告に対し，前項の金員を，○年○月○日限り，原告名義の○○銀行○○支店の普通預金口座（○○○○）に振り込む方法により支払う。

4　原告は，その余の請求をいずれも放棄する。

5　原告及び被告は，本和解条項に定めるほか，原告と被告との間において，何ら債権債務のないことを相互に確認する。

6　訴訟費用は，各自の負担とする。

（＊1）実務上は，請負工事の施工不良が争われる事案において，請負人から注文主に対する金銭支払いを約束する場合であっても，争点となった不具合が，評価が加わった「施工不良」に当たるか否かについては，あえて明確にしないまま，第2項のように請負人から注文主に対する解決金名目での支払義務の確認条項で始まる例も多い。

③　修補義務を認める場合

1　被告は，原告に対し，原告被告間の○年○月○日付け請負契約（以下「本件請負契約」という）に基づく工事のうち，別紙1に定める部分に施工不良があることを認める。（＊1）

2　被告は，原告に対し，前項の部分について，○年○月○日限り，修補義務の履行として，被告の費用をもって，別紙2に定める補修工事仕様書のとおり補修工事をする。（＊2）

3　原告は，その余の請求をいずれも放棄する。

4　原告及び被告は，本和解条項に定めるほか，原告と被告との間において，何ら債権債務のないことを相互に確認する。

5　訴訟費用は，各自の負担とする。

（＊1）前述の②の場合は，施工不良の確認条項を設けているとはいえ，補修に代わる損害賠償金の支払いを確認するためのものであるため，施工不良部分が必ずしも明確に特定しきれなかったとしても大きな問題とはなりにくいが，③の本項においては，次の第2項で修補義務を定めることとなるため，修補の対象となる部分については図面を添付するなどして，特定する必要がある。

（＊2）第1項で確認された施工不良に関して補修工事をする旨の給付条項である。工事をする旨の給付条項は，義務者が履行しないときには授権決定を得て代替執行ができるが，工事内容を具体的に記載しておかないと執行不能となってしまうため，第1項と合わせ，どの部分についてどのような内容の工事を行うのか，明確に定めておく必要がある。

修補義務の履行として実施される補修工事については，無償と考えられるが，

疑義が生じることを避けるためには，費用負担の有無についても明記することが望ましい。

④　新たに有償で修補工事を受発注する場合

1　原告は，被告に対し，本和解成立をもって，別紙1に定める補修部分について，工事代金○円として，別紙2に定める条件のとおり，補修工事を発注し，被告はこれを受注する。(＊1)

2　被告が前項の補修工事を完成したときは，原告は，被告に対し，前項の金員を，原告名義の○○銀行○○支店の普通預金口座（○○○○）に振り込む方法により支払う（＊2)

3　原告は，その余の請求をいずれも放棄する。

4　原告及び被告は，本和解条項に定めるほか，原告と被告との間において，何ら債権債務のないことを相互に確認する。

5　訴訟費用は，各自の負担とする。

（＊1）前記③のように担保責任の履行として補修工事を実施するという建付にせず，和解条項をもって新たな請負契約を締結する旨の形成条項とする例もある。この場合，補修工事に別の施工不良が生じた場合には，和解により成立した請負契約の不履行という整理になる。本和解条項では，工事をする旨の給付条項を別途設けることはしていないものの，合意内容を明確にするという観点からは，③（＊2）と同様，新たな補修工事を受発注する場合も，工事内容について具体的に定める必要がある。

（＊2）被告の補修工事の完成が先履行とされている場合は，被告が執行文を得るためには工事完成の事実を証明しなければならない。

2　建築差止めに関する訴訟

(1)　建築差止請求訴訟における和解の特徴

建築差止請求訴訟や仮処分申立事件においては，被告が差止請求を一部受け入れて設計変更などを行うことを約する和解や，設計変更などまでは行わないものの，一定の解決金を支払うことを約する和解などが見られる。

⑵　和解条項例

① 日照権に基づく建築工事差止請求訴訟において，建築予定建物の設計を一部変更し，一定階数以上の建築をしないことを約する場合

1　被告は，原告らに対し，別紙物件目録記載1の土地上に建築予定の同目録記載2の建物について，その階層を別紙図面1のとおり設計変更し，同図面に表示する範囲を超える階層部分の建築工事をしない。(＊1)

2　原告らは，被告に対し，前項の設計変更後の建物（以下「本件建物」という）の建築について，その工事の振動及び騒音が県の定める公害規制基準に抵触する場合を除き，何らの異議を述べない。

3　原告らは，被告に対し，○年○月○日限り，原告ら方の東側敷地内の別紙図面2表示の位置に設置した別紙物件目録記載2の建物の建築に反対する旨を表示した木製看板を撤去する。(＊2)

4　被告は，原告らに対し，本件建物の完成により，原告ら方に電波の受信障害が発生したときは，その受信に支障を生じない適切な処置を講じることを確約する。

5　被告は，原告らに対し，本件和解金として金○円の支払義務があることを認め，これを本和解の席上で支払い，原告らはこれを受領した。

6　原告らは，被告に対する○地方裁判所○年（ヨ）第○号建築工事続行禁止仮処分命令申立事件を取り下げる。

7　被告は，原告らに対し，原告らが上記仮処分命令申立事件について供託した担保（○○法務局○年度第○号）の取消しに同意し，その取消決定に対し抗告しない。(＊3)

8　原告らはその余の請求を放棄する。

9　原告ら及び被告は，原告らと被告との間には，本和解条項に定めるもののほかに何らの債権債務がないことを相互に確認する。

10　訴訟費用は，各自の負担とする。

(＊1)　不作為を内容とする給付条項である。詳細は第4章第2節2⑺参照。

(＊2)　作為を内容とする給付条項である。

(＊3)　担保取消しの同意に関する条項である。詳細は第4章第5節3⑵参照。

②　日照妨害による建築工事差止仮処分事件において，差止めに代わる金銭補償を約する場合

1　債権者は，債務者に対し，債務者が別紙物件目録1記載の土地上の別紙図面表示の位置に，同目録2記載の建物（以下「本件建物」という）を建築することを認める。(＊1)

2　債務者は，債権者に対し，本件建物の建築工事を施工するときは，別紙物件目録3記載の債権者所有地について地盤沈下が発生することのないように，十分な土留工事を行う。

3　当事者双方は，本件建物の建築工事の施工にあたり，債権者所有地の地盤沈下又は債権者所有家屋の亀裂などの被害が発生したときは，その損害賠償について別途誠意をもって協議する。

4　債務者は，債権者に対し，本件建物の建築工事の施工に伴い生ずる騒音及び振動並びに本件建物の完成により債権者に発生する日照，通風及びプライバシーなどの一切の生活妨害についての補償として，○円の支払義務があることを認める。(＊2)

5　当事者双方は，前項にかかわらず，本件建物の建築工事の施工及び本件建物の完成により，債権者に本和解成立時点において想定し得ない障害が生じた場合には，その解決のために誠実に協議する。

6　債務者は，債権者に対し，○年○月○日限り，前項の金員を，下記銀行口座に振り込む方法によって支払う。ただし，振込手数料は債務者の負担とする。（口座略）

7　債権者は，本件申立てを取り下げる。

8　債権者及び債務者は，当事者間に，本和解条項に定めるもののほか，何らの債権債務がないことを相互に確認する。

9　本件申立費用は，各自の負担とする。

(＊1) 当初計画に従った建築を認める内容の和解が成立した例である。

(＊2) 本件建物完成後の一定の生活妨害行為に対して一定の和解金を支払うことを約する条項である。

第12節　公害などに関する訴訟

1　騒音振動に関する訴訟

(1)　騒音振動に関する訴訟における和解の特徴

　公害とは，大気汚染，水質汚濁，土壌汚染，騒音，振動，地盤沈下，悪臭によって，人の健康または生活環境にかかる被害が生ずることと定義されている（環境基本法2条3項）。これらの多くは企業の事業活動によって生じるものであり，ある程度の地域的広がりを持つ現象である。公害の種類によって具体的な請求内容は異なりうるが，工場などの操業により周辺地域にこれらの被害現象が生じている場合には，周辺住民などからの操業の差止め訴訟，もしくは仮処分が申し立てられたり，すでに生じている汚染状態の除去，将来における予防措置などを求める訴訟が提起されたりする。

　差止請求は，差止めの対象となる被告の具体的な行為を特定して，その差止めを請求するもののほか，例えば「環境基準を超える大気汚染を形成してはならない」のように，差止めの対象となる被告の具体的な行為を特定しないで，一定の環境状態の形成を求める訴え（抽象的不作為請求）の形で提起されることがありうる。

　このような抽象的不作為請求の訴えの適法性には争いがあるが，和解条項においても，具体的な措置を定めるもののほか，抽象的差止めを定める例もある。

(2)　和解条項例

① 被告が工場の操業により発生する騒音を一定音量以下に押さえることを約する場合

　1　被告は，原告に対し，被告が別紙物件目録記載の建物において使用する別
　　紙物件目録記載の機械から発生する騒音につき，○年○月○日以降，毎日午

後6時から午前9時までの間，原告方の○の地点において，38デシベルを超える音量を発生させない。(＊1)

2 被告は，原告に対し，前項の期日以降，毎日午後9時から翌日午前9時までの間は，前項の機械を使用しない。(＊2)

3 被告は，原告に対し，本件解決金として金○円の支払義務があることを認める。

4 被告は，原告に対し，前項の金員を，○年○月○日限り，原告方に持参又は送金して支払う。

5 原告及び被告は，原告と被告との間には，本件に関し，本和解条項に定めるもののほか，何らの債権債務がないことを相互に確認する。

6 訴訟費用は，各自の負担とする。

（＊1・2）工場などからの騒音の差止めを内容とする和解条項には，原因設備を除去，移転または防音設備を設置するなどの積極的な作為義務を内容とするものと，原因となるべきものを発生させないという不作為義務を内容とするものとがある。一般に，不作為義務を内容とする条項に違反して違法な物的状態を現出している場合，当該条項に基づき授権決定を得て，代替執行の方法により違反物件の除去を求めることができる。しかし，騒音のように違反の結果としての物的状態が残存せず，かつ，反復的に不作為義務の違反があった場合に，将来のため適当な処分を命ずる手段として（民事執行法171条1項2号），防音壁を設置するとか，機械を移転するという代替執行ができるか否かは争いがある。したがって，当事者が不作為義務違反の場合に，積極的な代替執行の方法により物的設備の設置や目的物の移動などの積極的作為を予定しているときは，単に不作為を内容とする条項には止めず，より積極的に作為を内容とする給付条項にしておくべきである（後記②参照）。以上について，実証的研究153頁参照。本条項は，被告の不作為義務を内容とする和解条項である。

② 騒音振動を防止するための防音壁の設置と，発生源の機械を運転しないことを約する場合

1 被告は，原告に対し，被告方工場から発生する騒音及び振動を防止するため，被告の負担において，被告方工場敷地の別紙図面（省略）(a)(b)(c)(d)の各点を順次直線で結ぶ線上に，別紙仕様書（省略）記載のとおりの防音壁を設置する。(＊1)

2 被告は，原告に対し，前項の防音壁が完成に至るまで，被告方工場内の別

　　紙物件目録（省略）記載の機械は運転しない。(＊2)
　3　被告は，原告に対し，和解金として金○円の支払義務があることを認め，
　　これを本和解の席上で支払い，原告はこれを受領した。
　4　原告はその余の請求を放棄する。
　5　原告と被告とは，本和解条項に定めるもののほか，互いに何らの債権債務
　　関係がないことを相互に確認する。
　6　訴訟費用は，各自の負担とする。

（＊1）騒音などの差止めを目的とする作為義務を内容とする給付条項である。作為
　　義務を内容とする給付条項は，義務者が履行しない場合に授権決定を得て代替執
　　行をすることになるから，給付義務の内容が条項上明確に特定されている必要が
　　ある。その特定方法として「○デシベル以上の騒音を防止する設備を設置する」
　　という内容では作為義務が明確ではないことになり，防音壁の形，種類，設置位
　　置などを明確にして，執行裁判所の授権決定を得ることができるように留意する。
　　上記の和解条項では，別紙仕様書（省略）によって，その内容が特定されること
　　を予定している。
（＊2）被告の不作為義務を内容とする和解条項である。

2　土壌汚染に関する訴訟

⑴　土壌汚染に関する訴訟における和解の特徴

　土壌汚染に関する訴訟にはいくつかの類型がある。汚染土壌を含む土地を取
引した当事者間での当該土地の契約不適合を理由とする損害賠償請求訴訟が典
型例であるが，このような取引当事者間での訴訟は，売買契約に基づく契約不
適合責任を理由とする損害賠償請求訴訟として提起されることが多い（この類
型の和解については本章第3節3参照）。これに対し，ここで取り上げるのは，
土壌汚染を直接・間接の原因とする人の生命や身体および健康被害を理由とす
る公害型の土壌汚染に関する訴訟である。
　このような公害型の土壌汚染では，地下水汚染などを通じて近隣の土地を汚
染し，近隣の住民の健康や農作物への影響などを生じさせ，その影響は将来に
わたって継続する可能性があるため，和解においては，すでに生じている損害
の金銭賠償に加えて，すでに生じている汚染の除去や将来における汚染状態の

モニタリングなどについて合意することになる。もっともこの類型の紛争が訴訟で争われるケースはそれほど多くはなく，公害等調整委員会や，都道府県公害審査会における調停などのADR手続も利用されている。

(2)　和解条項例

①　和解金の支払いに加え，定期的な水質調査の実施などを約する場合（＊1）

1　被告は，原告に対し，和解金として金〇円の支払義務があることを認める。

2　被告は，原告に対し，前項の金員を〇年〇月〇日限り，原告の指定する下記銀行口座に振り込む方法によって支払う。振込費用は被告の負担とする。

記

（略）

3　被告は，本和解成立後，その費用負担により，別紙記載の各地点において，「土壌汚染対策法に基づく調査及び措置に関するガイドライン」に定める方法による水質調査を実施する。（＊2）

4　前項の調査によって，各検査方法に定める環境基準を上回る数値が検出された場合，被告は，原告と協議の上，適切な措置を講じるものとする。（＊3）

5　原告はその余の請求を放棄する。

6　原告と被告とは，本和解条項に定めるもののほか，互いに何らの債権債務関係がないことを相互に確認する。

7　訴訟費用は，各自の負担とする。

（＊1・2）土壌溶出量基準に適合しない土壌が存在するが，それに起因する地下水汚染が生じていないことが確認されている場合には，直ちに具体的な措置は求められないものの，「土壌汚染対策法に基づく調査及び措置に関するガイドライン」に基づき，地下水の水質を測定（モニタリング）し，地下水汚染が生じていないことを確認し続けることによって汚染の拡散を防止する措置が取られることがある。本条項は，工場と近隣住民との間でかかる汚染土壌に起因する地下水汚染の懸念に対して，将来にわたる汚染状態のモニタリングを行うことを合意するものである。

（＊3）措置の内容が具体的に特定されていないことから，本条項に基づく強制執行はできず，あくまで協議条項にとどまる。

〔著者紹介〕

荒井　正児（あらい　まさる）

弁護士　森・濱田松本法律事務所　パートナー
東京大学法学部卒業，1999年弁護士登録（第二東京弁護士会）。
2008年 東京大学法学部非常勤講師（民法）（～2010年）。
主な著書に，『ガイドブック　インバウンド・観光法』（共著，商事法務，2019），『講座　現代の契約法　各論2』（共著，青林書院，2019），『訴訟弁護士入門』（共著，中央経済社，2018），『企業危機・不祥事対応の法務〔第2版〕』（共著，商事法務，2018），『企業訴訟実務問題シリーズ　消費者契約訴訟―約款関連』（共著，中央経済社，2017）ほか多数。

大室　幸子（おおむろ　さちこ）

弁護士　森・濱田松本法律事務所　パートナー
東京大学法学部卒業。2004年弁護士登録（第二東京弁護士会）。
主な著書に，『ヘルステックの法務Q&A』（共著，商事法務，2019），『企業危機・不祥事対応の法務〔第2版〕』（共著，商事法務，2018），「連載 実務に役立つヘルスケア関連法務」（会社法務A2Z 2018年2月号・6月号・9月号・2019年3月号）ほか多数。

佐々木　奏（ささき　すすむ）

弁護士　森・濱田松本法律事務所　カウンセル
東京大学法学部卒業。2003年弁護士登録（第二東京弁護士会）。
主な著書に，『情報・コンテンツの公正利用の実務』（共著，青林書院，2016），『著作権法の実務』（共著，経済産業調査会，2010），「連載 イベント法務☆集中講座」会社法務A2Z 2019年6月号～ほか多数。

奥田　隆文（おくだ　たかふみ）

弁護士　森・濱田松本法律事務所　客員弁護士
京都大学法学部卒業。2016年弁護士登録（東京弁護士会）。
1976年裁判官任官，1988年裁判所書記官研修所教官（民事），1992年司法研修所教官（民事裁判），1998年司法研修所事務局長，2002年東京地裁部総括判事，2009年東京高裁部総括判事，2016年定年退官，2017年厚労省疾病・障害認定審査会委員（～現在），2018年交通事故紛争処理センター本部審査員（～現在），法科大学院認証評価委員会委員（～現在）。

企業訴訟の和解ハンドブック
──手続・条項作成の実務

2020年2月15日　第1版第1刷発行

著　者　荒　井　正　児
　　　　大　室　幸　子
　　　　佐々木　奏　文
　　　　奥　田　隆　継

発行者　山　本　　　継

発行所　㈱中央経済社

発売元　㈱中央経済グループ
　　　　パブリッシング

〒101-0051　東京都千代田区神田神保町1-31-2
電話　03（3293）3371（編集代表）
　　　03（3293）3381（営業代表）
http://www.chuokeizai.co.jp/
印刷／昭和情報プロセス㈱
製本／㈲井上製本所

ⓒ 2020
Printed in Japan

過去の裁判例を基に，代表的な訴訟類型において
弁護士・企業の法務担当者が留意すべきポイントを解説！

企業訴訟
実務問題シリーズ

森・濱田松本法律事務所［編］

◆ 企業訴訟総論
難波孝一・稲生隆浩・横田真一朗・金丸祐子

◆ 会社法訴訟 ──株主代表訴訟・株式価格決定
井上愛朗・渡辺邦広・河島勇太・小林雄介

◆ 証券訴訟 ──虚偽記載
藤原総一郎・矢田 悠・金丸由美・飯野悠介

◆ 消費者契約訴訟 ──約款関連
荒井正児・松田知丈・増田 慧

◆ 労働訴訟 ──解雇・残業代請求
荒井太一・安倍嘉一・小笠原匡隆・岡野 智

◆ 税務訴訟
大石篤史・小島冬樹・飯島隆博

◆ 独禁法訴訟
伊藤憲二・大野志保・市川雅士・渥美雅之・柿元將希

◆ 環境訴訟
山崎良太・川端健太・長谷川 慧

◆ インターネット訴訟
上村哲史・山内洋嗣・上田雅大

◆ システム開発訴訟
飯田耕一郎・田中浩之

◆ 過重労働・ハラスメント訴訟
荒井太一・安倍嘉一・森田茉莉子・岩澤祐輔

◆ 特許侵害訴訟
飯塚卓也・岡田 淳・桑原秀明

中央経済社